JN115717

陸前高田でも活躍する、たかたん（2012年６月２日撮影、第158回参照）

20th新横浜パフォーマンスで命名された、かもねくん（2012年10月20日撮影、第157回・180回参照）

鶴見川の和舟を復元した「たちばな」の進水式（２０１０年11月21日撮影、第一二五回参照）

初めて作られた大倉山駅の駅舎（1935年頃撮影、おまけ参照）

わがまち
港北 2
TV
KOUHOKU.

表紙の題字「わがまち」は、大崎春哉さんに染筆していただきました。

イラストは、金子郁夫さんにお願いして、鎌倉武士、霊場巡り、関東大震災、空襲、白瀬中尉、ドラマ撮影、名僧、岡倉天心など、本書の内容にちなんだ絵を描いていただきました。著者二人と、港北の文化のシンボル大倉山記念館、中央を流れる鶴見川も描かれていますよ。

お読みください
――港北のよさが詰まった〝宝物〟です――

『わがまち港北』出版グループ
代表　大崎　春哉

大倉山の研究所にいる平井誠二さんから電話。「港北の本、またつくったので、チェックしてみてください」という。

「へぇー、またねぇ」と感心して待つこと一週間、ドサッと大封筒のゲラ刷りが、今は四国、松山にいる私の所に届いた。

「やりましたね」とニコニコして、さっそく赤鉛筆を手にした。それが多分、少しはお役に立って、今こうして皆様の前に、ピカピカの新刊として、お読みいただけることになったのだ。

文句なくうれしい。ニコニコである。港北のよさがぎっしり詰まった、宝物のような本である。これを読んで、少しでも多くの人が〝港北ファン〟になってくださることを、願っている。

松山城を眺めながら

――平成二十六年二月初め記す――

はじめに

平成二十一年に一冊目『わがまち港北』を発行し、今回二冊目『わがまち港北 2』をお届けします。一冊目を発行したのは、港北区制七〇周年、横浜開港一五〇周年の年でした。

このとき港北区区民活動支援センターが毎月発行する情報紙『楽・遊・学』に、大倉精神文化研究所研究部長の平井誠二先生が執筆中の「シリーズ　わがまち港北」が一〇年間で第一二〇回となり、第一回から第一二〇回までを纏めて、記念の年に地元のことがよくわかる本として出版しました。

おかげさまで、一冊目『わがまち港北』は、市や区の図書館、区内の全ての小・中学校、地区センターや公共施設、自治会や町内会の会長にお届けし、ある中学校では、港北区がふるさととなる中学生の卒業記念品として渡して頂くこともできました。商店連合会でまとめて購入して頂いたり、区内の書店さんも「いい本だね。」と協力してくださり、友人や知人に紹介して頂いたりして皆様にお届けすることができました。

区民活動支援センターには、郷土史関係の資料が閲覧できるコーナーがありますが、その後、区内のことがわかる資料や書籍が届けられ、なかには沿線のコミュニティ誌を創刊から七十四号まで二〇年間分の大変貴重なファイルを届けてくださったところもあります。ありがたいことです。

また『わがまち港北』をテキストにして、「わがまち港北を学ぶ」生涯学級が三年間にわたって開催され、そこで学んだ方々が今では港北区ボランティアガイドとして港北の魅力を紹介し、散策の案内やお世話をされています。

紙面をお借りして皆様に心からお礼を申し上げます。

☆

さて、今回二冊目の『わがまち港北 2』には、一冊目に続いて「シリーズ　わがまち港北」の第一二一回から第一八〇回までの五年間分を纏めたものと、季刊誌『横濱』（横浜市との協働編集　神奈川新聞社発行）に、平井先生や林宏美研究員が執筆された原稿で、「小机城周辺の歴史ロマン」、「大倉山記念館とドラマロケ」、「大倉山駅誕生クロニクル（物語）」、「菊名駅の謎は聞くな？」が載せてあります。

季刊誌『横濱』に掲載されているこれらの記事は、普段の『楽・遊・学』「わがまち港北」では書き切れなかったようなマニアックな話が多く掲載されていて、素晴らしい内容です。

また、短歌雑誌『沙羅』に掲載の「げんこつ和尚と人名辞典」の原稿も載せてあります。

続いて後ろに、膨大な量の港北区関係の参考文献一覧、『わがまち港北』一冊目と二冊目のこれも膨大で便利な索引を載せてあります。さらに、平井先生の計らいで、歴史には素人の出版グループのメンバーの作文「わたしのまち港北」も載せさせていただきました。最後のページには、著者や楽しい表紙を描いてくれた金子郁夫さんなど、全員の似顔絵が載せてあります。

☆

ところで、古代から人々が鶴見川流域に暮らし、東横線と共に発展してきた港北区には古くからの長い歴史があり、史跡や名所が多く、豊かな自然や文化、伝承があります。また横浜の副都心として交通の便がよく新しい住民も増えて、新しい出来事や話題もいっぱいです。これからもますます増え続けていくことでしょう。

平井先生と林研究員は、これらのことがらを古老や郷土に詳しい人など地域の方々に直接会われて、お話を伺い、実際に自分の足で歩き、歴史家の視点と手法で検証し、わかりやすく親切に「シリーズ　わがまち港北」に書いてくださっています。（第〇〇回参照）と記してあり、関連記事を探すのにも便利です。今では次々と人と情報が繋がり、ネットワークが区内に広がっています。

『わがまち港北　2』から登場した林研究員は、穏やかな雰囲気のなかに歴史家としての情熱を秘めた、すてきな女性です。

　記憶も記録も残す努力がなければ失われていきます。平和な未来を築いていくために、今を生きる私たちが出来る「ささやかな具体的行動」は、戦争の記憶と記録をしっかりと引き継いでいくことではないでしょうか。

（第一六四回　海軍気象部と横浜大空襲　―終戦秘話その一五―より）

歴史家のようにはいかなくても、私たちも心がけていたいものです。

『わがまち港北　2』には「へえー、そうだったんだあ。」「全く知らなかったなあ。」と驚くような内容がいっぱいです。今の町よりずっと広い地域が一つの郡や村だったから、本に書かれてあることは、自分が住む町にも同じような事が残っていたりします。この建築物のことか、あの山に？　この川がねえ、この坂のことか、この道が？　と関心が港北区域に広がっていきます。地元の事を知ると、以前から明らかになっているような事柄でも、新しい発見をしたかのような感動を覚えて、愛着がわき、地元が好きになれます。好きな町で暮らせることは幸せなことだと思います。

『わがまち港北　2』もどうぞ関心のあるところからお読みください。

共通の話題が生まれ、コミュニケーションのツールになるでしょう。

一家に二冊、『わがまち港北』『わがまち港北　2』が届くことを願って

平成二十六年一月吉日

野田　久代

わがまち港北 2

目　次

目次

港北区の町名地図

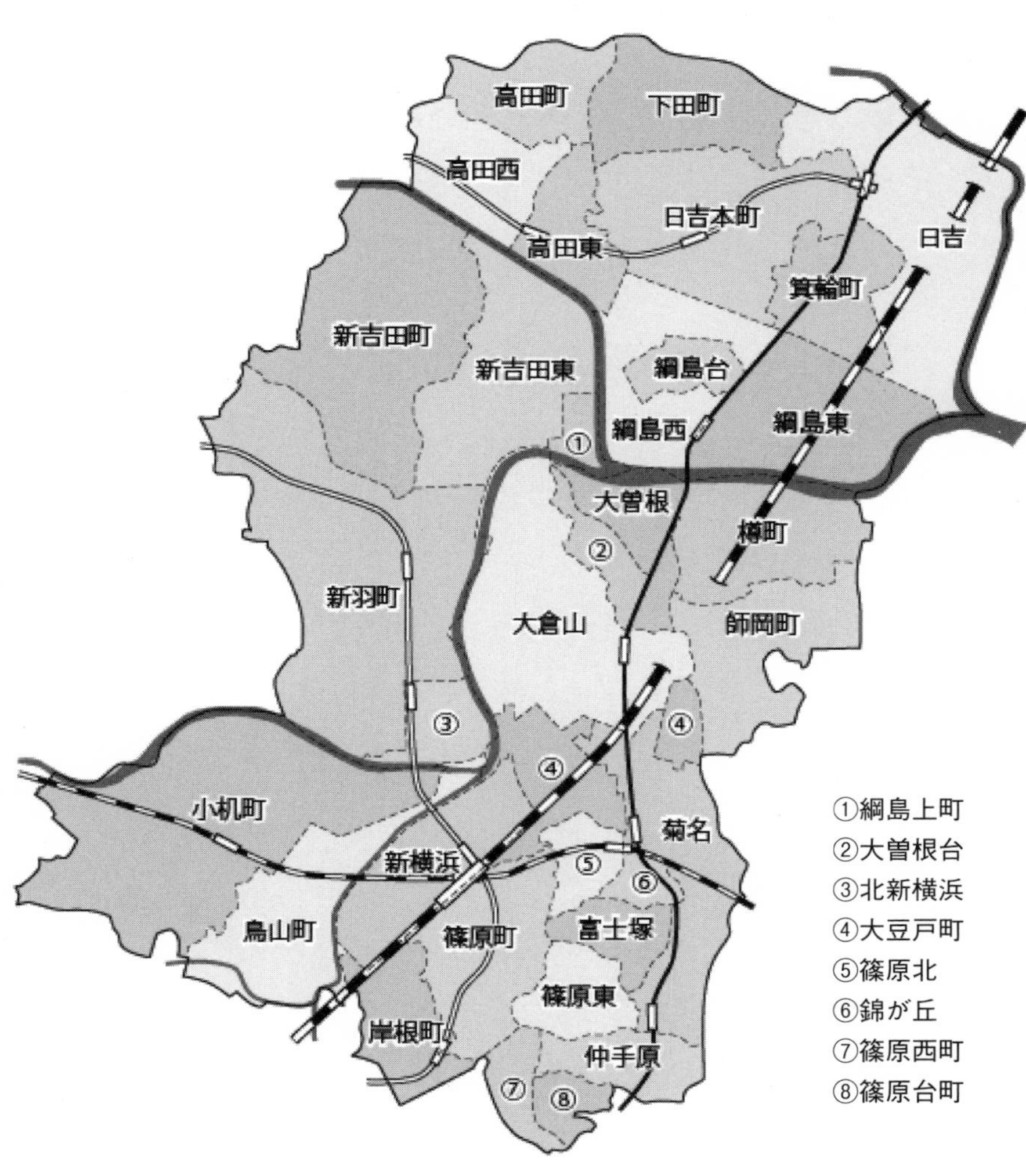

2014年２月現在　©港北区役所広報相談係

情報紙『楽・遊・学』連載

シリーズ　わがまち港北

凡　例

一、本書は、情報紙『楽・遊・学』に連載中の「シリーズわがまち港北」第一二一回（第一六七号、平成二十一年一月）から第一八〇回（第二二五号、平成二十五年十二月）までをまとめたものである。

二、第一六四回、一六五回、一七〇～一七三回、一七五回、一七六回、一七八回、一七九回は林宏美が執筆し、その他の回は平井誠二が執筆した。

三、文章はほぼ連載時のままであるが、明らかな誤りや、読みづらい表記等は訂正した。

四、文末（　）内の年月は、『楽・遊・学』の発行年月である。

五、発行年月の前にある付記は掲載時の追加情報であり、発行年月の後にある付記は後年の修正情報を記したものである。

六、さし絵は、金子郁夫さんに新たに描いていただきました。写真や図版は、本書のために追加したものです。快く掲載を許可してくださいました左記の方々に、篤く御礼申し上げます。

飯田助知、池谷光朗（故人）、臼井義幸、漆原憲夫、小野静枝、河野数子、武田信治、西川喜代子、吉川英男、宮田道一、株式会社横浜アリーナ、公益財団法人大倉精神文化研究所、港北土木事務所、港北ふるさとテレビ局、西方寺、新横浜町内会、善教寺、高田地域ケアプラザ、鶴見川舟運復活プロジェクト、横浜市港北区役所、横浜市港北図書館（敬称略、五十音順）

第一二一回　門松と鎌倉権五郎景政と『港北百話』

年の始めの　例とて　終なき世の　めでたさを
松竹立てて　門ごとに　祝う今日こそ　楽しけれ

この歌は、文部省唱歌の「一月一日」（千家尊福作詞、上真行作曲）です。明治二十六年（一八九三）から歌い継がれたこの歌により、玄関へ門松を立てて正月を迎えるという風習が全国に広まったといわれています。門松とは、歳神（正月に家にお迎えして祀る神様）の依代（神霊が憑依する物）の一種であり、かつては地方により様々な種類や習慣がありました。そこで、港北区内を調べてみると、新吉田町（元は吉田村）には門松を立てない習慣がありました。その由来は、第一一四回で紹介した鎌倉権五郎景政の伝説にあります。

鎌倉景政（平景政）は、桓武平氏の流れをくむ平安時代後期の武将で、鎌倉地域を領有していたことから鎌倉氏を称しました。新吉田一帯も景政の領地であったといいます。景政は八幡太郎源義家に仕えて、十六歳の時に後三年の役（一〇八三～八七年）に従軍しますが、右目を矢で射られました。『港北百話』によると、傷ついた景政は馬で運ばれて帰ってきましたが、吉田村で亡くなります。ちょうど暮も押し詰まっての騒ぎであり、地域の人々は正月の準備をする暇もなかったため、それ以来吉田村では門松を立てなくなったといわれています。

また、正月のお飾りは、通常は一夜飾を避けるのですが（大晦日は歳神を迎えるための厳重な忌み籠りをする日であるため）、吉田村では逆に一夜飾をするという習わしが生まれたといいます。

この景政にはすごい逸話があります。敵の矢で右目を射られた景政は、その敵を逆に射殺して自陣に戻ります。苦しむ景政を見て、仲間の三浦平太郎為次が駈け寄り、景政の顔を足で踏みつけて矢を抜こうとしました。すると景政は激しく怒って刀を抜き、「矢が刺さり死ぬのは武士の本望だが、足で顔を踏まれるのは恥だから、お前を殺して自分も死ぬ」と言ったそうです。そこで為次は謝って丁重に矢を抜いたという話が、一三四七年に書かれた『奥州後三年記』という古い戦記に記されています。弱冠一六歳の若武者は、この胆力で死後に神として祀られました。

また、景政が、射られた目を洗った厨川（秋田県横手市）のカジカが片目になったという片目の魚伝説もあります。この話から思い出されるのが、「いの池」の片目の鯉伝説です。師岡熊野神社の神様が戦で片目を射られた時、いの池の鯉の片目をひき抜いて治したといい、それ以来「いの池」の鯉は全て片目になったといわれます。

鎌倉権五郎景政の伝説も、いの池の伝説も『港北百話』に納められています。昭和五十一年（一九七六）に刊行された『港北百話』は、区内に伝わる伝説、民俗、歴史、信仰、文化、産業など多方面にわたる内容をまとめた本です。港北区役所と港北区老人クラブ連合会が協力して、昭和四十八年度（一九七三）から三年間をかけて区内各地域毎に土地の古老に集まっていただき、「古老を囲んで港北を語る」という地域座談会を開きました。『港北百話』は、その成果をまとめた本です。この時に、座談会の様子や話に関連する遺跡・品物・地域の情景などを撮影した八ミリ映画も作られたとのことです。筆者はまだ見たことがありませんが、現存するなら是非見てみたいです。

平成二十一年（二〇〇九）は港北区制七〇周年の記念の年です。『港北百話』が出版されてからでも三十年以上が経過しています。港北区域の文化や古い伝承、昔の生活などに改めて注目が集まりそうで楽しみです。

（二〇〇九年一月号）

第一二二回　いつまでも楽しく遊びながら

団塊の世代の一斉退職は「二〇〇七年問題」といわれ、当初は経済問題として話題になりました。団塊の世代の大量退職は現在も続いており、実は経済問題よりも、退職した人々がいかに充実した第二の人生を送ることができるか、その心の問題こそが重要な課題であることが分かってきました。そうした中で、「地域デビュー」という流行語が生まれました。ある試算によると、一人の人が学校卒業から定年退職まで職場で働いた総労働時間と、退職してから平均余命までの総自由時間とはほぼ同じなのだそうです。この厖大な時間を有意義に過ごす方法の一つに、公共施設を利用した活動への参加があります。港北区内の公共の施設としては、地区センター六ヵ所、コミュニティハウス五ヵ所、港北公会堂、港北スポーツセンター、小机スポーツ会館、老人福祉センター、老人憩いの家、国際交流ラウンジなど多数あります。横浜市大倉山記念館（元は大倉精神文化研究所本館）もその一つです。

大倉精神文化研究所を創設した大倉邦彦は、一般市民の日常生活の向上充実に役立たない学問は「畳の上の水練（水泳の練習）」のようなものだとして批判し、学問研究の成果を人々の日常生活に役立てることを目的として研究所を設立しました。その研究所本館が現在では大倉山記念館となり（第七四回参照）、港北の文化の中心として生涯学習や地域活動に使われています。大倉邦彦の念願は、形を変えて今でも記念館の中に息づいているのです。

さて、本紙『楽・遊・学』を発行している港北区生涯学習支援センターは、三月十八日より「港北区区民活動支援センター」へと衣替えし業務を拡充するそうです。そこで、少し調べてみました。生涯学習とは、各自が自分の自由な意志に基づいて、自分にあった方法で生涯にわたって学習していくことです。学習と聞くと、子供が学校などで勉強することを思い浮かべますが、それだけが学習ではありません。広義には、生まれた後に経験を通じて知識や行動などを身につけていくことであり、何でも新しいことを見聞きし体験することは全て学習です。年齢は関係ありません。この生涯学習という考え方は昔からありましたが、政策として注目されるようになったのは一九八〇年代以降です。横浜市でも昭和六十三年（一九八八）に横浜市生涯学習基本構想を策定し、平成六年（一九九四）より各区で生涯学習支援センター事業を始めました。港北区生涯学習支援センターは、同年十一月八日にオープンしました。磯子区・栄区の支援センターと共に市内で最初に設置された三か所の内の一つです。生涯学習支援センターは順次増加していき、市内全区への整備が完了したのは平成十二年（二〇〇〇）三月のことでした。

一方、市民活動の支援はそれより遅く、横浜市市民活動支援センターが設置されたのは平成十二年（二〇〇〇）、各区へ区民活動支援センターを設置し生涯学習支援センターなど類似事業との複合化につとめるという方針が示されたのは平成十五年（二〇〇三）のことです。翌年、神奈川区から整備が始まり、平成二十一年（二〇〇九）三月の磯子区・港北区・戸塚区・西区の整備により全区で実施されることになります。

支援センターの名称が変わっても『楽・遊・学』は引き続き発行され、この連載も続くとのことです。

港北区
楽・遊・学
第1号
平成7年4月1日
編集・発行　港北区役所　地域振興課　生涯学習支援センター
〒222 横浜市港北区大豆戸町26－1
☎045-540-1212（内線549）

楽しく遊びながら学びましょう
♫　生涯学習支援センターはみなさんの学習のお手伝いをします　♫

＊学習相談
何か学習したいとおもったときに、市内、近隣市町村の講座、イベント、施設、講師などの情報を提供したり、グループ作りや学習のご相談に応じています。
＊学習機材の貸出し
グループや個人の学習活動に必要な機材を7日間無料で貸出します。運転免許証・健康保険証などの住所・氏名の確認できるものをお持ち下さい。
◇貸出し機材
・ワープロ（東芝ルポ）　・ハンドマイク
・ビデオ内蔵映像品ビジョン　・H I 8ビデオカメラ
・ワイヤレスアンプとマイク　・バラバルーン
・ダイレクトプロジェクターと専用スクリーン
・キーボード　・ラジカセ　・テープレコーダー
＊グループ同志の情報交換にご利用していただく情報交換ボックス（検索）があります。

■区の花［梅］

＊グループ内の話し合いや打ち合わせのための交流コーナー（10人以内）があります。
◇交流コーナーの利用方法
利用日の3か月前から予約を受け付けています。
★利用時間帯
① 8:45 ～12:00　予約は1コマですが空席がある場合は引き続きご利用になれます
②13:00 ～15:00
③15:00 ～17:15
【政治・宗教・営利目的などの活動はご遠慮下さい】
★場所　港北区役所　4階
★時間　午前8時45分から午後5時15分まで
★休日　土曜日・日曜日・祝日・年末年始

■区の木［花水木］

『楽・遊・学』第１号（1995年４月）

来月以降もよろしくお願いいたします。ところで、『楽・遊・学（らく・ゆう・がく）』とは、ちょっと変わったタイトルで、すんなり読めた人は少ないでしょう。筆者も最初は戸惑いました。実はこのタイトル、「楽しく、遊びながら、学びましょう」というメッセージを縮めたもので、支援センターはそのお手伝いをしますよ、という意味が込められています。区民活動も、自分自身が楽しみながら、そして遊び心や好奇心を持ってというのが長続きの秘訣でしょう。平成七年（一九九五）四月の『楽・遊・学』第一号の表紙をめくると、「春です さあ一緒に 楽・遊・学」の文字が躍っています。この精神は今も変わりません。充実して生まれ変わる支援センターを活用して楽しみましょう。

（二〇〇九年二月号）

第一二三回　サクラソウの復活　―小机が花盛り―

以前に横浜緋桜（よこはまひざくら）（第七五回）と芝桜（しばざくら）（第七六回）の話を書きましたが、サクラつながりで篠原町の臼井（うすい）義幸（よしゆき）さんからサクラソウ（桜草）の情報をいただきました。まず、臼井さんの手紙を全文紹介します。

昨年（二〇〇八年）横浜線一〇〇周年の話を調べている時に、日産スタジアムの清水富士男さんから「小机（こづくえ）」という名前の花があることを教えてもらいました。サクラソウという草花の一品種です。昔、鶴見川の氾濫（はんらん）原（げん）の小机周辺にその生息地があり、そこから生れた種類と考えられています。

サクラソウは多年草で、春になると直径二～三cmのかわいらしい花を付けます。多くは淡紅色（たんこうしょく）で、山桜の花に似ています。高原などでは湿った場所に、平地では川沿いの高水敷（こうすいじき）などに生えています。江戸時代には、その花を鉢に植えて棚に並べて愛でる愛好団体が数多くあったようです。育種（いくしゅ）が進み、数百に及ぶ品種がつくられた古典園芸植物でもあります。反面、野生種の生息地は減少し、現在では、場所によっては特別天然記念物に指定されています。

サクラソウは日本在来の花で、あのドイツ人医師シーボルトによって西洋へ紹介され、Primula sieboldii（プリムラ・シーボルディ）という学名が付けられています。

さて、サクラソウ類やその仲間は、開港当時の横浜にはあちこちにあったといわれていますが、開発などの為、大半は消えてしまいました。ご近所の古老の方々にお話を伺いましたが、実際にその自生地を見たという方には会うことができませんでした。しかし、小机にお住まいの桜井さんが、自宅の裏山に生えているのを祖父が大事にしていたというお話をしてくださいました。自生地も見せていただきました。昨年九月に出かけたので、花や葉を見ることはできなかったのですが、かなりの広さの場所で群生しているようです。山の北側斜面でサクラソウにはとても良い環境のようでした。鶴見川の川沿いから移植したものか、自然に生えていたものかは定かではないようです。開花の頃にぜひともまた訪れてみたいものです。

このサクラソウを、新横浜公園に復活させようという活動「新横浜公園さくらそう自生地復活プロジェクト」が平成二十一年（二〇〇九）一月から始まりました。公園管理者と横浜さくらそう会が企画し、小机小学校の五年生が一五〇株ほどの苗をポットに植えました。春の開花期には、育てた子供たちと一緒に、新横浜公園の水路沿いに植え込む予定です。自分の手で育てたかわいらしい花を見て、喜ぶ子供たちの顔が今から目に見えるようです。

新横浜公園は鶴見川多目的遊水地に作られた公園ですが（第一〇回・六〇回参照）、昔は川沿いの湿地帯でした。公園を管理している日産スタジアムでは、公園の景観として、単に草花を植えるのではなく、かつて湿地帯や農地だった頃の風景をよみがえらそうとして、米や麦、綿花などの栽培をしたり、ヘイケボタル（平家蛍）を放ったりしています。サクラソウの自生地復活はそうした活動の一環です。今回移植するサクラソウは残念ながら「小机」ではありません。サクラソウの「小机」は今では非常に珍しく、横浜さくらそう会の三宅修次さんも、白い花を付ける「小机」を数株所有しているだけだそうです。いつの日か、新横浜公園や小机周辺に、この「小机」の花が咲き誇る時が再び訪れると嬉しいですよね。

付記　正藤勘扇（まさふじかせん）『花ぞろい正藤流～創作舞踊家家元ひとり語り～』（東京新聞出版局）が刊行されました。舞踊のことだけではなく、著者が生まれ育った新吉田町や港北区域のことも沢山書かれていて興味深い本です。

（二〇〇九年三月号）

第一二四回　区役所庁舎も七〇周年　―区制七〇周年記念―

港北区は、今を去る七〇年前、昭和十四年（一九三九）四月一日に誕生しました（第一一回参照）。港北区が七〇周年を迎えたということは、港北区役所も七〇周年を迎えたということです。そこで、今回はそのお祝いとして、区役所庁舎の変遷を調べてみました。

『港北区史』によると、都筑郡・橘樹郡の村々を横浜市へ編入することは、昭和十三年七月に決まったそうです。それから翌年四月まで八ヵ月の間に様々な準備が急ピッチで進められました。当時市職員だった塩田利（昭和二十四年に港北区長）の回想が区史に掲載されていますが、それによると、三月二十日過ぎになって区役所の位置が決まっていないことに係員が初めて気付き、あわてて大綱小学校篠原分教場跡地（篠原町二二四八番地、現富士塚二丁目）を選定し、三月二十九日の市会に間に合わせたのだそうです。同じ塩田氏の回想ですが、『われらの港北　十五年の歩みと現勢』によると、合併の話がもつれにもつれて三月三十日午前五時になってやっと決着し、それからさて区役所をどこにするかという話になったが、もう猶予もないので篠原の分教場跡ということで落ち着いたとしています。いずれにしても、準備不足でした。

最初の区役所は、こうして元大綱小学校篠原分教場校舎を当分の間の仮庁舎として出発しました。しかし、ここは場所が狭い上に、利用するには東横線の無人踏切を渡らなければならず不便でした。そこで、正式な

港北区役所の旧々庁舎（昭和20年代）

区役所庁舎を建てるために、用地を菊名町七八〇番地に選び、木造二階建ての庁舎が建設されました。昭和十七年（一九四二）一月十五日に仮庁舎より移転し、三月三十日に新築落成式が挙行されました。

ところが、この庁舎は不運でした。わずか二年後の昭和十九年二月二日、用務員の部屋にあったカマドの煙突が過熱し火災を起こしたのです。港北消防署が設置されるのは昭和二十六年のことで、それ以前は神奈川消防署から消防車が来ていました。これでは消火が間に合いません。庁舎二階の全部と一階の一部を焼失しました。その上、戦争中のことで応急修理も思うに任せず、約一ヵ月の間、大綱小学校で区政事務をとることになりました。庁舎の増改築が出来たのは、戦後の昭和二十三年（一九四八）のことでした。十二月四日に区制施行一〇周年と庁舎の竣工式が行われています。しかし、これもほんの一時のことでした。

昭和三十五年（一九六〇）、区役所・保健所・公会堂が一か所に集められることになり、菊名町の元の場所に鉄筋三階建ての総合庁舎を建てます。四月十一日に第一期工事が終わり、新庁舎で区役所事務が始まりました。同年十月二十日区制施行二〇周年・総合庁舎落成記念式典が盛大に挙行されています。港北公会堂の開設は十二月一日でした。

昭和四十四年（一九六九）緑区が分区され、区域は狭くなりますが、その後も人口は増加の一途をたどります。区役所の業務も増え、庁舎は手狭になりました。新しい総合庁舎を建てることになり、昭和五十二年（一九七七）四月十二日、現在地（大豆戸町二六―一）で起工式が行われました。昭和五十三年（一九七八）十一月六日、鉄筋四階建ての新しい総合庁舎が完成しました。この庁舎を現在も使用しています。庁舎は昨年（二〇〇八）七月十六日より耐震補強工事に入り、平成二十二年（二〇一〇）二月の完了を目指して現在も工事が進められています。これからも当分の間、この庁舎を使うことになるのでしょう。

ちなみに、菊名の旧庁舎跡地には図書館を建設することになりましたが、地盤が緩(ゆる)いために解体から新築に三年の歳月を要することが分かり、昭和五十四年二月十九日に、元の庁舎を改築利用することに決まりました。昭和五十五年八月二十五日、一、二階が港北図書館、三階が菊名地区センターとして開館しました。この建物は当初「港北センター」と呼ばれましたが、現在ではその名は使われていません。いつから呼ばれなくなったのでしょうか。

付記　大倉精神文化研究所から、講演録『横浜　港北の地名と文化』が刊行されました。『港北の歴史散策』『横浜　港北の自然と文化』に続く、三部作の最終巻です。

（二〇〇九年四月号）

付記　菊名の旧庁舎は、平成二十五年八月から平成二十六年三月まで耐震工事を実施しました。

第一二五回　カイはケエ？　―アカケエの職人技―

港北区制七〇周年、横浜開港一五〇周年の記念日を区民みんなで盛り上げようと、昨年（二〇〇八）六月～八月に区役所からアニバーサリー提案の募集がありました。アニバーサリー（anniversary）とは、記念日という意味です。三三件の応募があり、一五件が採用されました。その中の一つに、「川下り」と「流しソウメン」を楽しもう、という事業があります。提案者は、鶴見川舟運復活プロジェクトです。遠藤包嗣港北区長（当時）は、『タウンニュース』港北区版一月八日号のインタビューで、「鶴見川の川くだりには驚きました。昔、この地域は鶴見川の氾濫をたびたび経験しており、一方で河川を使った舟での様々な物資の運行という恩恵も受けた。地域の特色が出ているなぁと感心した提案でした（笑）」と話されています。

横浜開港資料館の展示会図録『図説鶴見川　幕末から昭和初期まで』によると、昭和初期に「鶴見川を航行する船舶（漁船を除く）は一年間でのべ約二一、六〇〇隻にも及んでいた」といいます。ところが、その後の自動車や鉄道輸送の発達によって舟運は途絶えてしまいました。かつて鶴見川を航行したと伝えられている船は、綱島東の池谷家の御用船がわずかに一艘現存するのみです。鶴見川を航行した船ではありませんが、川が氾濫したときに避難するために用意されていた水害予備船は、綱島台の飯田家所蔵のものが一艘と、樽町の横溝家旧蔵で現在はプロジェクト所蔵のものが一艘確認されています。船の詳細については改めて記すこととして、舟運（しゅううん）プロジェクトの調査に同行して、船の付属品「アカカエ（アカカイ）」に興味を引かれました。木製で、チリトリかスコップのような形をしています。

木造船は水に浮かべると板の隙間から浸水することがあります。波飛沫（なみしぶき）が入って水が溜まることもあります。このようにして船底に溜まった水を「あか（淦）」といいます。アカを汲み出す（掻（か）い出す）ことや、その道具を「アカカエ（淦替）」「アカクミ（淦汲）」「アカトリ（淦取）」などといいます。

このアカカエは、川崎市あたりの方言で「アカケエ」と呼ばれていました。

池谷家のアカカエ

港北区域でも、「カイドウ（街道）」を「ケエド」、牛馬の飼料である「カイバ（飼い葉）」を「ケエバ」、池や用水の水を抜いて掃除する「カイボリ（掻い堀、カエボリ）」を「ケエボリ」、「ムカイ（向かい）」を「ムケエ」などといいましたから、川崎と同様に「アカケエ」と呼んでいたものと思われます。

発見されたアカカエは三つ、これを、大工の武田信治（のぶはる）さん（第九七回参照）に復元していただきました。アカカエは、漁港周辺

飯田家のアカカエ

では雑貨屋にでも売っているような、いわば安価な消耗品ですが、復元の過程で、匠の技を使って作ってあることが分かりました。たとえば、板の反りを防ぐために片面に溝を掘って桟を差し込む「吸い付き」という技法が使ってあったり（前頁の写真参照）、二枚の板をつなげば簡単に作れるところを、手間暇かけて一枚の板を斜めに折り曲げていたりしています。同じ職人が作ったもののようですが、形や作り方が微妙に異なり、使いやすさを追求した職人の心意気が伝わります。

さて、区制七〇周年・開港一五〇周年記念事業として、菊名地区センターでは「地域のお宝～匠に聴く～」と題して、五月から十一月まで、五人の職人さんからお話を伺います。伝統技術・文化を継承し、先人たちの技に創意工夫を加えて活躍している匠のみなさんです。

（二〇〇九年五月号）

付記　鶴見川舟運復活プロジェクトでは、メンバーの手作りにより、平成二十年（二〇〇八）六月に「舟運丸」を進水させ、平成二十二年（二〇一〇）十一月に「たちばな」を進水させました（口絵写真参照）。

第一二六回　ツトッコで大切に　―開港一五〇周年は麦酒で乾杯―

六月二日は横浜開港記念日です。一五〇年前の開港により、横浜村は国際的な港湾都市へと大きく変貌していきました。では、港北区域はどのような影響を受けたのでしょうか。直ぐには思いつかないかも知れませんね。実は、第四三回で紹介した天然氷の生産、大消費地へと発展していく横浜市街地への野菜の供給（第七回参照）など都市近郊農村として緩やかな変化が訪れます。今回紹介するツトッコ作りも開港の影響といえるでしょう。

ツトッコとは、「苞」の方言で、一般的には食品を包む藁苞を指します。『港北百話』でも神社への供物を載せる藁苞をツトッコといっていますが、港北周辺では、麦わら製の麦酒瓶緩衝材のことを特にツトッコと呼ぶ事が多いようです。

嘉永六年（一八五三）のペリー来航に端を発し、日米修好通商条約の締結をへて、安政六年（一八五九）に横浜が開港され、西欧文化の急激な流入が始まります。麦酒もその一つで、明治の初めには横浜でビール造りが始まっています。明治十八年（一八八五）、横浜山手にジャパン・ブルワリーがビール工場を設立します。

当時は、横長の木箱の中にビール瓶を寝かせて入れていました。運搬時などに、瓶と瓶が直接ぶつかると

ツトッコ

割れてしまうので、大麦の麦わらで編んだ藁苞に巻いて箱に入れていました。これがツトッコです。『大綱村郷土史』（第九八回参照）によると、大綱村では明治二十年頃より生産を始めたとしていますから、当初はツトッコを山手まで運んでいたようです。

山手工場は、明治四十年（一九〇七）に麒麟麦酒株式会社へ引き継がれました。これがキリンビールの前身です。山手工場は大正十二年（一九二三）の関東大震災で全壊し、昭和元年（一九二六）に生麦へ移転し、現在に至っています。

さて、明治から昭和前期の港北区域は、九割以上の家が農業を営んでいました。『大綱時報』によると、大正十二年の大綱村は、全七六五戸の内、専業農家が五四五戸、兼業農家が一四四戸でした。現金収入の少ない農家にとって、副業のツトッコ作りは貴重な現金収入源となっていました。ツトッコ作りをしていたのは、主に年寄りと子どもでした。子どもの時のツトッコ作りを覚えておられた新羽町の小山清作さん（第九六回参照）の指導により、前回紹介した鶴見川舟運復活プロジェクトが復元を目指しています。

一方、新横浜公園の畑を利用して、管理者である日産スタジアムが昨年（二〇〇八）から大麦や小麦の栽培を始めています（第一二三回参照）。鶴見川舟運復活プロジェクトはこれに協力し、昨年は六月十五日に麦刈りをしました。収穫した麦は、かつての特産品であったそうめん作り（第三一回参照）の材料にすることを考えていますし、麦わらはツトッコに加工しています。

（二〇〇九年六月号）

第一二七回　ツトッコ農家と仲買人

前回の続きです。太尾町（ふとおちょう）の西山富太郎家はご近所から「ツトッコ屋」と呼ばれています。「ツトッコ屋」というのは「屋号（やごう）」です。「屋号」とは、家に付けられた通称で、家のある場所や、生業（なりわい）（職業）、先祖名、親族関係などから付けられました。西山家はお祖父（じい）さんがツトッコの仲買人（なかがいにん）をしていたことから「ツトッコ屋」と呼ばれるようになったもので、職業から付けられた屋号です。ちなみに港北区域にある屋号を持つ家は、『わたしたちの町日吉』『わたしたちのまち高田』『わたしたちの郷土（日吉南小学校）』『わたしたちの町新吉田』『新田のあゆみ』『新羽史』『大曽根の歴史』『太尾の歴史』『大綱今昔』『菊名新聞』『しのはら西』などの本に記されています。

ツトッコの仲買人というのは、ツトッコを集荷してビール工場へ納品するのが仕事でした。鶴見区の昼間松之助さんは、『郷土つるみ』第一四号の「「方言」こぼれ話（その三）」で、最後の仲買人だった樽町の横溝泰二さん等から聞いた話を詳しく記しています。

『郷土つるみ』によると、ツトッコを作っていた地域は、都筑郡全域と橘樹郡の旭村、大綱村、城郷村など、つまり鶴見川中流域を中心とした一帯だったようです。西山さんや横溝さん、獅子ヵ谷や北寺尾にもいた仲買人たちは、元締めとしてこれらの地域を廻りツトッコを集めました。各村には、仲買人と生産農家とを仲介する家がありました。たとえば、『おやじとおれたちの都筑・新田・村小学校』（第八二回参照）には、「「ツトッコ婆さん」とよばれていた、東の小林さんのお婆さんが買い集め（中略）、太尾の元締めの西山さんへ持って行った」と記しています。新羽では小山七蔵さんが地域のツトッコを集めて、西山さんへ渡していたそうですし、篠原町の臼井義常さん宅のとなりにもツトッコ屋と呼ばれた家があったそうです。

さて、ビール瓶用のツトッコは、大麦ワラと白い木綿糸（凧糸）で作ります。小麦ワラや稲ワラは別の用途がありました。巻き寿司などを作るときに使う「巻きす」の様な形に編み上げて、編み始めと編み終わりをつないで円筒形にします。その上部を縛り、円錐形にすると完成です。農家では、円筒にしたところで仲買人へ渡し、仲買人が完成品にして工場へ納入したようです。

ツトッコ作りは農家の内職・夜なべ仕事でしたが、子供たちも重要な生産者として、決められたノルマを作り終えなければ遊びに行くことも出来ませんでした。最近の子供は、塾や習い事に行くかゲームをするくらいで、家事の手伝いもろくにしないようですが、昔の子供たちは家業を支える重要な労働力でした。ツトッコの代金は、子どもの小遣いにもなりましたが、『大綱今昔』によると、小遣いは、「店がなかったのでもらっても使うことがなかった」のだそうです。隔世の感があります。

ツトッコ作りは、太平洋戦争の直前まで行われていたようです。しかし、昭和になってからは、ビール瓶を四角い木枠のケースに立てて入れることが普及し始めます。それに伴い、ツトッコ作りは衰退し、単にワラ束を瓶の隙間に詰めるだけになっていきます。そのワラ束が使われていたのも昭和三十年代までで、やがて緩衝材（かんしょうざい）は輪ゴムから段ボールへと替わり、中に仕切り板が付いたプラスチックケース（P箱（ぴーばこ）、昭和四十一年～）の登場により姿を消します。

最近のビールは、高級品扱いをされるようになりました。家庭では、財布を握った主婦に第二のビール（発泡酒）や第三のビール（その他の醸造酒やリキュール類）が人気です。お父さんはちょっと悲しいです。実は、昔のビールはもっと高級品で、ビールの大瓶（六三三ml）一本が日本酒の一升瓶（一八〇〇ml）に近い価格でした。これでは庶民には高嶺の花です。アルコール量に換算すれば日本酒より一〇倍も高価でした。

（二〇〇九年七月号）

第一二八回　配給は…、もらえるの？　―終戦秘話その一二―

港北区制七〇周年を迎えて、各地で記念イベントが盛んに行われています。こういう時に盛り上がる話題は、なんといっても食べ物です。二月二十八日・三月一日の大倉山観梅会（かんばいかい）では、大倉山商店街の和洋菓子五店舗のスイーツを詰め合わせた「大倉山梅づくし」が販売されました。六月二十一日、菊名地区センターでのトークショー「地域のお宝～匠に聴く～」、第二回目は小泉糀屋さんから糀や味噌の話を聞きました。六月二十八日には新羽で七〇メートルの流しソウメンがありました。

そこで、昔の食べ物に興味がわき、大豆戸町の武田信治さんご夫妻に話を伺いました。戦争の追体験として、今でもすいとんを作って食べたりしますが、昔のすいとんはダシが入っておらず、とても不味かったそうです。米の配給は少なくて、白米ではなく七分搗きでした。しかも配給の米にはコーリャンや粟など雑穀が混ぜられていたそうです。豆かす（大豆から油を取った後の絞りかす）は、軽自動車のタイヤのようなドーナッツ形の塊で配給され、それを削って米にたくさん混ぜて食べたのですが、とても不味かったそうです。サツマイモも、大きいばかりで味の悪い農林何号、沖縄何号（沖縄一〇〇号？）などという品種が配給になりました。砂糖もなくて人工甘味料のサッカリンやズルチン、塩も山塩（岩塩、牛の餌だったものと思われます）が配給になりました（第一四三回参照）。衣服は、衣料切符とお金を持って買いに行きました。配給品はなんでもお金を出して買っていたのだそうです。戦後生まれの筆者は、配給とはタダで配ってもらえるものかと思っていましたが、買う権利が与えられるだけで、お金を出さないと手に入らなかったとのことです。驚きました。そこで、大倉精神文化研究所の所蔵資料を調べてみました。

昭和十二年（一九三七）から始まった日中戦争が泥沼化していくと、国内の生活必需物資が不足してきました。政府は国家総動員法に基づき、生産統制や価格統制を進め、流通を統制する配給を始めます。

横浜では、まず昭和十五年（一九四〇）六月一日から砂糖とマッチが配給制となります。ついで木炭（十五年十月〜）、米（十六年四月〜）、塩（十七年一月〜）、薪（十七年十一月〜）なども順次配給となります。配給品は、家族の人数により家単位で割当量が決められました。研究所には、図書館の閲覧者や修養会の参加者などが多数来館していましたし、食堂もありましたので、「マッチ特別需要申請書」「業務用塩買受申請書」「小口業務用燃料配給申請書」などを毎月市長宛に提出して必要物資を確保していました。また、それらを正しく使ったのか、毎月の「給食人員調査報告書」も提出させられていました。

「小口業務用燃料通帳」（次頁の写真参照）や領収証によると、薪や木炭は、おもに横浜家庭燃料小売商業組合神奈川支部第一四家庭燃料配給所（南綱島町九七〇番地加藤方）から購入していました。昭和十七年十一月で、木炭一俵が二円二七銭、薪一束が三九銭でした。樽町三一八番地にあった港北第二燃料配給所からも時々購入しています。

米は、米穀綱島共販所（南綱島町七〇三番地）から購入していましたが、昭和十六年一月には「外米二割未満」が混ぜられていたことが、伝票で分かります。三月の伝票では、外米の混合が「五割未満」に増えています。外米とは、外国産のインディカ種の米です。粘り気が少なく、ジャポニカ種の内地米とは食感が異なり敬遠されます。平成五年（一九九三）の凶作で多量に輸入されたことがあるのでご記憶の方も多いでしょう。

昭和十六年四月から米の配給が始まると、店の名前は「横浜米穀小売商業組合神奈川支部第一五共販所」と呼ばれるようになります。十六年夏頃には、「内地米三、外米六、モチ米一」の割合で混ぜられている伝票が多くあります。秋になり、新米が出回るようになると、内地米の割合が多くなります。

昭和十七年九月三日の伝票では、「内地米五・五、外米二・五、麦二」（なぜか一〇割になりませんが）の割合になっています。米を買っているのに、麦が混ぜられています。値段は、二八キロで八円三〇銭でした。これ以降、米の混合比率は書かれなくなります。コーリャンや稗（ひえ）などの雑穀が混ぜられるようになるのは、この後のことでしょう。

やはり、配給物資を手に入れるにはお金が必要だったのでした。

（二〇〇九年八月号）

小口業務用燃料通帳

第一二九回　港北の名望家（めいぼうか）　―大日本博覧絵（はくらんかい）―

横浜開港資料館のホームページで、企画展「近代を迎えた横浜の村々―地方名望家（ちほうめいぼうか）の誕生」（十月二十八日～十二月二十七日）の予定が発表されました。「地方名望家」とは、地域社会のリーダーたちのことです。横浜開港により、急速な近代化の波にさらされた横浜周辺の村々で、地域振興につとめ港都・横浜の発展を支えた「地方名望家」たちの展示です。ホームページには、地方名望家の一人だった南綱島村池谷義広邸の銅版画が掲げられていました。

　池谷邸の絵は、『大日本博覧絵』に掲載されているものです。『大日本博覧絵』は、日本全国の農家、商店、工場、会社、寺社などを細密な銅版画で紹介した一〇巻ほどの画集です。この内、港北区域の建物を掲載した巻は、明治二十二年（一八八九）に出版されたもので、絵には明治十八年、十九年頃の様子が描かれているようです。

　港北区内では、一軒の醤油醸造家と五軒の農家が描かれていますので、掲載順に紹介しましょう。

（一）大豆戸村　吉田三郎兵衛邸

　吉田家は屋号を「堀上」といい、江戸時代には大豆戸村の名主を務めた家です。天保年間（一八三〇～四四）より戦中まで醤油の醸造をしていました。年配の方は太陽印の醤油をご記憶でしょう。三郎兵衛は、万延元年（一八六〇）の生まれで、橘樹郡の郡会議員、大綱村村長、耕地整理組合長などを歴任していました。

（二）大豆戸村　椎橋宗輔邸

菊名駅西側にある椎橋宗輔家は、初代の三九郎が寛保年間（一七四一～四四）に没したと伝えられている旧家です。七代目の宗輔は天保九年（一八三八）の生まれで、幕末の大豆戸村村長、明治になると県会議員や大綱村村長などを務めていました。

（三）小机村　浅田治郎作邸

治郎作は橘樹郡の郡会議員を務めていたようです。浅田家については、どなたか教えてください（第一三二回参照）。

（四）南綱島村　池谷義広邸

池谷家については、桃栽培を始めた道太郎について第一五回、三〇回で書きましたが、義広はその父親です。義広については開港資料館の展示解説にゆずることとしましょう。

（五）北綱島村　飯田助大夫邸

助大夫は飯田家で代々受け継がれた通名で、ここでは第一〇代広配を指します（広配は、正しくは助太夫です）。広配は、文化十年（一八一三）吉田村相澤家の生まれで、飯田家へ養子に入り、幕末から明治の前半に地域の指導者として活躍しました。養豚、養蚕、製茶などを振興しましたが、特に天然氷の生産を始めたことで知られています（第四三回参照）。

（六）師岡村　横溝喜重邸

樽町（たるまち）の吉川英男さんに伺ったところ、横溝家は屋号を「百石（ひゃっこく）」といい、江戸時代は師岡村の名主、明治になり戸長（こちょう）を務めた家だそうです。獅子ヶ谷（ししがや）の横溝屋敷とは別の家です。

『大日本博覧絵』は国立国会図書館の近代デジタルライブラリーで見られますし、（一）から（六）の銅版画は少し修正したものが『わが町の昔と今 八 港北区 続編』の「明治時代の民家」に掲載されています。『大日本博覧絵』の序文によると、この銅版画は「緻密鮮明（ちみつせんめい）にして、なおかつ家屋（かおく）の構造たるや、実に真を写し、そこに至（いた）りて目撃するがごとく」（少し読みやすく改めました）と記されています。（一）吉田家の長屋門、（四）池谷家の主屋（おもや）と土蔵、（五）飯田家の長屋門などは描かれた当時の建物が現存していますから、絵と見比べるとその正確さがよく分かります。

港北区域には『大日本博覧絵』に掲載されてもよいと思われる地方名望家の家がまだまだ数多くありますが、六軒以外の家は掲載を依頼されなかったか、依頼を断ったものと思われます。

さて、地方名望家たちは、具体的には、村長、議員、校長、大地主、会長、組合長、委員、総代、僧侶や神主などの肩書きを持っていました。あるいは、自治功労者と呼ばれた人たちもいました。第三七回で、神奈川県の人名辞典には港北区域の人物があまり取り上げられていないことを書きましたが、最近になり、こうした人たちのことを詳しく記した本があることが分かりました。その話は次回に。（二〇〇九年九月号）

付記　吉田家長屋門は、平成二十三年（二〇一一）十月に解体されました。

第一三〇回　郷土を造る人々　―自治功労者を知るための本―

タイトルにした「郷土を造る人々」とは、今回紹介する『自治行政大観』という本の昭和四十二年版の副題ですが、すてきなネーミングです。平成二十一年（二〇〇九）は、港北区が誕生して七〇周年の記念の年です。筆者は、それにちなんだ記事を何度か書いてきました。地域社会の発展は、行政と地域住民が協力し合って形成してきたものであり、長年にわたり地域社会の発展に寄与してこられた方を自治功労者といいます。自治功労者とは、まさしく私たちの郷土を造ってきた方々です。

漆原家の大明神胡瓜畑（昭和13年６月５日撮影）

さて、『広報よこはま港北区版』八月号の別冊に、「のどかな田園でした・大倉山周辺」と題して、胡瓜（キュウリ）の苗（なえ）を栽培している畑を写した昭和十三年（一九三八）の写真（漆原家より大倉精神文化研究所へ寄贈、上に掲載）が掲載されています。畑には釣り鐘（つりがね）形をした透明の容器がたくさん並んでいます。これはガラス製で、温室のように苗の発育を促すためのものです。頂上には換気用の穴が開いており、日焼け防止の紙が貼ってあります。耕作をしている人物は漆原粂七さんです。このガラスカバーは粂七さんが特注で作らせたものでしょう。割れやすいものですから、七〇年後の現在はもう残っていないだろうと思い込んでいたのですが、なんと綱島東の池谷光朗さんが一つお持ちでした。感激しました。

この漆原粂七さんも自治功労者のお一人です。では、粂七さんとはどのような方だったのでしょうか。大豆戸町の武田信治さんのご尽力により、漆原家からこの写真と共に各種の資料類をご提供いただきました。その中に『自治行政大観』（後述の（五）です）という本がありました。書名だけ見ると地方自治体の要覧を連想しますが、中を見ると大半のページが人物辞典になっています。

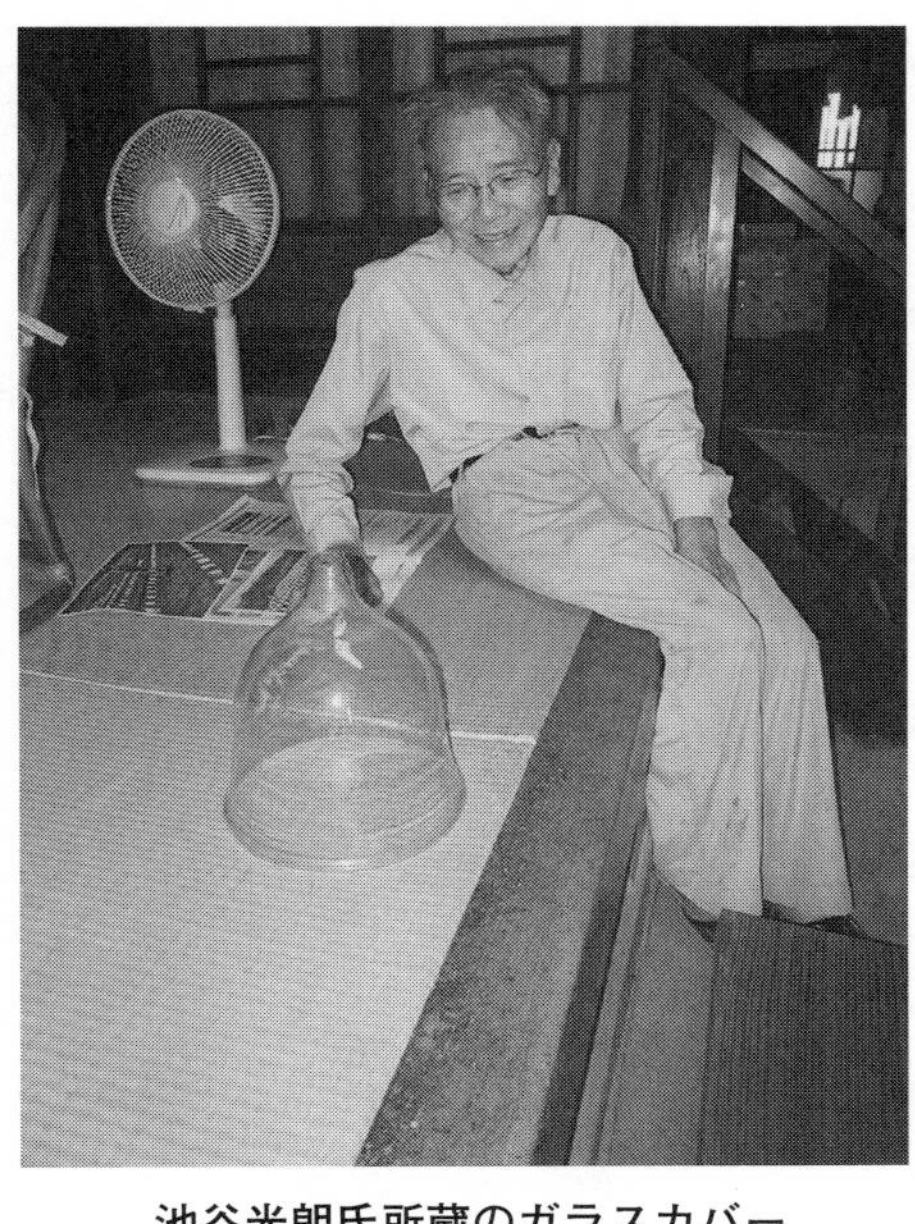
池谷光朗氏所蔵のガラスカバー

『自治行政大観』によると、漆原粂七さんは明治三十年（一八九七）の生まれで、「二六歳の時より白菜栽培を開始した白菜栽培の草分けで、……各地に指導講習を行った農業界の功労は著名である。この間優秀な栽培技術で品評会に入賞すること数十回におよぶ精農家である。また一方地元においては生産組合長の重責を務めている自治界の有力者で、温厚篤実な人物で人望が高い」（少し読みやすくしました）とか、「白菜栽培団子造り式の考案者」「覆蕪栽培法普及の功労者」などと紹介されています。粂七さんは、大倉山（太尾）で最初に白菜の栽培を始めた人です。二六歳というと、大正十二年（一九二三）頃でしょう。昭和五十一年（一九七六）発行の『港北百話』に「白菜は、今から五〇余年前、満州の高野農園から漆原粂七という人が種子を取り寄せて作り始めた」と記されているのと、ほぼ符合します。通常、白菜はタネを畑に直播きしますが、粂七さんは箱の中で苗を育ててから、肥料を混ぜた泥団子に植えて、畑に移植するという栽培法も考案していました。このやり方は手間が掛かりますが、直播きより半月遅れるので、新芽を虫に食われなくてすむという利点があります。

『自治行政大観』には、漆原粂七さん以外にも、現在の港北区内に在住していた自治功労者が一一四名掲載されています。第三七回で紹介した『神奈川県姓氏家系大辞典』（角川書店、一九九三年）では区内在住者はわずかに二三名でしたから、圧倒的な人数です。そこで、調べてみると類書がたくさん見つかりました。

（一）『自治団体之沿革』昭和二年、東京都民新報社
（二）『神奈川県紳士録』昭和五年、横浜市誌編纂所
（三）『自治沿革史昭和風土記』（別書名、自治団体之沿革）、昭和六年、地方自治調査会
（四）『自治行政大観』昭和三十二年、地方自治調査会
（五）『自治行政大観』昭和三十三年、地方自治調査会

（六）『自治行政大観』昭和三十八年、地方自治調査会
（七）『自治行政大観』昭和四十一年、地方自治調査会
（八）『自治行政大観』昭和四十二年、地方自治調査会
（九）『横浜紳士録』昭和三十五年、横浜紳士録編纂会
（一〇）『自治団体沿革』昭和四十七年、地方自治調査会

この内、（九）は相澤雅雄さんに教えていただきました。これら一〇冊に掲載されている港北区域の人物の合計は、重複分を除いて三五七名です。（二）と（九）以外は、大正六年（一九一七）に篠田皇民なる人物が創業した団体が作った本です。立項されている本人の経歴に加えて、家の由緒も記してあるのが役に立ちます。掲載されている人物のお一人、篠原町の臼井義常さんに伺ったところ、臼井家と義常さんに関する記述内容は正確だとのことでした。たとえば、『日本紳士録』（昭和十一年、交詢社）などが高額納税者のみを掲載しているのに比べて、これらの本は地域社会に貢献している人を掲載していることに意義があります。今後の調査、執筆に大いに役立ちそうです。

（二〇〇九年十月号）

第一三一回　幻の東京オリンピック横浜会場

十月三日、二〇一六年の第三一回オリンピック開催地の選定で、東京は落選し、二度目の東京オリンピッ

クは幻となりました。今回は落選ですが、実はかつて一度、東京は当選したのに辞退したことがあります。

近代オリンピックは、一八九六年アテネで第一回大会が開催されました。第一二回大会は、昭和十五年（一九四〇）に東京で開催する予定でした。発端は昭和五年（一九三〇）、時の東京市長永田秀次郎（ながたひでじろう）が、第一二回が開催される昭和十五年はちょうど皇紀（こうき）二六〇〇年（日本の国が出来て二六〇〇年目とする説）に当たるので、これを東京で開催したいと言い出したことに始まります。ＩＯＣ（国際オリンピック委員会）委員だった嘉納治五郎（かのうじごろう）（講道館柔道創始者）の世界を駆け回る招致（しょうち）活動により、昭和十一年（一九三六）に東京での開催が決まります。あまり知られてはいませんが、この頃冬季オリンピックは夏季と同じ年に開催されており、この時、昭和十五年の第五回冬季大会を札幌（さっぽろ）で開催することも決まっています。

しかし、翌昭和十二年、盧溝橋（ろこうきょう）事件をきっかけとして日中戦争が始まると、国家総動員の風潮の中、鉄材等の資材不足もあり、大会返上の意見が出始めます。昭和十三年五月には、東京大会実施のために尽力していた嘉納治五郎が、ＩＯＣ総会からの帰途、氷川丸（ひかわまる）船上で客死（かくし）します。その二か月後、ついに開催辞退が決まります。余談ですが、嘉納治五郎の葬儀委員の中には、大倉精神文化研究所の創設者大倉邦彦も加わっていました。

今回の東京オリンピック案は、狭い範囲内に会場を集めて「世界一コンパクトな大会」をアピールしていましたが、昭和十三年にＩＯＣへ提出した計画書を見ると、会場は埼玉や横浜にも予定されていました。横浜はヨット会場やマラソンの折り返し地点（鶴見の総持寺辺り）になっていました。

しかし、それとは別に、興味深い話があります。現在の岸根公園の場所をオリンピック会場に計画していたという話と、鶴見川下流でボートやカヌー競技をするという計画です。私にはこの話の根拠が思い出せないのですが、樽町の吉川英男さんや篠原町の臼井義幸さんも何かの資料で読んだことがあると言われるので、噂があったことは確かなようです。真偽は不明ですが、会場の候補地については、最終案に決まるまで紆余曲折がありましたから、その過程でこのような案があったのかも知れません。

菊名の椎橋信一郎さんは旧綱島街道沿いに住んでおられますが、椎橋さんからは、東京オリンピックに合わせて旧綱島街道を二倍に拡幅する計画があったという話を伺った事があります。

旧綱島街道で思い出したのですが、篠原東の押尾寅松さんもかつて沿道にお住まいでした。押尾さんからは、大倉精神文化研究所本館（大倉山記念館）を建設していた時（昭和五、六年頃か）、建設資材を積んだトラックが毎夜何台も街道を通ったこと、未舗装のデコボコ道を重いトラックが走るので、家が揺れて、寝ていても目が覚めたとの話を伺った事があります。昼間は、大八車や牛車、馬などが通っているので、トラックは夜に走ったようです。

閑話休題、開催が実現した東京オリンピックは、昭和三十九年（一九六四）の第一八回大会です。この時神奈川県では、バレーボールの横浜文化体育館、サッカーの三ツ沢球技場など四ヵ所が会場になりました。

この東京オリンピックに合わせて、交通網の整備が図られ、首都高や新幹線が開通します。新幹線は、川崎市中原区から慶應大学日吉キャンパスの地下、樽町を通り、新横浜駅に停車しますが、下田町の金子郁夫さんからは、「現在のルートより少し北側、下田町を通りS字型に湾曲したルートで新幹線を通すという計画があった」という話を伺いました。

実現しなかった幻の計画は、関係資料が少なく、人々の記憶からも忘れ去られていきます。今となっては、詳細を確認できないことも多いのですが、今後の調査のために記録しておきます（第一六三回参照）。

（二〇〇九年十一月号）

第一三二回　記念誌から未来を

今年、平成二十一年（二〇〇九）の一年を振り返って一〇大ニュースをかぞえる季節になりました。港北区の一〇大ニュースとしては、めでたい方では、必ず区制七〇周年が入るでしょう。九月二十七日、港北公会堂で港北区制七〇周年記念式典が挙行され、参加者へは式次第と『港北区の境域と記憶—区制七〇周年記念誌一九三九～二〇〇九—』が配られました。この本には、小机の浅田家（第一二九回で筆者には分かりませんでした）について詳しく紹介されていました。七〇周年記念誌としてはもう一冊、『水と緑の学校生きもの図鑑』も今年（二〇〇九）三月に刊行されています。

筆者の個人的な一〇大ニュースとしては、区制七〇周年アニバーサリー提案事業として、この連載の第一回から一二〇回までをまとめた記念誌『わがまち港北』を七月に出版していただいたことが第一に挙げられます。筆者の職場がある横浜市大倉山記念館が竣工から七七周年、記念館としての開館から二五周年を迎え、「大倉山秋の芸術祭」も二五回目となり、記念誌『秋芸25』が作られたこともうれしいニュースの一つです。

そこで、過去の記念誌を調べてみました。

港北区は昭和十四年（一九三九）四月一日に誕生しましたが、それから一五年後、昭和二十九年（一九五四）の『港北区勢概要』（第一一八回参照）が「区制施行十五周年記念版」となっています。大綱小学校校庭で開かれた記念式典では、喜寿（きじゅ）（七七歳）を迎えた飯田助夫翁（おう）が自治功労者として表彰されています。

昭和三十三年（一九五八）には『横浜開港百年と港北区』が刊行されました。今年（二〇〇九）は開港一五〇周年と区制七〇周年が共に祝われましたので、その五〇年前なら昭和三十四年のはずですが、横浜開港百年祭記念式典は昭和三十三年五月十日に挙行され、区制二〇周年記念式典は昭和三十五年十月二十日でした。昭和三十五年版の要覧『港北』は、「区制二十周年・総合庁舎落成記念」と謳（うた）っています。総合庁舎とは、菊名に造られた旧庁舎（第一二四回参照）のことです。ちなみに、昭和五十三年（一九七八）に現庁舎が完成したときの要覧は「港北区新総合庁舎落成記念」と記されています。

昭和三十九年（一九六四）の『区勢概要』は「区制施行二五周年記念」、昭和四十四年（一九六九）版は「区制施行三〇周年記念」となっています。

昭和六十二年（一九八七）、『未来都市コーホク』が刊行されました。この本は、二年後の区制五〇周年をひかえて、「まだ一部に田園風景が残る、緑豊かな若々しい〝まち〟」である港北の「輝かしい未来に向けたまちづくりのきっかけ」として編集されました。

そして、平成元年（一九八九）の区制五〇周年には、『港北五十&ＴＯＤＡＹ』が刊行されています。この年は、市政一〇〇周年、開港一三〇周年でもありました。バブル景気も手伝って、今年（二〇〇九）以上に盛大な記念行事が行われました。この頃の横浜市は、新総合計画「よこはま二一世紀プラン」を進めていました。二一世紀を展望した街づくりと地域コミュニティづくりをめざしたもので、港北区は「自然と調和した活気ある街」づくりを目指していました。

区制五五周年になる平成六年（一九九四）は、港北区から都筑区が分区した年でもありました。この年刊行された『新・港北物語―新港北区誕生・区制五五周年記念誌―』の巻末には、「港北区の将来像」として、策定中の「ゆめはま二〇一〇プラン　港北区計画案」が掲げられています。長期ビジョンとしてこの時に遠い目標とされた二〇一〇年は、もうすぐそこに迫っています。

港北区制六〇周年記念としては、『港北ウォーキングガイドてくてくこう歩く』（二〇〇〇年）が刊行されています。

区役所以外から刊行された記念誌には、かつて日吉本町に本社があった横浜港北新報社から『われらの港北十五年の歩ミと現勢』（一九五四年）と『われらの港北　三十年の歩み』（一九六七年）があります。一五周年記念誌は記事の正確さに少し疑問がありますが、内容の豊富さと、「ラヂオ・テレビのお医者さま　修理は　妙蓮寺駅前岩永電気商会」「一〇〇円天国　大衆の茶の間　つなしま温泉行楽園」など当時の広告が多数掲載されているのが魅力です。横浜港北新報社は、この二冊の記念誌の間に『続われらの港北』（昭和三十二年頃刊行か）という本を出版していたようですが、図書館にもなく筆者は未見です。

どの記念誌も、過去を振り返ると共に、「今後の港北は如何にあるべきか」を課題にしています。その時々の人々が港北区の将来に何を望んでいたのか、それがどのように実現したのかしなかったのか、新しい年に向けて歴史を繙き、そこから未来を考えていただきたいと思います。

（二〇〇九年十二月号）

第一三三回　お年始に地産の銘菓

正月一日から七日までは、横浜七福神（第四七・四八回参照）のご開帳です。これにあわせて、港北区区民利用施設協会で、昨年（二〇〇九）十二月に横浜七福神めぐりの手ぬぐいを発売したところ、七福神めぐりをする方だけでなく、多くの方々から「手土産にちょうどいいから」と、予約が集まり評判になっていま

新若松のつり鐘最中

す。年始のご挨拶に伺うときに、地域の歴史や文化にちなんだ品物を手土産として持参するのはよいですよね。そこで、そうした菓子を紹介しましょう。

日吉本町の〝新若松〟は、「つり鐘最中」が有名です。一〇数年前、近くの金蔵寺第三四世住職だった内田大亮氏が新若松の先代店主に相談して出来た最中です。城田九一氏の調査によると、金蔵寺では、戦争中に供出した鐘の代わりとして昭和二十六年（一九五一）に大亮氏が誓願寺（府中市、元は浅草）から購入したものです。この鐘は慶長八年（一六〇三）に徳川家康・秀忠が関ヵ原の合戦の死者を弔うために鋳造した鐘が原型で、それを元禄十四年（一七〇一）に五代将軍綱吉が母桂昌院の病気平癒を願って大きく鋳直したものです。芭蕉が「花の雲鐘は上野か浅草か」と詠んだのは、この鐘の音ともいわれています。新若松では、他にも「日吉っこ」「日吉ロマン」「日吉の丘」などがあります。

慶應義塾大学の創立一五〇年記念式典は、二〇〇八年十一月八日に日吉キャンパス陸上競技場で挙行されました。日吉キャンパス内の生協には、「慶應クッキー」「慶應ミルフィユ」「慶應キャンディー」があり、誰でも買えます。

第六三回で、綱島温泉を発見した樽町の加藤順三氏の〝杵屋〟で「ラヂウム饅頭」を売り出し、綱島駅前の〝新杵〟では「ラヂウムせんべい」を売り出し、名物になっていたことを書きました。この新杵、『横浜港北新報』（一九六四年九月十七日）によると、安政五年（一八五八）に綱島で創業し、明治三十五年（一九〇二）に屋号を新杵としたのだそうです。

綱島東の〝や満田〟は、昭和十一年（一九三六）の二・二六事件当日に雪の降る中で開店したという歴史の長い店で、「鶴見川」「つなどら」があります。綱島西の〝ヴェルプレ〟では「綱島市民の森」「ひのきの森の木もれび」「綱島公園のどんぐり拾い」「綱島のパデュ通り」「鶴見川の今・昔」「大綱橋の帆船」「諏訪神社の階段で」「綱島バリケン島」「桃雲台からの眺め」「綱島西一丁目の展望」の一〇種類があり、『綱島物語』として箱入りにもなります。綱島の地理や歴史をよく調べて作られたお菓子です。両店とも『ＴＲネット通信』で紹介されたことがあります。

〝大倉山青柳〟は、港北区制七〇周年アニバーサリー銘菓「浜梨物語」を発売していますが、これは港北産の浜梨を使ったものです。また、大倉山青柳では以前から「大倉山の梅最中」が有名ですが、ラベルには梅林と大倉山記念館が描かれています。

大倉山商店街振興組合では、昨年（二〇〇九）の大倉山観梅会で、五軒の菓子店のスイーツを集めた「大倉山梅づくし」を発売して大好評でした。今後も販売してほしい逸品でした。また、大倉山では、昨年（二〇〇九）四月から放送が始まったテレビアニメ「夏のあらし！」とタイアップして、「夏のあらし！の舞台は大倉山」のキャッチコピーで町おこしをしています。昨年十一月七日、住居表示完了記念イベントがおこなわれ、駅前では記念プレート除幕式があり、大倉山振興会館横には「夏のあらし！ブース」が設けられました。大倉山の〝わかば〟はこの日から「夏のあらし！サブレ」を売り出しました。わかばには、「大倉山小梅」「大倉山散歩」「花水木」といったお菓子もありますし、「太尾育ち」は町名変更で無くなった太尾の地名を後世に伝えるお菓子です。横浜市経済観光局が、地域に根ざした商店街のお土産を募集して、昨年六月二十一日に「街なか　ちょい土産」一〇品が認定されましたが、その中にわかばの「カフェオレ大福」が入っています。

新横浜町内会が、鶴見川近くにあった鴨場にちなんで考案したのが「鴨まん」です。二〇〇四年から新横浜パフォーマンスで限定販売していますが、二〇〇八年の新横浜駅キュービックプラザオープン後は、二階の〝グランドショップ新横浜〟でも取り扱っています。

小机町の〝折本屋〟は、「小机チーズ」が評判ですが、「小机　城址太鼓」「小机城址の森」といった小机城址をモチーフにした菓子や、「小机とうふ」「小机の　詩」などもあります。以前は「たまちゃん饅頭」もありました。折本屋は昨年（二〇〇九）四月六日の『神奈川新聞』に紹介されており、「城山の月」という菓子もあるようですが筆者は未見です。

地産地消とか町おこしが叫ばれています。農産物に限らず、お土産(みやげ)の菓子も地産にすれば町おこしになりますし、地域の歴史や文化、伝統、地理などにちなんだ菓子なら、相手の方と話が弾むのではないでしょうか。筆者は食べることにあまり執着がないので、これぐらいしか知りませんが、港北区内にはまだまだ多くの銘菓があると思います。皆様からの情報で、続編が書けると楽しいですね。

（二〇一〇年一月号）

付記　綱島東の〝や満田〟は、平成二十三年（二〇一一）に閉店しました。

第一三四回　雪ニモマケズ、風邪ニモマケズ

最近では、真冬でも氷が張っているのを見ることが少なくなりました。しかし、かつて天然氷（第四三回参照）の生産が地場産業だった港北区域では、冬の朝、田んぼも一面凍りついていました。古老の方に話を聞いていると、かつて田んぼの中にあった大綱(おおつな)小学校へ通うのに、道路やあぜ道ではなく、凍りついた水田の中を一直線に歩いて通学したのだそうです。これは便利ですが、一旦氷が割れると、それはもう悲惨でした。

凍りついた水田では、すり減った下駄(げた)や通学用ズックでスケートのまねごとをすることもあったようです。ただし、日が当たると氷はすぐに溶けてしまいますから、滑れるのは早朝だけでした（『北つな』）。

昔は今より寒かったようなので調べてみました。『大綱時報』第一五号に掲載された城田弥市少年の作文によると、朝井戸端へ顔を洗いに出ると、前夜の冷え込みで辺り一面霜で真っ白になっていました。なんと、これは大正十一年（一九二二）十月十日のことでした。十月前半に霜が降りたこともあったのです。『横浜市の学童疎開』（第九二回参照）には、昭和二十年（一九四五）の冬はとても寒く、小机に疎開してきた斎藤分国民学校の三年生が、「しもやけで紫色に腫れあがった左手の手首の潰瘍の跡は五十歳を過ぎる頃迄消えなかった。足の小指を失った友もいたと聞いた」と記しています。

『大綱村郷土誌』（一九一三年編纂、第五四回参照）には、夏季の最高温度が華氏九四度（摂氏三四・四度）、冬季最低温度華氏二五度（摂氏マイナス三・九度）と記されていますが、「気候概ね温和にして寒暑共に甚しからず」とも記されています。しかし、それに続けて「丘陵の北部に位置する北綱島、樽、大曽根、菊名、大豆戸、篠原の一部」は、寒気が少し強く、それゆえに天然氷を産出していると記しています。

昔は氷点下になることがよくあったようです。『港北区勢要覧』によると、最低気温は一九四八年がマイナス七・六℃、一九五〇年マイナス三・五℃、一九五二年マイナス四・〇℃でした。池辺町（当時港北区、現在は都筑区）にあった都田測候所の観測で、いずれも一月に記録しています。

雪についても調べてみました。『箕輪のあゆみ』によると、一八九七年、一九〇八年、一九二四年、一九三六年、一九五二年、一九五四年、一九八六年、一九八八年、一九九四年などに大雪が降ったとあります。

また、一九八四年は二三回もの降雪があったとのことです。

大倉精神文化研究所の日誌を調べると、かつては毎年のように十二月から三月まで降雪の記録があります。昭和十七年（一九四二）二月二日と昭和十九年三月五日は共に積雪五寸（約一五センチ）でした。

いまでは、誰もが暖かい服装をしていますし、暖房の効いた建物や乗り物があります。道路も舗装されています。しかし、昔は大変でした。一〇〇年ほど前の大正の頃は、クツはよそ行きの大切なもので、普段は草履を履いていました。道路が舗装されていませんでしたから、雨が降ると履きものが泥だらけになるので、暖かい季節なら、裸足で登校しました。『大綱今昔』によると、漆原粂七さん（一八九七年生まれ、第一三〇回参照）は、ゴム長ぐつなどないので、雪の日でも素足に草履をはいて大曽根の尋常第二小学校へ通学しました。そのため、学校へ着くころには足が非常に冷たくなっていました。しかし、もっと大変だったのは、学校にあった囲炉裏で暖をとったときで、かじかんだ足に血が通うと、とても痛かったそうです。足袋をはくこともあったそうですが、子供たちは、真冬でも素足に草履で通学していたのでした。

雨や雪の日には、歯の長い高下駄をはいて通学する子もいました。高下駄は歩きにくいですし、歯の間に付いた雪を時々落とさなくてはなりません。棒で歯の間の雪を落としたり、電柱に下駄を打ち付けたりしましたが、強く打ち付けると歯が欠けることもあり面倒でした。

しかし、雪は厄介なことばかりではありません、楽しいこともありました。

雪降ればパッチンしかけ雀おせ　雀の肉はうどんと煮らる（『おおつな八十余年の流れ』）

雪が降り積もると、一ヵ所だけ雪をどけて、そこに米をまき、蔓で作った「パッチン」という仕掛けで雀を捕りました。捕った雀は解体して、肉をうどんに入れて食べたのです。

『菊名あのころ』には、雪の上に残った足跡を追っかけて、ウサギが捕れたという話が記されています。『大綱時報』第一四号では、通学路のそばに少しの穴があいていて、中に山兎（ノウサギのことか？）が昼寝をしていたという子供の作文が掲載されています。野生のウサギがたくさん棲息していたようです。ウサギの肉もごちそうでした。

時代と共に人々の生活は変わりました。気候も変動しているようですが、子供は風の子であって欲しいと願う親の気持ちは変わらないようです。

（二〇一〇年二月号）

第一三五回　十二年に一度の霊場巡り　―その四、稲毛七薬師―

以前に子年観音霊場を紹介しましたが（第一一二回～第一一四回参照）、今年（寅年、二〇一〇年）は薬師霊場のご開帳があります。薬師如来は、人々から病の苦しみを取り除く、病気平癒の仏として古くから信仰されています。十二年に一度、寅年に開帳されるようになった理由はよく分かりませんが、国宝弥勒菩薩像で有名な京都の広隆寺が薬師如来像を安置したのが長和三年（一〇一四）寅年の寅の日であったことから、「寅年薬師」として開帳されるようになったといわれています。

港北区域には、「稲毛七薬師」「都筑橘樹十二薬師」「武南十二薬師」の三グループの霊場があり、いずれも寅年四月に開帳があります。それぞれ港北区内にある札所を紹介していきましょう。

稲毛七薬師霊場

今回の開帳は、四月四日（日）～十一日（日）の九時～十七時です。稲毛七薬師は、昭和二十五年（一九五〇）寅年にはすでに成立していましたが、戦前のことはよく分かりません。川崎市から港北区北部にかけては、昔は武蔵国稲毛荘（第八九回参照）と呼ばれていた地域でした。そこの七ヵ寺が集まったのは、東の方にあるという浄瑠璃世界にいる薬師如来をはじめとする七尊を七仏薬師と呼ぶことに由来すると思われます。

一番札所　**塩谷寺**（天台宗）

御詠歌　薬水の　塩谷光る　高田村　一時の病ひ　いゆる御手洗し

高田西の薬王山光明院塩谷寺は、寺の縁起によると、文武天皇（文徳天皇？）の頃、皇后の病気平癒を祈願したところ、都筑の山中に病気を治す塩水がわき出ているとのお告げがあり、慈覚大師円仁（七九四～八六四年）を派遣し塩水を求めたのだそうです。御詠歌の「薬水の塩谷」とは、このことです。慈覚大師はこの地を薬王山と名付け寺を建立したと伝えます。慶安（けいあん）二年（一六四九）には江戸幕府から寺領（じりょう）五石（こく）四斗（と）余（あまり）を賜っています。薬師堂は本堂の西側奥の階段を上った丘の上にあります。薬師坐像は長さ一尺余（三〇センチ余り）です。

四番札所　**西光院**（さいこういん）（天台宗）

御詠歌　璃益（りやく）にて　駒（こま）も林（はやし）に　居並（いなら）びて　四（し）きりに向（むか）う　西（にし）の光（ひかり）に

塩谷寺の薬師堂

西光院

稲毛七薬師の御詠歌を七ヵ寺分並べて、各歌の一文字目を横に読むと「薬師瑠璃光如来」となります。「利益」を「璃益」と書いているのはそのためです。さらに、歌の中に各札所の数字が詠み込まれています。「頻りに」を「四きりに」と書いているのはそのためです。

日吉本町（古くは駒林村）の天文山薬王寺西光院は、『新編武蔵風土記稿』では、本尊の薬師坐像は高さ一尺余（三〇センチ余り）、村内にある金蔵寺の末寺だが、火災により開山開基等は分からなくなっていると記されています。『港北の遺跡をたずねて』では、天文元年（一五三二）の開山といわれ、開山第一世は什尊法印であると記しています。

六番札所　**興禅寺**（天台宗）

御詠歌　如意として　高田に聳ゆ　興禅寺　六つの時しる　鐘の音かな

高田町の円瀧山光明院興禅寺は、横浜七福神の福禄寿を祀る寺として紹介しました（第四七回参照）。寺伝によると、文徳天皇の仁寿三年（八五三）に慈覚大師円仁が東国に下った時、この地に錫を留め、自ら十一面観音と勝軍地蔵の像を刻んで安

興禅寺の薬王殿

置したのが開山の始まりと伝えています。薬師如来を祀る薬王殿は、山門を入って左側にあります。

（二〇一〇年三月号）

第一三六回　十二年に一度の霊場巡り　―その五、都筑橘樹十二薬師―

薬師霊場は、十二ヵ寺が集まって「十二薬師」としているところが多くあります。十二の数は、薬師如来がまだ菩薩として悟りを求めて修行をしていた時に、人々を救うために十二の誓いを立てたことや、薬師如来を十二神将が守護していることに由来していると思われます。

都筑橘樹十二薬師霊場

今年（二〇一〇）のご開帳は、四月一日（木）～二十日（火）の九時～十七時です。都筑橘樹十二薬師の始まりは、江戸時代の中頃と思われます。港北区域は、横浜市に編入される前は、都筑郡と橘樹郡にまたがった地域でした（第一一回参照）。この地域の、具体的には鶴見川・早渕川周辺の寺が集まって作られた霊場です。港北区内には五ヵ寺があります。

一番札所　**蓮華寺**（真言宗）

新羽町の新照山蓮華寺は、『新編武蔵風土記稿』によると、開山は朝誉といい、永禄年中（一五五八～七〇）の人と伝えられていますが、火災により詳しいことは分からなくなっていると記されています。薬師堂は境内の左手にあります。恵心作と伝えられる薬師如来立像は、高さ八寸（約二四センチ）程です。

二番札所　**神隠堂**

新吉田町の神隠堂は、町内にある浄流寺の飛び地境内でしたが、現在では浄流寺に統合され、跡地は住宅地になっています。ご開帳は、薬師如来が安置されている

蓮華寺の薬師堂

浄流寺

浄流寺本堂で行われます。神隠堂は神隠地蔵堂ともいい、酉年地蔵の霊場でもありますので、詳しくは、地蔵のご開帳がある七年後に改めて紹介します。

御朱印帳（正福寺）

三番札所　**正福寺**（天台宗）

新吉田町の星宿山千手院正福寺は、子年観音でも紹介しました（第一一四回参照）。日吉本町の金蔵寺末と伝えられていますが、度々の火災で開山・開基など詳細は不明です。第二世住職秀覚が寛永元年（一六二四）に没したといわれることから、江戸時代初期に開かれたようです。本堂は平成十八年（二〇〇六）に再

東照寺

建されたものです。

十一番札所　**東照寺**（曹洞宗）

御詠歌　いまぞ知る　仏の深き　誓ひにて　おなじ光の　瑠璃の身とこそ

綱島西の綱島山東照寺は、横浜七福神の布袋様を祀る寺として紹介しました（第四八回参照）。本堂は、平成十九年（二〇〇七）に耐震補強と嵩上げをして、階下に控え室が増築されました。本尊の薬師如来坐像は、行基作と伝えられている秘仏で、普段は厨子の中に納められています。

十二番札所　**大乗寺**（曹洞宗）

大曽根台の転法輪山箕谷峰院大乗寺は、天正四年（一五七六）に東鐵大和尚が創建したと伝えられています。詳しい由緒は、寺誌『大乗禅寺』に記されています。東鐵は後に東照寺（十一番札所）も創建しています。本堂は、昭和二十年（一九四五）の空襲で焼失し、昭和二十五年に再建されたものです。本尊は釈迦如来坐像、薬師如来坐像は脇本尊です。

大乗寺

武南十二薬師霊場

ご開帳は、四月一日（木）～三十日（金）の九時～十七時です。港北区内には、一番札所の貴雲寺（岸根町）、七番札所の金剛寺（小机町）、八番札所の長福寺（篠原町）があります。紙面が尽きましたので、次回に紹介いたします。

（二〇一〇年四月号）

第一三七回　十二年に一度の霊場巡り　―その六、武南十二薬師―

前々回、稲毛七薬師霊場を紹介したところ、樽町の吉川英男さんから情報をいただき、『新田物語』第一〇号の表紙に「薬師如来七箇所参詣所」と題した資料が掲げられていて、稲毛七薬師はすでに明治十六年（一八八三）には成立していたこと、当時はお寺の構成が少し違っていたことなどを教わりました。有り難うございます。

ちなみに、『新田物語』とは、地域の歴史や文化に関する原稿を掲載した会誌で、昭和五十九年（一九八四）から平成二年（一九九〇）まで計一八号が刊行されました。発行元は新田惣社というサークルで、代表者は、新田吏員派出所の吏員（職員）だった中里忠男氏でした。新田吏員派出所は、区役所の派出所として、昭和二十七年（一九五二）から平成十九年（二〇〇七）三月まで区役所の各種届や証明の取り次ぎをしていた施設で、新田地区センターの隣にありました。その跡地は、港北区ボランティアセンター「やすらぎの家」となっています。

本題に戻りましょう。

武南十二薬師霊場

ご開帳は、四月一日（木）～三十日（金）の九時～十七時でした。

一番札所　**貴雲寺**（曹洞宗）

岸雲山貴雲寺

御詠歌　こけのむす　きしねにくもの　かがや
きて　さながらるりの　ひかりとぞみる

岸根町の岸雲山貴雲寺は、慶長三年（一五九八）の創建で、本尊は薬師如来坐像で、座高九寸（約二七センチ）です。貴雲寺に残る連印状によると、武南十二薬師の始まりは、安永八年（一七七九）に貴雲寺第九世泰山和尚が願主となって設立したもので、天明二年（一七八二）寅年に最初のご開帳がありました。その後中断がなければ、今回で二〇回目のご

金剛寺

開帳ということになります。

七番札所　**金剛寺**（曹洞宗）

御詠歌　一たびも　みなおしきかは　みにおもき　やまひもすくふ　ちかひたのもし

小机町の医王山金剛寺は、天文九年（一五四〇）に小机城址の下に草庵として開創され、天明六年（一七八六）に曹洞宗に改め、現在に至っています。行基作と伝えられている本尊の薬師如来坐像は、座高六八センチです。現在の本堂は、昭和四年（一九二九）と昭和三十年（一九五五）の二度の火災を経て、昭和六十年（一九八五）に再建されたものです。

八番札所　**長福寺**（真言宗大覚寺派）

御詠歌　やへむぐら　こざさしのはら　わけいりて　もとのねがいを　きくぞうれしき

篠原町の本願山長福寺は、鳥山町三会寺末で、天正十四年（一五八六）創建と伝えられます。『新編武蔵風土記稿』では本尊を不動としていますが、現在の本尊は薬師如来坐像です。薬師如来坐像の胎内からは、昭和六十一年（一九八六）に、金子出雲守の名が記された文禄四年（一五九五）の木札と願文が発見されました。長福寺から横浜線を越えた北側には篠原城跡があり、金子出雲守は篠原城の城主だったようです。篠原周辺には、現在でもその子孫と思われる金子姓の方が大勢おられます。

さて、筆者は四月一日から数回に分けて、これまで紹介した三霊場の各札所を巡りました。筆者の目的は資料収集と物見遊山(ものみゆさん)でしたが、薬師の功徳(くどく)をいただくために熱心にお参りしている方を何人も見かけました。お寺や神社は単なる観光地ではありませんから、拝観の際には失礼の無いように心掛けたいものです。

（二〇一〇年五月号）

長福寺

第一三八回　歌を通じて郷土愛

菊名北町(きくなきたまち)町内会発行の『菊名新聞』は、平成五年（一九九三）に齋藤松太郎さんが会長に就任した時、大崎春哉さんを編集長として創刊された新聞です。平成二十二年（二〇一〇）四月に第六四号を発行しました。しかし、二月に齋藤会長の逝去、四月には大崎編集長が四国松山へ転居と予想外の出来事が続き、一時は存続が危ぶまれましたが、先日続刊が決まりました。エールを贈り

飯田助夫

ます。その『菊名新聞』のルーツともいえる『大綱時報』を第九三回で紹介しましたが、大綱時報社の社長として、大正十年（一九二一）に新聞を創刊した飯田助夫（一八七八～一九六一）が没後五拾年を迎えることから、今年（二〇一〇）二月十八日に「飯田助夫を語る会」が催されました。その案内状には、飯田助夫は「明治十一年綱島に生まれ、大綱村々長、神奈川県会議員、横浜市会議員、衆議院議員等を歴任する一方、鶴見川の改修促進や地域の産業・文化振興などに生涯を捧げ、多方面にわたる数々の業績を残しました」と記されています。飯田助夫氏は政治家として語られることが多いのですが、筆者は歌人としての助夫氏に注目しています。助夫氏は、数多くの俳句を残していますが、綱島小唄の作詞者としても知られています。

　綱島よいとこ　花咲く春は　土手の桜に　桃畠

全四番の歌詞で綱島の四季を歌っていますが、紹介した一番では、鶴見川の土手（大正堤、第七六回参照）の上に連なる桜並木と、名物の桃畠（第一五回、三〇回参照）を歌い込んでいます。関東大震災から復興しつつある昭和前期に作られた歌でしょうか、地域振興の願いが込められているようです。

　同じ頃、栗原白也作詞の綱島音頭も作られています。

　ハアー　桃は畠に　桜は土手に　お湯の綱島　お湯の綱島　花吹雪

現在、地域の祭りや運動会などで使われている綱島音頭は、戦後の昭和二十六年、二十七年（一九五一、五二）頃に作られた同名の別の曲です。

ハアー　綱島音頭で輪になっておどれ　広く世間を渡るよに…

新羽には、昭和三十年（一九五五）の亀甲橋完成を記念して作られた「新羽音頭」があります。野路当作作詞・松井健祐作曲です。「汗のダイヤでネ　仕事着かざりヨ　あの娘水仙　わしゃチューリップ　男みょうがで　男みょうがで　割る西瓜」などと、野菜や花卉栽培が盛んな様子が歌われています。しかし、踊るのが難しいので、平成十六年（二〇〇四）に中山宏作詞・うすいてつお作曲の「大新羽音頭」が作られ、祭りでは現在こちらが使われています。野路・松井のコンビは、新田小学校の校歌も作っており、「わかあゆのぼる　つるみ川」の歌詞がすてきです。

このように、地域の名所旧跡を歌い込んだ歌は、地域住民の連帯感を高める効用があることから、数多く作られてきました。昭和五十三年（一九七八）の港北区民まつり並びに新総合庁舎（第一二四回参照）落成祝賀事業として、翌昭和五十四年に「港北の歌」二曲が完成しました。選考作成委員会の冨川正雄会長は、歌詞カードに「歌を通じてわが郷土「港北」をよりよく知り、郷土愛を育んでいただけることを切望します」と記しています。レコードA面の井筒良子作詞「港北音頭」には、大倉山の白梅、鶴見川から小机城址、白い湯煙の綱島、新幹線の停車などが歌われています。B面鳥羽和一作詞「港北の空と丘」では、「太

古の姿そのままに　遺跡の丘で眼にふれる　土器のかけらのいとおしさ」とか、「ヒイラギ　ヌルデ　ムクロ樹の　緑の深い谷戸つづき」と昔ながらの豊かな自然が歌われています。この歌は、当時大人気だったフォークデュオ「ダ・カーポ」が吹き込んだものです。

しかし、現在この歌はあまり広まっていません。そこで、港北区合唱指揮者協会主催により、新しい港北区の歌が作られつつあります。三月に締め切られた歌詞の募集には二八点の応募がありました。十一月七日の完成が楽しみです。

（二〇一〇年六月号）

付記　『菊名新聞』は、残念ながら平成二十二年（二〇一〇）七月発行の第六五号で廃刊となりました。

第一三九回　校歌の効果はいつまでも

地域を歌った歌としては、なんといっても小学校の校歌が最もなじみ深いものでしょう。大人になっても口ずさんでいる方が多いのではないでしょうか。区内にある二五の小学校（第三九回参照）すべてに校歌があります。

大曽根小学校（昭和四十年開校）・師岡小学校（昭和四十七年開校）などは開校と同時に校歌が制定されましたが、すべての小学校で、開校当初から校歌があったわけではありません。篠原西小学校・綱島東小学校は開校三年で、菊名小学校・新吉田小学校・新羽小学校・日吉南小学校・太尾小学校は開校五年で、綱島小学校は開校一〇年を記念して校歌を制定しています。戦後に開校した小学校では、校歌が出来る以前はどこも横浜市歌を歌っていたようです。

日吉台小学校、高田小学校、新田小学校、大綱小学校、城郷小学校は、戦前に開校した学校です。この内、城郷小学校は明治三十三年（一九〇〇）の創立ですが、同校副読本『城郷』によると、昭和三十五年（一九六〇）に創立六〇周年事業として今の校歌を作るまでは、「横浜線の一偉観　赤い瓦の学舎に　集まる健児千余人　城郷校の健児らぞ」という歌詞の校歌を歌っていたそうです。しかし、『創立七〇周年記念誌』に掲載された座談会では、非常によく似た歌詞の歌を、大正（一九一二〜二六年）頃に学校の応援歌として歌っていたと話されています。前回紹介した新田小学校の校歌は、昭和二十八年（一九五三）に創立六〇周年記念として作られたものですが、それ以前は曽我鶴雄先生（一九二五〜三三年在職）が作った「新田小学校応援歌」が歌われていたようです。日吉台小学校では、昭和十年（一九三五）制定の由緒ある校歌を今でも歌っています。戦前に作られた古い校歌についてはよく分かりませんでしたので、今後の課題としておきます。

さて、校歌には、伸びゆく子供たちに対する、学校関係者や父兄等の願いが込められています。歌詞の内容は、学校目標や、豊かな自然環境・歴史・文化など郷土への誇り、日本や世界に貢献できる人間に成長してほしいことなどが歌われています。そうした校歌の作詞・作曲にはどの学校も苦労されたようです。校長先生や教育委員会の人が作った場合もありますし、駒林小学校の校歌のように、開校時の全職員が作成に関わった例もあります。

専門家に依頼した例としては、大綱小学校の校歌が歌人佐佐木信綱の作詞であることは第八三回で紹介しましたが、作曲を担当したのは、日本を代表する作曲家の一人である信時潔でした。信時は港北小学校の校歌も作曲しています。横浜出身の作曲家高木東六は大曽根小学校と太尾小学校の校歌を作曲しています。小机小学校の校歌は、岩谷時子作詞、弾厚作作曲です。この二人は、加山雄三のヒット曲「君といつまでも」を作ったゴールデン・コンビです。弾厚作とは、ご存じのように実は加山雄三の作曲家としてのペンネームです。余談ですが、加山雄三さんは、本誌が発行される七月一日に茅ヵ崎市から市民栄誉賞を受賞されることになっています。その受賞理由の一つに、茅ヵ崎市内の小学校の校歌を作曲したことが挙げられています。

昭和三十七年（一九六二）に開校した下田小学校は、かつて円形四階建ての校舎が有名で、町のシンボルでもありました。校歌の一番に「青い空　広やかに　円形校舎そびえたつ　楽しい学校　なごやかな　わが下田」と歌われています。円形校舎は平成四年（一九九二）に取り壊されましたが、卒業生にとっては今でも思い出の校舎です。歌詞の意味を子供たちに語り継ぎ、今後も歌い続けていただきたい校歌です。

学校から見える景色としては、富士山がよく歌われています。その数は、なんと区内の小学校の約半数にあたる一二校（大綱・菊名・北綱島・港北・小机・駒林・篠原・高田・綱島・綱島東・日吉南・太尾）にもなります。

今回紹介した校歌の多くは、各学校のホームページを開くと、ピアノ等の伴奏で曲を聴くことが出来ます。音楽に合わせて歌ってみませんか、懐かしい思い出がよみがえるはずです。

小学校で作られるのは校歌だけではありません。高田小学校では「高田音頭」、新田小学校では「新田っ子百年音頭」「創立六十周年歌」が作られています。

小学校の校歌以外にも、幼稚園や保育園の園歌、中学校・高等学校等の校歌、会社の社歌など、港北地域で作られた歌、港北地域を歌った歌はたくさんあります。いずれ機会があればご紹介しましょう。

（二〇一〇年七月号）

第一四〇回　戦争体験の記憶と記録　―終戦秘話その一三―

一一年前に筆者がこの連載を始める時、八月号は必ず戦争関係の記事を書くと心に決めました。この連載は、記述の範囲を港北区域に限定していますから、戦争関係といっても、おのずと空襲や戦災、港北区内にあった軍事関連施設、戦時下の人々の生活といった内容になります。筆者は戦後生まれですが、このことは歴史家としての責務と考えています。

さて、横浜では、『横浜の空襲と戦災』全六巻（横浜の空襲を記録する会、一九七五～七七年）という貴重な記録が編纂されています。第一巻には二五〇件の体験記が掲載されていますが、港北区域では鋤柄敏子さん（大倉山）、斉藤実さん（新吉田）、岡島政太郎さん（篠原）、三宅秋太さん（菊名）、森照子さん（大倉山）のわずか五名の体験が掲載されているだけです。しかし、被害が全体の二五〇分の五だった訳ではありません。様々な制約の中で、調査や記録が行き届かなかったのです。

横浜の空襲を記録する会は、全六巻を刊行した後も活動を続けています。その会員のお一人である小野静枝さんは、現在でも港北区域の空襲被害を調査されており、『横浜の空襲を記録する会かいほう』第五二号に「東横沿線（港北区大倉山周辺）空襲被害調査一覧」を掲載しています。そこには空襲を受けた日付け順に、場所と被害の状況が詳細にリスト化されています。しかし、このリストもまだ完璧ではありません。戦争を体験した人たちは少なくなり、その記憶も薄れつつあります。体験者の記憶を少しでも記録しておくことが急務となっています。

小野さんの記事が縁となり、大綱小学校で小野さんと同級生だった西川喜代子さん・河野数子さん、小野さんの兄と同級生だった武田信治さん・漆原憲夫さん、横浜北部の戦争について調べている吉川英男さんにお集まりいただき、話を伺いました。

小野さんは、大倉山駅の近くに生まれ育ち、昭和二十年（一九四五）五月二十九日の横浜大空襲では、女学校の帰りに、東神奈川駅で横浜線の電車に乗り遅れ、雨のごとく降りそそぐ焼夷弾や火の手を避けながら逃げ惑いました。河野数子さんは運良くその電車に乗れたために空襲を逃れることが出来ました。西川さんや河野さんたちは定期的に同窓会を開いていますが、西川さんが「これまで空襲の話などは一度もしたことがなかった」と言われたのが、重く心に響きました。

座談会（平成22年７月７日）

武田さんからは、母親の実家（神奈川区菅田）に二五〇キロ爆弾が落ちて家族二人が亡くなられた時のことを、母親が晩年に実家の方へ遺言のように書き残した記録を見せていただきました。漆原さんからは、茅葺き屋根に上って、焼夷弾の火の粉を払った話などを伺いました。古い地図のコピーを広げて、被災家屋に赤丸を付けながら、皆さんからお話を伺いました。その内容は、いずれ別の機会にご紹介したいと思います。

戦争当時、男性は兵士として戦場へ駆り出されていましたので、故郷の様子は戦後復員（兵役を解かれて帰省すること）して初めて知ったという方も多いようです。篠原東の押尾寅松さんは、横浜大空襲の様子を調査して、著書『山野草と避雷針のくりごと』

に書かれていますが（第三三回参照）、その頃、当人は中国戦線に派遣されていました。新吉田町の滝嶋芳夫さん（第八二回参照）は、フィリピン群島ミンダナオ島に派遣されていたときのことを『いなご豆』という本で詳細に書いています。つい先日、日吉の板垣大助さんから、ハルピンへ派遣された時のことを伺いました。板垣さんの著書『追憶』には、戦地の様子や、戦後、御神体を紛失するほどに荒廃していた日吉神社を修復整備した様子、戦没者の慰霊碑を建立した経緯などが書かれています。

空襲や戦時下の生活を体験していたのは、主に女性か子供です。新羽町の山室まささんは著書『雀のお宿』で、横浜大空襲を逃れて新羽町で疎開生活を始めたことや、ご主人の復員の様子などを書かれています。

今の子供たちは、小学校三年生になると町探検をして、自分たちが住んでいる地域の地理や歴史を学びます。なんと来年（二〇一一）から使われるある教科書では、町探検の事例として大倉山が採り上げられています。その取材に協力したとき、「おじいさんやおばあさんの子供の頃のこと」を調べる課題として、戦後の様子が知りたいと言われました。子供たちの両親は三〇代から四〇代、祖父母は六〇代でしょうか。戦中や戦前のことは、もはや小学生に伝えるには古すぎる話なのでしょうか。戦後六五年を経て、若い世代に戦争のことを伝えるのは困難になりつつあります。

（二〇一〇年八月号）

付記　小野静枝さんの調査結果は、『伝えたい　街が燃えた日々を―戦時下横浜市域の生活と空襲―』（横浜の空襲を記録する会、二〇一二年八月）として出版されました。

第一四一回　鶴見川からやってきた　―土岐源三郎の記念碑―

港北区役所が平成二十二年（二〇一〇）に開始した「港北区地域のチカラ応援事業」の、補助金交付団体が決定しました。区役所のホームページを見ると、その交付団体の一つである「鶴見川舟運復活プロジェクト」が七月十七日に舟造りの起工式を行った様子が掲載されています。同じく交付を受ける「港北ふるさとテレビ局」も、起工式の取材をしていました。区民手作りの舟が鶴見川に浮かぶ日が今から楽しみです。

さて、鶴見川中流域に位置する港北区域には、川をさかのぼる舟で下流から多くのものが運ばれてきました（第七回参照）。それは、単に肥料や農作物などの品物の運搬というだけでなく、古くは、杉山神社を創建した氏族（しぞく）が房総半島から東京湾を横切り、鶴見川を上って移住してきたという説があります（第五二回参照）。また、新羽町の西方寺（さいほうじ）も、室町時代に鶴見川を舟で上って鎌倉から移転してきたお寺です（第一一四回参照）。

最近、新羽町の土岐（とき）武（たけし）家（屋号ハヤマ）も同じようにして転居したとの話を伺いましたので、調べてみました。

土岐家の祖先は、下総国古河藩（しもうさのくにこがはん）に仕える武士で、馬術の名手として藩主から「驥（はやま）」の名をもらっていました。幕末には、駒込にあった古河藩の江戸下屋敷に勤務していました。明治になり、廃藩置県（はいはんちけん）、秩禄処分（ちつろくしょぶん）

などにより、武士は生活基盤を失います。土岐驥頼寛は、舟に家の柱や家財を乗せて、鶴見川を上り、太尾河岸で荷車に乗せ替え、家族と共に新羽に移転してきたとの言い伝えが残っています。土岐頼寛は、こうして新羽に移転して来ましたが、東京が恋しくて一度東京に戻り、その後改めて新羽に住むことになったとの話です。ご教示くださった土岐武さんによると、この時建てた家は、凸型をした茅葺き二階建てのお寺のような建物でしたが、家の規模の割に柱がとても細かったそうです。この家は昭和四十八年（一九七三）に建て直されて、現存しません。

この話だけでも興味深いのですが、もう一つ興味深いものを見せていただきました。新羽に来た土岐頼寛の跡取り息子は、源三郎といいました。土岐家には、源三郎の事績を記した石碑が建てられています。

地蔵・狛犬・鳥居・板碑・記念碑など港北区内にある様々な石像物については、『横浜市文化財調査報告書第一七輯』（横浜市教育委員会、一九八八年）に詳細な調査がなされており、その採録数は約五八〇点に及びます。しかし、土岐家の石碑はこれに収録されていませんので、鶴見川舟運復活プロジェクトの方々と調査させていただきました（次頁の写真参照）。その成果を少し紹介しておきましょう。

石碑の土台はコンクリート製で、その上に高さ一三四センチ、幅六五センチ、厚さ九センチほどの石板が建てられています。正面上方に大きく「祭祀」と彫られていて、その下に土岐源三郎の事績が刻まれています。碑文は昭和三年（一九二八）十一月二十四日付けで、裏面に「御大典記念」とありますから、昭和天皇の即位を記念して建立したものであることが分かります。文章を書いたのは平本由五郎、石工は小机町の鈴木仙吉です。

碑文によると、源三郎は慶応四年（一八六八）に古河藩江戸藩邸で生まれています。父と共に、舟で新羽に転居してきました。源三郎は、剛毅豁達（意志が強く小さな事にこだわらない）な性格で、敬神崇祖の念に厚く、和漢の学問を広く学んでいて、特に易学を得意としていました。若くして、政府の「教導職」という役人になります。この頃、甲子講を創り新羽周辺の各村に広めたとあります。現在、北新羽の杉山神社に合祀されている子大神社（ねのかみさま）の子大講がこれです。

源三郎は、その後皇典講究所（後の国学院大学）を卒業し、神主の資格を得て、新羽の杉山神社の神主となります。さらに、新吉田や大熊（都筑区）の杉山神社、小机の住吉神社など近隣の神社の神職を数多く兼務し、小さな神社の合併や社殿の改築などに尽力しました。その功績が認められ、大正十三年（一九二四）に神奈川県神職会より表彰されています。そして、昭和二年（一

土岐源三郎の顕彰碑調査（2010年６月20日）

九二七）には都筑郡神職会長に選ばれています。源三郎は七男に恵まれました。子孫の中には現在でも神職についている方が複数おられます。

最初に述べたように、杉山神社は鶴見川を上ってきた人たちが勧請したという説があります。同様に鶴見川を上ってきた土岐源三郎がその杉山神社の神主となったのは不思議な縁といえましょう。港北区内には、長い時を経て忘れられた人物や、未調査の資料がまだまだ数多くあるようです。

（二〇一〇年九月号）

第一四二回　舞台は大倉山高等女学校　―高野平の物語―

昨年（二〇〇九）十一月二十八日の『神奈川新聞』は、アニメ「夏のあらし！」とタイアップして、地域振興に取り組んでいる大倉山商店街を取り上げています。アニメは、昨年二期にわたりテレビ放送されました。原作の漫画は現在も雑誌に連載中です（二〇〇六年十月～二〇一〇年十月完結）。

物語のヒロインは、戦争中に「大倉山高等女学校」へ通っていた少女で、横浜大空襲に巻き込まれ幽体となり、現代に現れるという設定です。物語の大倉山高等女学校は、大倉山駅を最寄りとする学校だったが、現在は市が公民館として使用しているという設定になっています。大倉山駅の近くで現在は公民館といえば、大倉山記念館を連想します。そこで調べてみました。原作者の小林尽氏は、インタビューで「大倉山高等女学校は、大倉山にある廃校になった学校をモチーフにされたのでしょうか？」との問いに、「正確にいうと、大倉邦彦（大倉山記念館の創設者）があの一帯を文化的に開発した時に作ろうとしていたけれど、戦争で計画倒れになっちゃった学校があって、それがもし高等女学校だったとしたら？ということで設定しました」と答えています。やはり、モデルは大倉山記念館でした。小林仁氏が言う「戦争で計画倒れになっちゃった学校」とは、第八回で紹介した「幻の神奈川高等学校」のことです。

では、質問の「大倉山にある廃校になった学校」とは何でしょうか。実は、アニメと同じ名前の学校がかつて大倉山に実在しました。大倉山記念館とは駅をはさんで反対側になります。昭和十五年（一九四〇）に高野平（たかのたいら）氏が大倉山女学校として開校し、昭和十八年に校名を大倉山高等女学校と改称した学校です。大倉山高等女学校は、昭和二十三年に大倉山女子高等学校に改称し、中学校と幼稚園も併設しました。昭和三十一年に五島育英会と合併し、東横学園大倉山高等学校となりましたが、平成二十年（二〇〇八）三月、東京都市大

学位を手にする高野平氏（昭和48年）

学等々力中学校・高等学校）に統合されました。跡地は、高い鉄板の塀に囲まれて、元の校舎がまだそのまま残っています。

東横学園大倉山高等学校になってからの歴史は、統合時に作られた『大倉山五十年史』にまとめられていますが、それ以前の女学校時代のことや創設者高野平氏のことを知りたいと思っていたところ、前々回で紹介した空襲の座談会の打ち合わせで、小野静枝さんから貴重な情報を教えていただいたことがきっかけとなり、少し分かってきました。

高野平氏は、昭和六十年（一九八五）に九五歳で逝去しています。逆算すると明治二十三年（一八九〇）生まれでしょうか。当人の記述によると、「東北の寒村の貧家（ひんか）」に生まれ、高等小学校卒業後は小作農を二年して、その後は働きながら小学校教員の資格を取り、一五年間教員として働き、三五歳で恩給を得たのを機に退職して、大学へ進学します。妻と三人の子供を養いながら、昭和六年（一九三一）に東洋大学を卒業し、昭和十年に日本大学を卒業しています。卒業論文で「新撰万葉集」の研究を手がけますが、卒業後は学校経営をすることになり、研究は中断します。昭和十五年に大倉山女学校を開校した時は五十歳位でしょう。『東横学園二十年史』に掲載されている高野平氏の回想によると、長年にわたる教育経験を、自らの経営による学園において実践する機会を与えられて、学校設立の話が具体化したのは、昭和十四年十二月になってからでした。それから校地の選定を始めて、綱島の飯田助丸（いいだすけまる）代議士を紹介してもらい（第一四三回参照）、さらに太尾町（現、大倉山）の前川清一郎氏の世話で一、〇〇〇坪の土地を借り受けたのが校地の一部となりました。学校設置の書類作りを始めて、申請書が完成したのが昭和十五年一月中旬、神奈川県学事課に提出して、設置認可が下りたのが二月十九日でした。校地の地ならし、校舎の建設、生徒の募集をして、昭和十五年四月に、大倉山女学校が開校し五〇名の生徒が入学しました。この間わずか五ヵ月、校舎の竣工が開校に間に合わず、歓成院（かんじょういん）（第一一四回参照）の本堂を借りて授業を開始したそうです。

　戦後、事情があって、昭和三十一年三月に学校を五島育英会に譲り渡し、高野自身は一教員となります。高野は、東横学園女子短期大学の非常勤講師（昭和四二〜四七年）も務めています。高野は、学校経営から離れた後は、中断していた「新撰万葉集」の研究に没頭し、著書『新撰万葉集に関する基礎的研究』で昭和四十八年に文学博士の学位を得ています。

　　太尾の丘の常緑（とこ）　木々にさえずる鳥の声　ここに学びの　幾年（いくとせ）は　自然の幸もさながらに

作詞者も作曲者も分かりませんが、大倉山高等女学校の校歌です。作詞者は高野平でしょうか。この校歌を歌って卒業した人たちと、横浜大空襲に遭遇したアニメのヒロイン、現実と物語がどこかで交錯していきます。

（二〇一〇年十月号）

付記　高野平氏の娘鋤柄敏子さん（第四四回紹介）は、平成二十五年（二〇一三）十二月十二日に逝去されました。ご冥福をお祈りいたします。学校跡地はマンションになりました。

第一四三回　後日談いろいろ　―その二―

前回の原稿で、高野平(たかのたいら)氏が学校用地の選定に際して「綱島の飯田助丸(いいだすけまる)代議士を紹介」してもらったとの回想を紹介しましたが、十日市場町の相澤雅雄さんより、これは飯田助夫(すけお)代議士の記憶違いではないかとの指摘をいただきました。相澤さんからのメールには、「飯田助夫が三宅磐(みやけいわお)の地盤を継いで民政党衆議院議員に立候補し当選したのが昭和十一年（一九三六）五七歳の時です。飯田助丸が県会議員に当選したのは、昭和二十二年です。昭和四年三月に東京農大卒後、神奈川県に奉職し、同一八年に横須賀市に奉職しています」とありました。

ご指摘の通りでした。飯田助丸の父親である助夫は、昭和十四年（一九三九）当時は六〇歳であり、衆議院議員をしていました。助丸は、当時三二歳で神奈川県の職員でした。助丸は、戦後になり市議会議員、県会議員になりますが、衆議院議員にはなっていません。「代議士」とは、たいていは衆議院議員の別称として使われる言葉ですから、やはり、助丸は助夫の記憶違いと思われます。

そこでこれを機会に、第一二〇回に続いて、いくつか加筆訂正をしておきます。

第一二八回で、戦時中の山塩（岩塩）の配給を書きましたが、篠原町(しのはらちょう)の臼井義常(うすいよしつね)さんから、これは牛の餌ではなく工業用だろうと教わりました。岩塩は赤い石のような形をしており、ガラス製造に使うために中国から輸入していたとのことです。

第一三〇回で紹介した『自治行政大観』は、小田原市の林宏美さんからさらに別の本をご紹介いただきました。

（一）『昭和改新　現代人名辞典』昭和三十一年、帝国連合通信社
（二）『自治行政大観』昭和四十四年、地方自治調査会
（三）『自治産業大観』昭和五十二年、地方自治調査会

（一）には港北区内の建設業関係者六名が掲載されています。（三）には、菊名蓮勝寺の柴田敏夫住職、新羽西方寺の伊藤履道住職らが掲載されており、当人の経歴に加えて、お寺の由緒も紹介されています。伊藤履道住職は、昭和十一年四月から二十一年三月まで大綱小学校で教員をしており、「げんこつ和尚」として有名な先生でした。そのことを、短歌雑誌『沙羅』（沙羅短歌会、平成二十二年五月号）に「げんこつ和尚と人名辞典」と題して書きましたので、興味のある方は、横浜市中央図書館でご覧ください。

同じく第一三〇回で紹介した苗のガラスカバーですが、臼井義常さんのご教示によると、通常は苗の周りに竹串を四本立て、それに紙を貼って筒状にして（上部は太陽光を取り入れるため空けてある）冷たい風を防いだとのことです。その紙は、障子紙を買ってきて、それへ、番傘作りに使う荏油（エゴマの油）を塗って防水したものを手作りして使ったとのことです。

第一四〇回で紹介した町探検の教科書は、教育出版の『小学社会三・四上』で、先日見本本が届きました。大綱小学校（名前は出ていませんが）の生徒が町探検をするという設定で、大倉山や港北区、横浜市のことが書かれています。平成二十二年（二〇一〇）四月から全国の小学校の三割弱がこの本を使用するとのことです。

第一四一回で、記念碑の文章を書いた平本由五郎は、土岐武さんから瀬谷区の小学校の先生と聞いていましたが、確認が取れなくて書けませんでした。新吉田東の小股昭さんが教員に間違いないことを教えてくださいました。同じく、小机の石工鈴木仙吉については、大豆戸町の鈴木智恵子さんから、祖父で鈴木石材店の創業者だと教えていただきました。

皆様からのご教示に感謝しつつ、加筆訂正させていただきます。

（二〇一〇年十一月号）

付記「げんこつ和尚と人名辞典」は、本書の「おまけ」に転載しました。

第一四四回　坂の上の研究所　―日露戦争と港北区―

NHKのテレビドラマ化により、司馬遼太郎の『坂の上の雲』が評判となっています。同書は、明治維新から日露戦争（明治三十七～八年、一九〇四～五）の時期を描いた長編歴史小説です。当時の日本には徴兵制度があり、成人男子は兵役に就くことが義務とされていました。そのため、日露戦争には港北区域からも大勢の兵士が出征しました。

たとえば、藤沢三郎著『吉田沿革史』（第五四回参照）には、当時の新田村（新吉田、新羽、高田）の全世帯数は四四六戸であり、そこから九六名の兵卒が出征したことが記されています。その上に、大麦五一九石（約九三・四トン）、藁叺（ワラムシロを二つ折りにして作った袋）二、三二〇袋、太縄一、二〇〇メートルが徴発（強制的に取り立てること）されています。戦後、明治四十一年（一九〇八）三月には在郷軍人会の新田村奨兵会が、新田小学校（現在の新田地区センターの場所にあった）の校庭東隅に、乃木希典大将の書により建立した「日露戦役紀念碑」には、出征者全員の名前と共に死者六名の名前が刻まれました。この紀念碑は、昭和三十七年（一九六二）に新羽町西方寺へ移されました。

日露戦役記念碑（西方寺）

区内の他の地域から出征した兵士の人数は確認出来ていませんが、『城郷地区つわもの回想録』によると、城郷村（岸根・鳥山・小机と神奈川区の六地区）では一三名の戦没者があり、明治四十三年（一九一〇）十二月に城郷小学校に「日清日露戦役陣亡軍人碑」が建てられました。その後学校は現在地に移転し、碑だけが残されましたが、昭和五十一年（一九七六）に夏草会が修理し、昭和六十年に鳥山神社の鳥居右脇に移転しています。この碑に祀られている戦死者の一人については、小机本法寺に忠魂碑も建てられています。

箕輪町諏訪神社の狛犬一対は、町内の出征者十三名と他三名が奉納したものです。戦没者も一名おられます。

この他にも大勢の出征者、戦没者があり、いくつもの石碑が建てられていることと思います。ご存じの方はご教示ください。

さて、七月のある日、朝日新聞大阪本社より電話がありました。『坂の上の雲』の主人公である秋山兄弟の弟、秋山真之の長男、秋山大が大倉精神文化研究所に勤めていたのではないかとの問い合わせでした。早速調べたところ、確かに研究所に勤務していました。

秋山真之は、四国松山出身の海軍中将で、日露戦争では、司令長官東郷平八郎のもとで連合艦隊参謀として日本海海戦を勝利に導いた人物として知られています。真之は戦争の悲惨さを体験したことから、晩年は信仰を大切にしました。真之は四男二女に恵まれますが、長男の大は日露戦争直後の明治三十九年（一九〇六）に生まれています。父真之は息子大に、宗教による人格の確立と社会の救済を託しました。大は、昭和八年（一九三三）八月、二七歳の時に大倉精神文化研究所嘱託研究員となり、日本仏教研究を委嘱されています。秋山大は、僧侶の資格を持っていたらしく、また曹洞宗大学（現在は駒澤大学）に学んだこともあるようですが、もっぱら独学で仏教を学んでいたらしく、学歴等詳細は確認出来ませんでした。他の研究員が皆大学卒であった中で、珍しいことです。

研究員となった秋山大は、仏教芸術や仏教史の研究をしていました。昭和十五年は父真之の二三回忌でしたが、この年に刊行した著書『現世信仰の表現としての薬師造像』には、自身の研究動機は父の遺志に基づくものであることが記されています。昭和十八年に刊行した『古代発見』には、父真之が日本海海戦直前に書いた「敵艦見ゆとの警報に接し、……本日天気晴朗なれども浪高し」の有名な大本営への報告文の秘話も記されています。秋山大は、昭和十八年（一九四三）八月三十日付けで、「病躯」を理由に辞職しています。三七歳でした。

父親の秋山真之は俳人正岡子規と親友で、東京に出て同じ下宿で机を並べ大学予備門（のちの一高、現在の東京大学教養学部）に通った仲でしたが、同窓生には夏目漱石や長野宇平治がいました。二人が大倉精神文化研究所と縁があったことは以前に書いたとおりですが（第八三回参照）、思いがけない問い合わせから、秋山真之とも縁があったことが分かり、驚きを禁じ得ません。

（二〇一〇年一二月号）

第一四五回　空から希望の光が…　―高田の天満宮―

あけましておめでとうございます。初詣は行かれましたか。初詣の起源は平安時代に遡るらしいのですが、現代のような参詣の習慣は、明治時代中期以降の鉄道網の発達と共に広まったといわれています。皆さんは、初詣で何を祈願されたでしょうか。

振り返ると、昨年（二〇一〇）は先の見えない暗いニュースが多かったような気がします。その中で、探査機「はやぶさ」が小惑星イトカワから物質のサンプルを持ち帰ったニュースは、大人にも子供にも夢と希望を与えてくれました。特に、七年間六〇億キロの旅を終えて地球に帰還した「はやぶさ」が、大気圏再突入で大きな光を放ちながら、カプセルを残して燃え尽きていく様は感動的ですらありました。このニュースを見ていて、むかしむかし、港北にも似たようなことがあったのを思い出しました。高田の天満宮の掲示板に、次のような由緒が書かれています（少し読みやすくしました）。

室町時代の初め、後醍醐天皇の頃、正中二年（一三二五）五月二十五日夜、申酉の方（西南西の方角）より光物が現れ、しきりに震動した。夜になってもこの光物は四方を昼の如くに明るくし、ついに当地の山中に鎮まったが、昼夜を問わず電光が乱れ飛び、人々は近づくことが出来なかった。

この時、小蛇が梅の若木の下に現れ、異香を放ち、その様はまさしく観世音菩薩が天神として垂迹したかのように思われた。興禅寺弁殊法印は、「これこそ衆生済度の方便、大慈大悲の誓なり」と感じ、先達となって榊の枝を取ってこの前に置くと、小蛇は榊の枝の上に留まった。特に領主桃井播磨守直常は、近くでこの様子を見聞きし、この有り難い様に信心止みがたく、ついに社殿を建立させて、当所一帯の氏神として仰いだという。

空から降ってきた光物とは何でしょう。隕石でしょうか、UFOでしょうか。高田の山中を掘れば、その残骸が見つかるかも知れません。徳川埋蔵金よりも夢があって、面白そうです。突如として現れた小蛇の正体は、…？

高田の天満宮は、菅丞相霊（菅原道真）を祭神とする神社ですが、その創建にはこのような伝説があったのです。菅原道真は、平安時代の学者で政治家でしたが、無実の罪を着せられて九州の太宰府へ左遷され、失意の内に亡くなりました。この時、京都にあった屋敷の庭の梅が太宰府に飛んできて根を下ろしたという伝説や、怨霊となった菅原道真が蛇に化身して現れたという伝説があります。また、神とは、仏が人々を救うために姿を変えて現れたもので、元は同じだとする「本地垂迹」の考え方があり、それによれば、神となった菅原道真（天神）の本当の姿は観音様だったといわれます。小蛇が榊の枝に留まるのを見ていた桃井直常は、その様子が観音が天神として現れたかのように見えたというのです。

桃井直常については、『新編武蔵風土記稿』の高田村の項に、「旧跡桃井播磨守某館跡」が天神社（天満

榊の小枝＆蛇

宮）の西の方「天神の原」という所にあったという言い伝えがあることと、館の主は『太平記』にも出てくる桃井直常らしいと書かれています。「天神の原」とは、高田小学校の辺りといわれています。筆者は未確認ですが、「桃井直常の塚」もあるようです。

実在した桃井直常は南北朝時代の武将ですが、生年不詳で一三七六年に死亡しています。一三三六年に足利尊氏に従って戦をしたのが歴史上に現れた初見ですから、一三三五年頃高田に館を構えていたのかは確認出来ません。

高田の天満宮のすぐ近くには、横浜七福神（一月一日から七日がご開帳）の興禅寺があります。興禅寺には、桃井直常が元応二年（一三二〇）に再興したとの伝承があります。併せてお詣りされるのも良いでしょう。

さて、小惑星イトカワの名は、「日本の宇宙開発・ロケット開発の父」と呼ばれる糸川英夫博士の名前から命名されました。宇宙開発の夢を持ち続けてペンシルロケットの開発から研究を続けた糸川博士のように、将来をになう子供たちが夢を持てるように、初詣でお祈りしてこようと思います。（二〇一一年一月号）

第一四六回　工場から学校へ　―安立電気と高田小学校・新田中学校―

前々回の日露戦争の記事で、秋山真之の「敵艦見ゆとの警報に接し…」という報告文を紹介しましたが、樽町の吉川英男さんから、「日露戦争で明治三十八年信濃丸から連合艦隊の三笠に「敵艦見ゆ―」とバルチック艦隊の位置を知らせる有名な無線通信を発信したのは安立電気の前身の安中電機製の三六式無線機でした」と教えていただきました。

この安中電機製作所は、やがて共立電機株式会社と合併し、昭和六年（一九三一）に安立電気株式会社（現、アンリツ株式会社）となりました。本社と工場は東京麻布にありましたが、昭和十五年（一九四〇）七月に、軍需生産の飛躍的増大を予測して、港北区新吉田町一六〇〇番地に吉田工場を開設しました。

吉田工場の敷地面積は三一、四三三坪で、現在の新吉田東五丁目の東半分を占めていました。吉田工場の規模は、やがて本社工場をしのいでいくのですが、前途は多難でした。まず、昭和十六年七月には暴風雨により鶴見川の堤防が決壊し、一・三六メートルもの浸水被害に遭い、一ヵ月間の操業停止となりました。その後盛り返して、最盛期には、建物六〇棟、延べ面積一三、〇〇〇坪、従業員は三、六三五人を数え、軍需用の有線無線機器、搬送機器、計測器などを生産していましたが、昭和二十年（一九四五）四月十五日には、空襲により建物一一棟が焼失しています。戦後、会社は経営難となり、吉田工場は昭和二十五年五月に閉鎖されることになります。

　ちょうどその頃、高田では、高田小学校の独立の機運が盛り上がっていました。高田小学校は、明治七年（一八七四）八月一日に高田学舎の名前で、興禅寺の一室を借りて開校した古い学校です。翌年、高田学校と改称し、明治十二年（一八七九）には現在の興禅寺墓地の辺りに茅葺きの校舎も新築されました。明治二十八年（一八九五）、神奈川県知事中野健明から「日清戦役戦勝記念」として、県下の小学校に楠のタネが配られました。高田学校では、子供たちが校庭の隅に植えました。タネはやがて大木になり、横浜市の名木古木にも指定され（指定番号四八一六四）、興禅寺墓地に今でもそびえています。この楠により、校舎は「楠校舎」の愛称で呼ばれました。当時の高田学校には体操場の設備が無かったので、生徒たちは、興禅寺や、前回紹介した天満宮に行って体操をしたそうです。

　大正十二年（一九二三）に、校名を高田尋常小学校と改称し、大正十四年に現在地へ移転します。ところが、昭和恐慌の影響で学校経費の削減が必要となり、新田村でも小規模校の統合が進められることになりました。昔、小学校は村立で、地域は小学校を中心としてまとまっていましたので、高田の人たちは存続運動を熱心に展開しましたが、高田小学校も昭和七年（一九三二）四月から新田尋常高等小学校に統合され、高田分教場にされてしまいました。皆さんよほど悔しかったのでしょう、分教場の門札は一晩で割られてしまい、二度と掲げられることはありませんでした。また、通常の分教場は、小学校一年生から四年生までの小さい子が通い、五年生からは本校へ通（かよ）ったのだそうですが、高田の人たちは登校拒否など大反対をして、特別に六年生まで分教場で勉強することになりました。しかし、その後も高田の人たちにとっては、分教場から独立校になるのが悲願でした。

　昭和十九年（一九四四）になると戦争が激しくなり、都市部から疎開してきた人たちにより、港北区域の人口は急増します。高田分教場でも、一度に全員が授業を受けられなくなり、二部授業をするようになりました。二部授業は戦後も続きましたので、昭和二十四年（一九四九）三月、高田町では分教場を増築することに決めました。しかし、横浜市が建ててくれるのではありませんでした。その経費一五〇万円は、全額を町で負担しなくてはならず、町内全ての家から平均一五口（一口が五〇〇円）の寄付を受けて捻出（ねんしゅつ）しました。校舎の建築資材は、同年七月に安立電気から吉田工場の遊休資材倉庫（六五坪）を一三万円で買い取りました。また、学校前の畑を借り受けて校地を広げました。整地作業は、町内全員の労働奉仕でした。こうして出来た校地に、吉田工場の建築資材で校舎を建て増ししたのです。昭和二十五年（一九五〇）二月十日、分教場は横浜市立高田小学校として新田小学校からの独立が認められました。校舎は、二月二十八日に完成し町から横浜市へ寄付されて、三月一日から授業が始められました。

　一方、新田小学校には、昭和二十二年から新田中学校が併設開校されていました。新田中学校も独立した校地を求めていましたが、通学距離との関係で新校地の決定に手間取ります。結局、地域住民が安立電気吉田工場敷地の一部を買い取り、学校敷地として市へ寄付し、昭和二十六年に独立しています。高田小学校といい、新田中学校といい、当時の人々の教育に対する熱意には敬服させられます。（二〇一一年二月号）

第一四七回　未来図書館コーホク
―さらに豊かな区民文化の創造を目指して―

昭和六十二年（一九八七）八月、港北区役所区政推進課から『未来都市コーホク―港北まちづくり白書―』という本が刊行されました（第一三二回参照）。この本を見ていて、ある区民の方の記述が目に留まりました。

数年前、やっと地区センターと図書館が設置された時の本当に嬉しかったこと。ようやく、豊かな文化的生活をするための機会が増えつつあるようです。それも区ができてから四〇年もかかったのです。

この本の中で、図書館に関する記述はこの一ヵ所だけです。当時は、図書館が出来たことの喜びが大きくても、新しいまちづくりに図書館を積極的に位置づけていくという発想はまだなかったのでしょうか。

かつて横浜市内には中央図書館一館しかなく、これを憂えた市民は「横浜市に図書館をつくる住民運動連絡会」を結成し、様々な活動を通して図書館建設を訴えかけました。そうした活動が実って、昭和五十五年（一九八〇）に港北図書館も開館しました。横浜市に図書館をつくる住民運動連絡会は、開館直後に見学を行い、「一番の印象は明るく親しみやすい図書館ということでした。改装という制約を逆に活かして利点にしているのには感心しました。例えば閲覧室がゆったりしていること、窓が多くてとても明るいこと、書庫がかなり広くとれていることなどです。」と会報第二三号に感想を書いています。それから三十一年、図書館の蔵書数も利用者数も格段に増えました。バリアフリーなど市民の意識も大きく変わり、港北図書館は狭くて使いにくいとの意見も増えています。

港北図書館は、区役所として建てられた時から数えると築五〇年を超えた建物ですが（第一二四回参照）、横浜市は二〇一五年度までに耐震・長寿化の工事を行うことを計画しています。昨年（二〇一〇）七月十五日号の『タウンニュース』港北区版には、「港北図書館友の会」が、耐震補強より立て替えをして欲しいとの要望書を市へ提出したとの記事が掲載されました。

港北図書館友の会は、昨年六月に発足した団体で、前号の『楽・遊・学』に「みんなで港北図書館を、文化の香り高いすてきな図書館にしませんか？　港北図書館が抱える問題の解決や将来の姿についての議論など、さまざまな活動を展開中です」との紹介が載っていました。友の会では、「未来図書館プロジェクト」と名付けて、未来の港北図書館のあるべき理想の姿を考え、市へ提案しようとしています。

岐路に立つ港北図書館は、どのように変貌していくのでしょうか。実は、「あなたのお役に立つ港北図書館」へ向けて、すでに様々な試みが始まっています。昨年（二〇一〇）六月に設置された「暮らし・おしごと情報コーナー」に続いて、三月中に「あなたの健康を守る情報コーナー」（仮称）が新設されます。二月一日からは、図書館二階へ行くのにエレベーターが自由に使えるようになりました。

港北地域のことを書いた本、著者が港北地域の人や団体である本、そうした地域資料の収集にも積極的に取り組んでいます。港北図書館では、「地域の本で図書館に入っていないものをお持ちの方は、よろしければ図書館へ寄贈してください。情報提供だけでも構いません。」と呼びかけています。

また、港北・都筑・緑の三図書館は、協力して地域写真のデータベースを作る事業を始めています。先日、区役所の行政資料庫から昔の写真パネル一〇〇枚セット（六枚欠）が見つかり、港北図書館へ移管されましたので、港北図書館では、手始めにこの写真パネルのデータベース化へ向けた調査に着手しました。港北図書館では、「地域の本だけでなく、古い写真を持っている方もぜひ提供してください。」と呼びかけています。

ボランティアの活動も始まりました。図書修理のボランティア講座が開かれ、大勢の方が参加されて傷んだ本の修理を始めています。「きれいにし隊」と名付けられた書架整理ボランティアはまだ募集しています。先日、筆者も体験してみましたが、懐かしい本や知らなかった本に出会い、図書館への認識を新たにする興味深い体験でした。

一〇年後、二〇年後の港北図書館はどのように変貌しているのでしょうか。　（二〇一一年三月号）

付記　写真パネル一〇〇枚セットについては、『大倉山論集』第五八輯で紹介しています。

第一四八回　区内にあった銀行本店　―わが家が石橋銀行―

新年度を迎え、希望に胸をふくらませている方も多いと思います。大学新卒者の就職人気企業ランキングを見ると、常連企業の中に大手銀行の名が見えます。実は、新吉田町に「銀行」という屋号を持つ家があります。加藤家です。「銀行」という屋号は、加藤家の職業から付けられたものです。

加藤家が所蔵する江戸時代から昭和初期の資料は、横浜開港資料館がマイクロフィルムに撮影して、複製を公開しています。その目録は、『横浜開港資料館紀要』第一八号に掲載されています。加藤家の資料の中に、石橋銀行という聞き慣れない銀行に関する資料が含まれています。石橋銀行については、津久井瀧雄「都筑郡の地方銀行をめぐって～資料紹介と若干の問題提起～」（『都筑文化』第四号）、平野正裕「都筑・橘樹地域の一地方銀行―明治期の「石橋銀行」―」（『開港のひろば』第三九号）、平野正裕「石橋銀行の経営について」（『近代横浜の政治と経済』）の研究があります。これらの研究から、石橋銀行の概要が分かります。

石橋銀行は、明治三十三年（一九〇〇）に橘樹郡中原村小杉（川崎市中原区小杉）の原伝蔵が頭取となり、自宅を本店として開業した銀行でした。新田村吉田の加藤大助はこれに参加し、自宅を石橋銀行新田支店としました。開業当初は唯一の支店でした。その後、順調に経営を拡大し、山内（青葉区荏田）、品川（東京）、

石橋銀行の金庫（2009年２月６日撮影）

生見尾（鶴見区生麦）、稲田（川崎市多摩区登戸）、宮前（川崎市宮前区野川）などに支店を増やしていきます。余談ですが、生見尾支店を経営していた関口次郎右衛門家も「銀行」の屋号で呼ばれていました。

しかし、頭取の原伝蔵が建設事業に失敗したとの風聞が流れ、取り付け騒ぎとなったことから経営が傾き、原伝蔵は引退します。明治四十三年（一九一〇）、加藤大助が頭取となり、支店だった自宅を本店としました。加藤大助は経営改革を進めますが、日露戦争後の恐慌が農村に波及して慢性的な不況が続いたことが影響し、しばらくは経営が改善されませんでした。やがて、第一次世界大戦によって農村に好景気が起こり、大正五年（一九一六）からは経営が軌道に乗ります。しかし、戦争景気はいつまでもは続きません。大正九年（一九二〇）からその反動による長い不況の時期に入ります。石橋銀行はこれに耐えながら、なんとか横ばいの経営で推移していました。しかし、大正十二年（一九二三）の関東大震災で大きな損害を被ります。石橋銀行は経営困難にいたり、昭和三年（一九二八）に解散しました。

石橋銀行が解散して、すでに八〇年以上が経ちますが、加藤家には大きな金庫が残されています。正面のトビラを開くと、中トビラの右側に「㋑石橋銀行」、左側に「㋑新田支店」と書かれています。㋑は石橋銀行のマークなのでしょう。

その後、港北区内には銀行のない時期がしばらく続いたようです。

昭和二十四年（一九四九）の『港北区勢要覧』を見ると、わずかに横浜興信銀行（一九五七年「横浜銀行」に改称する）の妙蓮寺支店と、妙蓮寺支店綱島出張所の二行が記されているだけです。

妙蓮寺支店は、旧都南貯蓄銀行港北支店を継承して昭和二十年（一九四五）五月五日に開業したものです。貯蓄銀行とは、個人の貯蓄を引き受けることを主目的とする金融機関です。都南貯蓄銀行は、県下貯蓄銀行の大合同により大正十年（一九二一）に設立されました。昭和九年（一九三四）の『神奈川区勢要覧』には港北支店（当時の妙蓮寺は神奈川区内）が見あたりませんので、港北支店を開設したのは昭和十年代のことと思われます。しかし、当局の指導により貯蓄銀行は普通銀行への吸収合併が図られ、昭和二十年に都南貯蓄銀行は横浜興信銀行に経営譲渡されました。

『横浜銀行六十年史』によると、横浜興信銀行綱島出張所は昭和二十二年十月十八日に設けられ、昭和二十四年に綱島支店に昇格しています。その後は、昭和三十六年に日吉支店、昭和三十八年に菊名支店と南日吉支店、昭和四十五年に大倉山支店が開業しています。

現在では、横浜銀行だけで、港北区内に有人店舗が八支店、無人出張所が一一ヵ所へと増えています。横浜銀行を含めて、全ての銀行・信用金庫の支店・出張所を数えると四六ヵ所になりますが、本店は一行もありません。しかし、一〇〇年ほど前にはなんと港北区内に銀行本店があったのです。（二〇一一年四月号）

第一四九回　震災を語り継げるか
―関東大震災の教訓と東日本大震災、その一―

平成二十三年（二〇一一）三月十一日午後二時四十六分、牡鹿半島の東南東約一三〇キロメートル付近の海底を震源地として、マグニチュード九・〇の大地震が発生しました。東北地方太平洋沖大地震、東日本大震災です。港北区域は震度五強でした。筆者は、その時横浜市大倉山記念館（元大倉精神文化研究所本館）内にある大倉精神文化研究所附属図書館の閲覧室にいました。その夜は非常勤職員七名と共に翌朝まで泊まり込みました。

後日、多くの方から、「大倉山記念館と書庫は大丈夫ですか」と聞かれましたが、無事でした。記念館の建物は、関東大震災の教訓を生かして、太い柱に小さな窓、厚い壁で頑丈に作られています。また、通常の図書館では、建物が完成した後に書架を入れるので、地震が起きると書架が建物以上に大きく揺れて倒れる危険性があります。しかし、記念館の書庫は、積層書架と呼ばれる構造をしていて、建物の躯体（骨組み）

と書架が一体となっています。本箱がそのまま建物になっていると言ってもよいでしょう。そのため、建物と同じように揺れただけで、本はほとんど落ちませんでした。

大正十二年（一九二三）の関東大震災については、第二一回と第三四回で書きました。その他にも、災害や防災の話を何度も書いています。大倉精神文化研究所のホームページや『わがまち港北』の本で読むことが出来ます。ご覧ください。

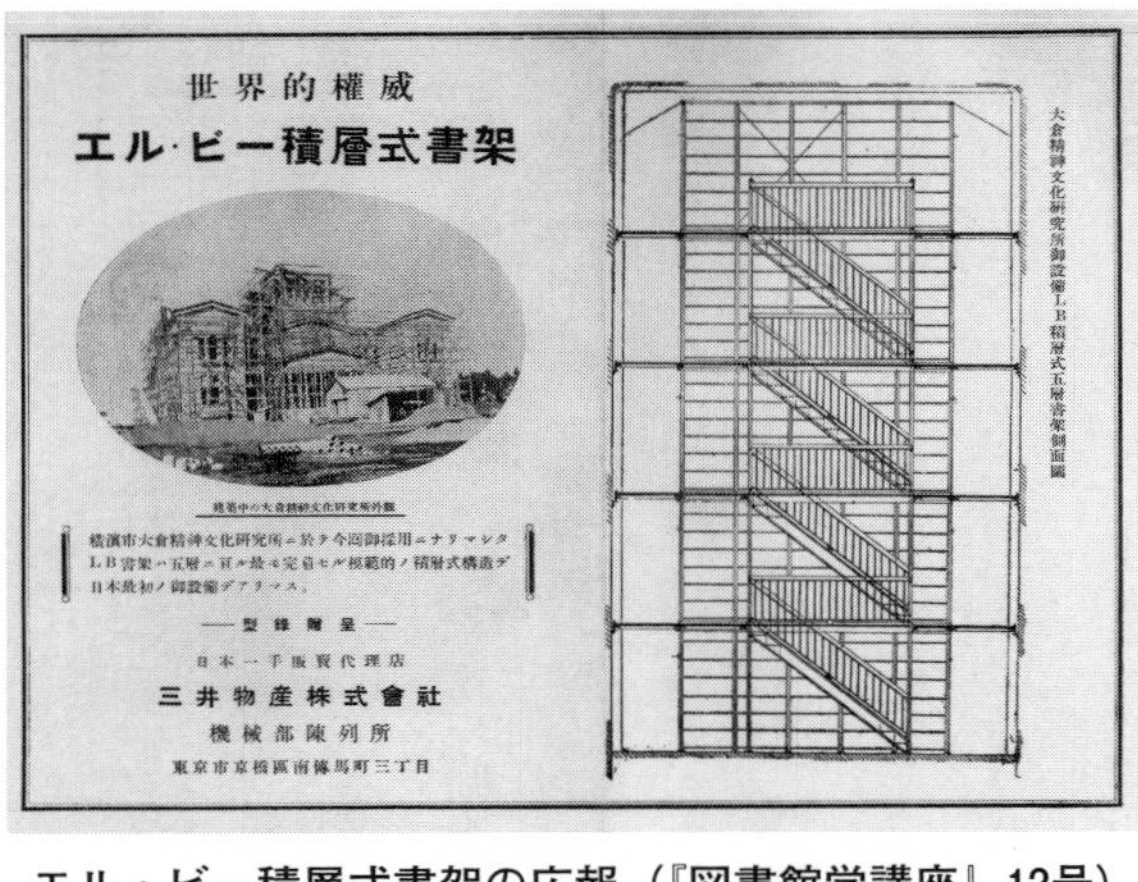

エル・ビー積層式書架の広報（『図書館学講座』12号）

私たちは、過去の震災から何を学んできたのでしょうか。そして今回の震災からどのような教訓を学び、何を後世に伝えていけるのでしょうか。その事を考えるためにも、もう一度関東大震災について述べておきます。

まず、地震の様子ですが、激しい揺れのために人々は立っていることが出来ず、地面に伏せたり木にしがみついたり、あるいは転（ころ）がったりしたそうです。漆原粂七（うるしばらくめしち）さんの回想に、「こやしだめの中味が地ゆれのたびにこぼれこぼれて、空っぽになっていた」（『大綱今昔（おおつなこんじゃく）』）とあります。下肥（しもごえ）を使用していた当時の農村の生活が背景にあります。八八年前の港北区域は、家屋がまばらな農村地帯でしたので、市街地のような大きな火災は発生しませんでした。

「けやきの木が、大風にあったようにゆれていました」（『わたしたちのまち高田』）との記述もありました。今回、大倉山のヒマラヤ杉の大木が激しく揺れましたが、それは大風の時に枝の先端へ行くほど激しく揺れるのとは違って、筆者には太い幹の根元からグニャグニャと揺れて見えました。

被害状況については、『神奈川県震災誌』に村ごとの統計が詳しく記されています。港北地域でも、全家屋の内、八割近い家が全壊・半壊・その他何らかの被害を受けたのですが、数字だけでは、その持つ意味を読み解けません。港北区域の被害を記録した写真がたくさん残されていると良いのですが、筆者が確認できたのは、『港北五〇＆ＴＯＤＡＹ』に掲載されている大綱橋・綱島方面を写した写真一枚のみです。手前に写っている樽側の地面には、幾筋もの大きな地割れが生じて、大人の膝ほどもある段差が出来ています。

漆原粂七さんは、「鳥山川堤防は凸凹ができて、くねくねと続く坂道になってしまい、このくぼみから水が流れ込んできたが、修復することができなかった。鶴見川には大穴があいていた」（『大綱今昔』）と回想しています。

鶴見川は、明治四十三年（一九一〇）の大洪水の後、県が中心となり大正三年（一九一四）にかけて綱島辺りの堤防を改修しましたし（大正堤）、大正十年（一九二一）六月には国の直営改修河川に編入され、同年七月には「鶴見川改修期成同盟会」が結成されていますが、まだ本格的な改修には至っていませんでした。新田村（現在の新羽・新吉田・高田）では、鶴見川堤防が三一ヵ所、早渕川堤防が二一ヵ所も破損しました（『神奈川県震災誌』）。

（二〇一一年五月号）

第一五〇回　震災を語り継げるか
—関東大震災の教訓と東日本大震災、その二—

前回の続きです。大正十二年（一九二三）の関東大震災当時、港北区域は、鶴見川の氾濫による水害が多い地域でした。その洪水対策として、山沿いの微高地に立てられていた家々は、地盤も比較的強固で地震の被害をさほど受けませんでした。しかし、多くの書物には、鶴見川沿いの地盤の緩いところに建てられていた家々に被害が集中したことが記されています。

関東大震災時の液状化については、第三四回で篠原の例を紹介しましたが、今回の東北地方太平洋沖地震では、小机で液状化が発生したことを、三月三十一日と四月九日の『朝日新聞』、四月十一日の『神奈川新聞』等が報道しています。

市域の「液状化マップ」は、インターネットで「横浜市の危機管理」ページに公開されています。これは、「南関東地震」「東海地震」「横浜市直下の地震」の三種類の地震を想定して、それぞれについて液状化危険度を記したものです。しかし、このマップに小机の今回の場所は記されていませんから、危険地域を完全に予測することは難しいのでしょう。四月二十六日の新聞では、今後ボーリング調査による見直しが図られるとの報道がなされています。完璧ではないにしても、是非見ておくべきマップです。

東日本大震災の少し前、二月二十日に慶應義塾大学日吉キャンパス内で開かれた鶴見川流域総合治水対策三〇周年記念シンポジウムの席上、鶴見川の津波を警戒する発言がありましたが、今回の地震でそれが現実のものとなりました。インターネットには、鶴見川を遡上する津波の目撃情報が、写真入りで何件も紹介されています。

河川の氾濫については、区役所で配布している『港北区洪水ハザードマップ』があります。『港北区防災マップ』には、広域避難所や地域防災拠点が記されています。これらのマップは、裏面にも大切な情報が書かれていますから、要チェックです。

さて、関東大震災の後、人々はどのように生活していたのでしょうか。滝嶋芳夫さんによると、最も困ったことは、水が出なくなったことだそうです（『おやじとおれたちの都筑、新田、村小学校』）。関東大震災当時、港北区域にはまだ水道が敷設されておらず（第八一回参照）、各家庭では井戸水を使用していました。しかし、地震の影響で地下水脈が変化し、水が涸れてしまい困った家庭が多かったようです。逆に湧き水が発生した所もありました。

余震が頻発し、夜家の中で寝ることが出来なくて、漆原条七さんは、約一ヵ月もの間家の外へ蚊帳を吊ってすごしました（『大綱今昔』）。滝嶋芳夫さんも、「余震が続いたので、竹藪に蚊帳を吊って、何日かをすごしたようだ」（『おやじとおれたちの都筑、新田、村小学校』）と記しています。

なぜ竹ヤブなのでしょうか。漆原粂七さんは、「わたしはよく母から地震の時は竹ヤブに行けといわれていた」（『大綱今昔』）と回想しています。竹ヤブは地震に強いという言い伝えがありますが、一方で、これは迷信であり竹ヤブは危ないという説もあります。指定の広域避難所へ逃げるのが確実なようです。

こうした震災後の苦しい生活の中で、被災者への支援活動も行われていました。

農村だった港北区域は、市街地に比べると被害は少なかったのですが、それでも被災したことに変わりはありません。しかし、小机・鳥山・岸根地区を含む城郷村青年団では、横浜市街地の被災者を救助するための野菜・飲み物・食料などを荷車や馬車などに満載して、市役所や県庁へ届けています。また、被害を受けた城郷小学校を修繕するために、一五日間に延べ一七九名の団員が勤労奉仕をしました（『城郷青年団史』）。

この地震を契機として、地域の様子が変わっていきます。関東大震災の頃は、ちょうど鉄道網が発達してきた時期でもありました。震災後は、東京や横浜など人口が

関東大震災11周年ポスター（大倉精神文化研究所蔵）

密集し被害の大きかった市街地から、鉄道沿線の郊外へ転居する人が増えました。東横線は震災の影響で開通が少し遅れましたが、大正十五年（一九二六）に多摩川より南側部分が開通し、その後多摩川の北側部分も開通し、港北区域も宅地化が進みました。その一方で、地場産業として盛んだった天然氷の生産は、生産設備が被害を受けて衰退していきました（第四三回参照）。今回の震災で、港北区域の様子や私たちの生活にどのような変化が起きるのでしょうか。私たちは、今歴史を作りつつある当事者として、後世に何を伝えられるでしょうか。

（二〇一一年六月号）

付記一　今回の液状化の原因と、土地の成り立ちとの関係については、筆者には、報道されている情報だけでは不十分と思われます。さらに詳細な情報が必要です。

二　各種ハザードマップ（災害予測地図）や防災関連情報は、順次改訂されています。最新版は区役所や、横浜市総務局危機管理室のホームページから入手できます。

三　関東大震災十一周年記念ポスターの存在は、災害の記憶は、五年や十年の節目だけではなく、常に語り継いでいかなくてはならないことを伝えているように思います。

第一五一回　一枚の写真から　―夏だ！プールだ!?―

福島第一原子力発電所事故の影響で、節電が叫ばれており、今年（二〇一一）は例年以上に暑い夏になりそうです。クーラーで涼(すず)むよりも、夏はやはり水遊びでしょう。筆者が小学生の時、水にまつわる体験を二つしました。一つは、川で溺れかけて、人間の体は水に浮くように出来ているのだと実感したこと。もう一つは、夏休み中毎日プールに通い続け、真っ黒に日焼けしてガリガリにやせたこと。夏になると懐かしく思い出します。

さて、水泳大好きの筆者には、お気に入りの写真が一枚あります。鶴見川の中で、大勢の子供たちが水泳訓練をしている写真です（次頁参照）。『港北百話』『わが町の昔と今 一 港北区編』『鶴見川流域誌』その他各種学校誌などにも掲載されている有名な写真です。写真を撮影したのは綱島東の池谷陸朗(いけのやりくろう)氏です。ご子息の池谷光朗(みつろう)さんから話を伺いました。陸朗氏は、大正十一年（一九二二）頃に勤務先の社長よりアメリカ製のカメラを譲り受けて、綱島周辺の写真を撮り始めました。水泳の写真を撮影したのは大正末期。木造だった旧大綱橋(おおつなばし)の上から、下流で泳いでいる子供たちを写したものです。泳いでいるのは、大綱(おおつな)小学校の五、六年生。実は関連の写真がもう二枚、樽町(たるまち)側の雑木林の中で子供たちが休憩(きゅうけい)している写真と、全員で準備体操をしている写真があることも教えていただきました。大正十四年（一九二五）生まれの光朗さんは、夏になると毎日のように鶴見川で泳いでいたそうですが、大綱小学校から水泳訓練に行ったことはないので、その前にはもう鶴見川での水泳訓練は中止されていたようです。

今ではどの小学校にもプールがありますが、かつての水泳学習は大変でした。港北区は海から遠いので、

鶴見川での水練（大正末期、池谷陸朗氏撮影）

教員や父母たちは、共同でも良いからプールを造って欲しいと市へ陳情したこともあったそうです。区内の小学校で、最初にプールが造られたのは、新田（にった）小学校で、昭和二十四年（一九四九）のことでした。子供たちにとっては他校に自慢の出来るものの一つでした。その後、菊名小学校が昭和二十八年（一九五三）、港北小学校が昭和三十五年（一九六〇）と続きます。しかし、古くからある学校から先にプールが造られた訳ではありません。敷地が狭くてプール建設が遅れた学校もありました。大曽根小学校は、大綱小学校の分校だった昭和四十年（一九六五）に本校よりも先にプールが造られています。大綱小学校は、綱島街道沿いから現在地に移転した後の昭和四十四年（一九六九）にやっとプールが完成しました。

日吉台小学校（一九七六年）や、現在地に移転した新田小学校（一九八〇年）、小机小学校（一九八三年）などのように、校舎の屋上にプールを造った学校もあります。多くの学校にプールが完備されるのは、昭和四十年代から五十年代にかけてのことです。それ以前はどうしていたのでしょうか。プールのない学校では、近隣の学校へプールを借りに行っていました。たとえば、大綱小学校は菊名小や大綱中へ。篠原西小学校は篠原小へ。城郷小学校は城郷中・篠原西小・篠原小へ。新吉田第二小学校は新吉田小へ。高田東小学校は高田小・駒林小・下田小・日吉南小へ。新田中学校は日吉台中へ。師岡小学校は大曽根小へプールを借りに行っていました。炎天下を片道三十分以上も歩いて行き、帰りにはクタクタになってしまったという経験をお持ちの方も多いことでしょう。

　放課後や夏休み、昔の子供たちは川や池で泳いでいました。かつての港北区域は農村地帯でしたから、用水路や排水路があちこちにあり、泳いだり魚を捕ったり、子供たちの最高の遊び場になっていました。灌漑用溜池も各地にありましたが、池は水深が深いのと水が冷たいことから、親たちは池では泳がないように子供たちに厳しく言い聞かせました。篠原東の押尾寅松さんが、菊名池で泳ぐとカッパに「しりこだま」を抜かれるとお祖母ちゃんから言われたのはその一例です（研究所のホームページに「押尾寅松さんの昔話」として公開中）。しかし、禁止されるほどやりたくなるのが子供です。大豆戸町在住だった西川喜代子さんは、親に内緒で菊名池に泳ぎに行ったことを教えてくださいました。

　港北区内には上記以外にも、綱島公園、菊名池公園、篠原園地、横浜ラポール、日産スタジアムの日産ウォーターパーク・横浜市スポーツ医科学センターなどにプールがあります。また、新田緑道のせせらぎ広場では水遊びが出来ます。暑い夏を元気に乗り切りましょう。

（二〇一一年七月号）

第一五二回　岸根公園の接収　―終戦秘話その一四―

東日本大震災の被災者を受け入れる一時避難所は、港北区内では岸根公園内の神奈川県立武道館に、三月十八日から四月二十八日まで設けられていました。避難されていた皆様が一日も早く元の生活に戻れることを願うばかりです。

さて、この県立武道館は、昭和五十六〜五十七年（一九八一〜八二）に建設された建物です。その敷地は、かつてL字型をしていた篠原池の東側半分を埋め立てたものでした。

岸根公園のあたりは鎌ヶ谷戸といい、谷間地形をしています。篠原池は、谷戸に湧き出る清水から出来た農業用ため池でした。この水で、かつては篠原町から新横浜方面にかけての耕地に用水を供給していました。

この岸根公園の土地は、戦争と深く関わっていました。戦前、横浜市は、防空公園を兼ねた都市計画公園の建設を計画し、このあたりの民有地一四・三ヘクタール（四三、〇〇〇坪）を買い上げました。昭和十五年（一九四〇）の皇紀二六〇〇年記念と、昭和十六年の東京オリンピック会場（第一三一回参照）を想定して、総合運動場が作られるはずでした。

しかし、戦争により公園整備は中止され、戦時中は一部に高射砲陣地が作られました。岸根のEさんが以前に調べてくださったところによると、兵舎（ひょうたん原っぱと少年野球場の間）、高射砲七基（少年野球場から西広場）、双連対空機関砲二〜三基（岸根保育園）、その北側にレーダー二基が設置されていたそうです。

昭和二十年（一九四五）八月十五日に戦争は終わりました。高射砲陣地も撤去されましたが、今度は米軍（アメリカ軍）による接収問題がその後も長く影を落としていきます。

戦後の日本は連合国軍の占領下に置かれ、横浜では市街地を中心として多数の土地や建物が米軍に接収されました。しかも、接収対象は、占領政策の影響により絶えず変化していました。岸根の公園用地も接収対象となり、高射砲陣地と兵舎建設用地とに分かれて、複雑な動きを見せます。

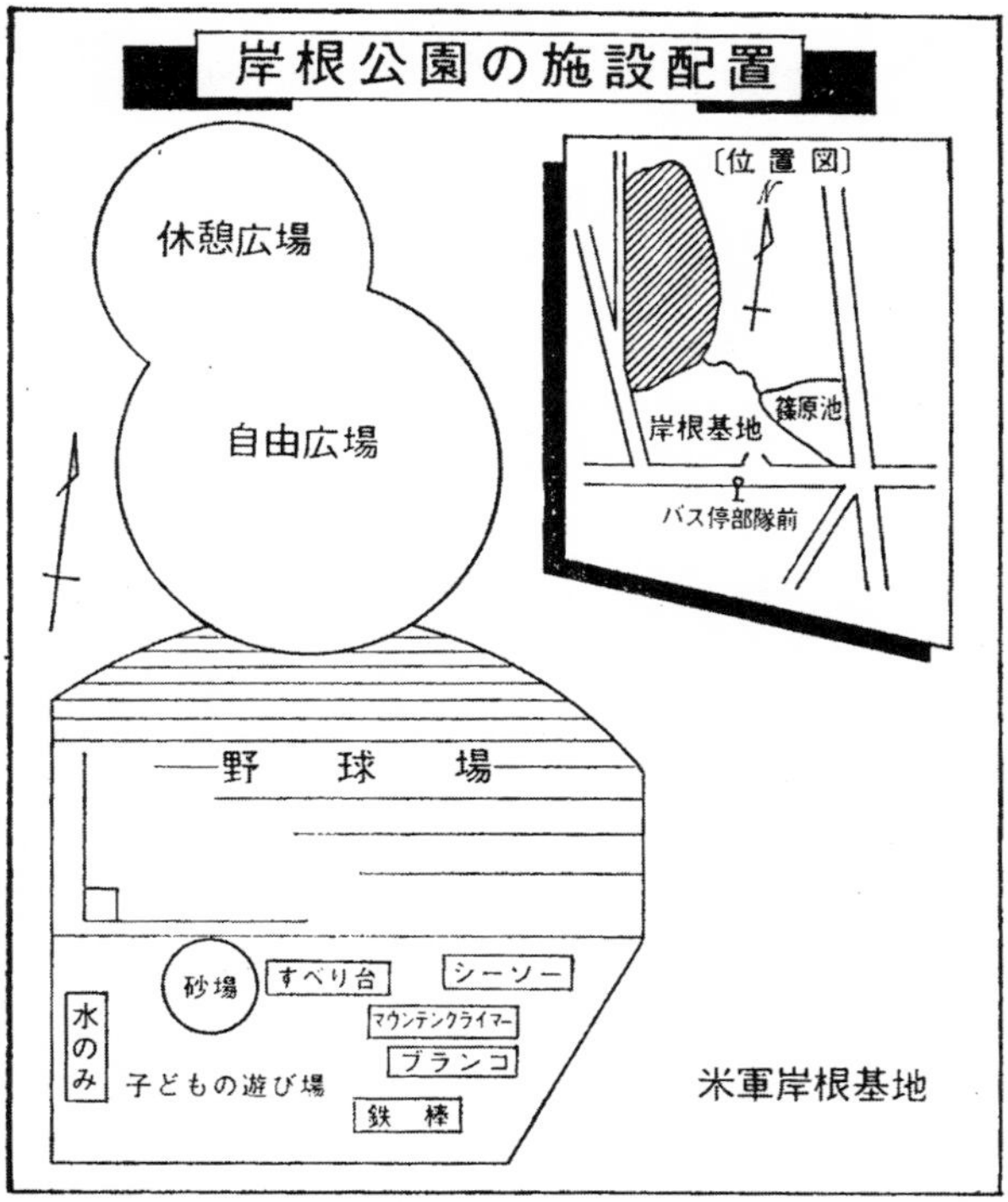

岸根公園の施設配置

1部開園する岸根公園（『広報よこはま』港北区版、昭和46年２月）

昭和二十五年（一九五〇）に朝鮮

戦争が勃発すると、米軍は軍事施設の増強を図り、接収が増加します。米軍は岸根の公園用地の一部（市有地五、七四五坪、民有地二、〇二九坪）を接収し、高射砲陣地を作りました。休戦協定が結ばれた後、昭和三十年（一九五五）十二月に接収解除となりますが、市有地は国有地となり、引き続き自衛隊の高射砲陣地に転用されます。しかし、地対空ミサイルの開発普及により、高射砲陣地は不要となり、昭和四十一年（一九六六）に廃止されます。この土地は再び市有地となり、昭和四十六年（一九七一）四月に岸根公園として公開されました。

これと並行して、昭和二十八年（一九五三）から、残りの土地を米軍兵舎建設用地にする動きが始まります。昭和二十六年（一九五一）の講和条約調印と翌年の発効により、日本が独立国として国際社会に復帰しても、接収の現状はあまり変わらず、横浜市街地の戦後復興は大きく立ち遅れていました。そうした状況を打開するための応急措置として、市街地の周辺部に代替施設を国費によって建設し、重要市街地施設の接収を解除しようとする政策がとられ、賛否両論の渦巻く中、岸根もその候補地とされたのです。

昭和三十年（一九五五）四月と十月の二回にわたり、中心市街地に散在していた米軍兵舎など三施設を、岸根の公園用地（約一三・四ヘクタール）へ移転、集約させました。政府は地元の反対運動を押し切り昭和三十二年に工事を完成させます。こうして作られたのが、岸根兵舎地区（FAC-3165 Kishine Barracks）でした。当初は市内在勤下士官・兵の宿舎でしたが、韓国からの帰休米兵の休養施設としても利用されました。

ところが、ベトナム戦争の拡大に伴い、米軍は昭和四十一年（一九六六）十二月に突然用途を変更して、在日米陸軍野戦病院（第一〇六陸軍総合病院）を開設しました。病院は最盛期ベッド数一、〇〇〇床、四階建て病棟を四棟も持つ大規模なもので、ベトナムから横田基地に到着した傷病兵が、毎日大型ヘリで大勢運び込まれていきました。

市は用途変更反対要請書を国へ提出すると共に、返還請求運動を続けますが、地元では（一）伝染病患者移送の不安、（二）ゴミ焼却炉の煤煙公害、（三）ヘリコプターの騒音公害、（四）篠原池の水質汚濁など様々な問題で苦しめられました。

こうした問題で米軍側への陳情や協議が続けられ、接収解除促進運動が展開されていく中で、昭和四十三年（一九六八）ベトナム戦争が停戦へ向けて動き出すと、昭和四十五年（一九七〇）六月末で病院は閉鎖されました。

昭和四十七年（一九七二）八月二十五日に接収が解除され返還されると、再び市有地となりました。この時も、自衛隊基地としての土地提供を求める動きがありましたが、市はこれを拒否し、スポーツ公園として整備することになります。先に公開した高射砲陣地跡地の部分も含めて、昭和四十九年（一九七四）に総合計画が決定し、平成元年（一九八九）三月に岸根公園が完成しました。

私たちにとっての戦争はいつ終わったのでしょうか。横浜市全域を見ると、接収地問題は現在でも解決していません。戦争の影響は続いています。

（二〇一一年八月号）

第一五三回　郷土の銘菓「やまとゆきはら」―横浜と吉良―

先日、仕事で愛知県西尾市吉良町（三月までは幡豆郡吉良町）へ行きました。横浜と吉良はいくつもの縁がありますので、ご紹介しておきましょう。

吉良町は、歴史上の著名人として吉良上野介、吉良の仁吉、尾崎士郎の三人を挙げて、「吉良三人衆」として紹介しています。吉良上野介は、赤穂事件（忠臣蔵）で有名ですが、その一族には、横浜市南区蒔田町辺りを領有していた蒔田氏がいます。江戸時代の蒔田氏は、吉良上野介と同じ高家職に就いており、後年吉良姓を名乗ります。

吉良の仁吉は、清水次郎長の兄弟分として幕末期に活躍した侠客ですが、区内下田町には、侠客の兼五郎親分がいました。『港北百話』には、兼五郎親分の任侠に富んだ逸話や、下田小学校が親分の屋敷跡に建てられていることなどが詳しく記されています。

尾崎士郎は、小説『人生劇場』で一世を風靡した吉良町生まれの文豪ですが、小学校入学の頃、一時中区野毛の親戚宅へ養子に出されていたことがありました。

今回、西尾市史編さん室で、水村さん、颯田さん、三田さんから、横浜と吉良を結ぶもう一つの縁について教わりました。南極探検で有名な白瀬矗中尉です。白瀬中尉は、南極探検から帰った後、探検費用の借金を返済するために全国各地を講演旅行し、晩年は子供たちの家を転々として生活していましたが、昭和二十一年（一九四六）に愛知県の挙母町（現、豊田市）で亡くなります。遺族は吉良町西林寺に転居し、墓は西林寺墓地に建てられました。後に、白瀬の出生地である秋田県金浦町（現、にかほ市）から浄蓮寺住職（白瀬の甥）がその墓を訪れ、分骨して浄蓮寺にも墓を建てています。この話を聞いて思い出しました。『とうよこ沿線』第一九号で、前川正男氏が「白瀬中尉は、昭和九年（一九三四）にこの妙蓮寺に家を建て、蒲田女塚から引越してきた。ここには六年間居住し、家を神部老に売却、埼玉の方へ移られたという」と記しています。

白瀬中尉

詳しく調べたところ、少し違っていました。木村義昌・谷口善也著『白瀬中尉探検記』、渡部誠一郎著『よみがえる白瀬中尉』などによると、白瀬は東京の蒲田区（現、大田区）新宿から港北区へ転居してきます。妙蓮寺裏山の住宅地（現、菊名二丁目）にあった洋館は、白瀬の三男猛の家であり、昭和十三年（一九三八）九月から三年ほど同居して、昭和十六年（一九四一）十二月に東京の大泉に転居し、翌年埼玉県の片山村（現、新座市）へ移っています。

白瀬矗中尉の墓は、実はもう一ヵ所ありました。横浜市港南区日野公園墓地です。南極探検を終えて横浜港へ帰ってきたことが縁ともいわれますが、どのような経緯で横浜の墓が造られたのかは確認出来ませんでした。ご存じの方は教えてください。

さて、白瀬は文久元年（一八六一）六月十三日生まれですから、平成二十三年（二〇一一）は生誕一五〇年の記念の年です。白瀬が南極へ行き、西経一五六度三七分、南緯八〇度〇五分の地（氷上）に「日章旗」を立て、一体を「大和雪原」と命名したのは、明治四十五年（一九一二）一月二十八日のことでした。平成二十四年（二〇一二）は南極探検一〇〇周年です。

白瀬が生まれたのと同じ年に、インドの詩聖タゴールも生まれています。タゴールは大倉邦彦や大倉精神文化研究所と縁が深く（第四九回参照）、十一月には記念の展示会や講演会を予定しています。

閑話休題、白瀬矗中尉が発見・命名した大和雪原は、「やまとせつげん」ではなく「やまとゆきはら」と読むのが正しいことも教わりました。吉良町の御菓子所東角園は、郷土銘菓として、「やまとゆきはら」という和菓子を販売しています。朝日を浴びて輝く南極のダイヤモンドダスト、それを集めて作った雪玉のような、キラキラ輝く上品な和菓子です。第一三三回で地産の銘菓をたくさん紹介しましたが、吉良町にも港北区と縁がある銘菓がありました。東角園では、他にも吉良上野介にちなんだ「吉良の赤馬」「黄金づつみ」、尾崎士郎にちなんだ「人生劇場」といった銘菓も販売していました。
吉良家研究は、筆者にとって長年の研究テーマの一つであり、平成二十四年度には『吉良家日記』の翻刻・出版を予定していますが、それに合わせて「吉良日記」という和菓子を作るように、吉良町の水村さんが東角園の社長に勧めているとか…。横浜と吉良、もうひとつ縁が増えることになるのでしょうか。

（二〇一一年九月号）

付記　東角園から雅歴人「きらゝ日記」が、西尾市からは吉良町史別冊資料『吉良家日記』が、それぞれ発売されました。

第一五四回　白瀬中尉と神部さん

前回白瀬矗中尉の話を書いたところ、いくつもの反響がありました。中でも、西尾市の三田さん、南区の増田さん、樽町の林さんたちから、興味深い情報を提供していただきましたので、ご紹介しましょう。
白瀬中尉は、昭和十三年（一九三八）九月から昭和十六年（一九四一）十二月まで菊名に住んでいましたが、渡部誠一郎著『晩年の白瀬中尉夫妻』によると、三男猛の家に直接同居していたのではなく、猛が自宅の屋敷内に隠居所を建てて、そこに住んでいたとのことです。誰の目にも「中尉夫妻はこのまま菊名町の隠居所で生涯を全う」しそうに見えたようです。

この間、菊名の家で何度も取材を受けていて、『朝日新聞』だけでも、昭和十四年（一九三九）六月十日、同年十二月九日、同年十二月二十六日にインタビュー記事が掲載されています。

ところが、三年ほどすると、中尉のファンから提供された埼玉県片山村（現、新座市）の土地に家を建てて転居してしまいました。南極探検の本を出版した印税で家を建てたという説もありますが、菊名町の隠居所の売却代金を使ったようです。

前回、『とうよこ沿線』第一九号で、白瀬中尉は家を神部（かんべ）老に売却したとの記事を紹介しましたが、この神部老とは、神部健之助氏です。昭和五十二年（一九七七）二月十七日付け『朝日新聞』によると、神部氏は白瀬中尉から二、六〇〇円で自宅を購入したと話しています。

神部氏は、その時に白瀬から、南極へ持って行った寝袋と短刀を「いつまでも大事に預かって下さい」と言われて贈られたと語っています。この短剣には興味深い逸話がありました。南極探検へ向かう途中の赤道付近で、嫌気がさした隊員が白瀬を殺して帰国しようと企てたことがあり、それ以来、探検が終わるまで、白瀬はこの短剣を肌身離さず持ち続けていたというのです。短剣を譲り受けた神部氏は、「私の宝物」として大切に保存していました。

神部氏へ自宅を売却しなければ、白瀬中尉は菊名で天寿を全うしていたのでしょうか。それは難しかったようです。菊名町に残った三男猛一家ですが、前掲『晩年の白瀬中尉夫妻』によると、終戦前に空襲で自宅を焼かれ、埼玉県片山村へ避難したと書かれています。

では終戦前とは何時のことでしょうか。菊名方面が被害を受けた空襲としては、昭和二十年（一九四五）四月十五日夜の空襲の記録があります。菊名の法隆寺や武相中学富士塚校舎の辺りなどが被害を受けていますが、白瀬猛の家があった妙蓮寺の裏山辺りの空襲被害は確認出来ませんでした。長年にわたり横浜の空襲被害を調査されている小野静枝さん（第一四〇回参照）にも問い合わせましたが、分かりませんでした。ご存じの方は教えてください。

神部健之助氏は、寝袋と短刀以外にも様々なものを持っていたらしく、『横浜文化名鑑』に「現在拙宅が白瀬中尉の旧宅であった。遺品や同氏の著書其の他関係文献多数と共に文化財としたい」と書いています。この『横浜文化名鑑』は、第一回横浜文化賞（第一〇七回参照）の授賞式と時を同じくして、昭和二十八年（一九五三）三月に横浜市教育委員会が刊行した本です。綱島出身の飯田九一の文章や、斎藤茂吉の妙蓮寺来訪（第七八回参照）に触れた飯岡幸吉の文章、師岡法華寺の大般若経や小机城址のことを書いた石井光太郎の文章などが掲載されています。巻末には、「文化関係者名簿」として五一九名の名前と略歴等が掲載されています。昭和二十八年当時の港北区は、都筑区・青葉区・緑区を含む広大な区域でしたが、名簿に掲載された区民六八名の内、六四名は東横線沿線を中心とした現港北区域に集中しており、さらにその中でも篠原町在住者が二八名（四二％）を占めています。神部健之助氏も名簿掲載者の一人でした。では、神部健之助氏とはどのような人物だったのでしょうか。その話は次回に。

（二〇一一年十月号）

第一五五回　神部健之助と尚趣会

「『楽・遊・学』二〇〇号達成、おめでとうございます。」遠く松山の友人からお祝いのメッセージを受け取りました。

さて、白瀬矗中尉から菊名の家を買った神部健之助氏ですが、前回紹介した『横浜文化名鑑』によると、京都生まれで、京都帝国大学の経済学科を中退。計理士・税理士の資格を持っていました。『横浜今昔』（毎日新聞横浜支局、一九五七年）によると、ホテルニューグランドの創設事務をしたそうですから、戦争直後、菊名町から中区山下町へ通勤していたのでしょう。昭和二十七年（一九五二）頃は芝浦工業大学、関東短期大学、神奈川大学で講師をしており、五一歳とあります。しかし、文化関係者として名前が載ったのは、本業以外の趣味の世界で、「風月楼」の雅号（ペンネームのようなもの）を持ち、尚趣会、横浜倶楽部、文化苑の会員だったことによるもののようです。

そこで、神部氏に面識があったという、篠原東の押尾寅松さんからお話を伺いました。押尾さんは、昭和末期に、神部氏の本業で仕事上のお付き合いがあり、何度もお宅へ伺っていました。神部氏とは、仕事の話よりも、趣味の話を伺ったことが印象に残っているそうです。神部氏は特に真葛焼に関心が深く、押尾さんは、神部氏に案内されて一緒に真葛焼の窯跡を見学したこともあるそうです。神部氏は、『横浜今昔』に「世界的だった初代、二代香山―真葛焼―」という原稿を書いています。

また、押尾さんは神部氏から、近所で出土した古代の櫛を持っていると聞いたこともありました。神部氏は趣味の収集品をとても大切にされていたようで、室内には一切飾っておらず、見せてもらったことは無いそうです。

前号で紹介した白瀬中尉の短刀については、白瀬中尉のお孫さんたちから依頼があり返却されたとの話を、神部氏から直接伺ったそうです。

神部氏のような、いわゆる文化的な趣味を持つ人達の集まりが「尚趣会」です。尚趣会は、大正十四年（一九二五）に結成されています。例会は、会員の自宅に各自が書画骨董を持ち寄り、鑑賞会を開いていました。

尚趣会の会員名簿として昭和二十七年（一九五二）に編纂されたのが、『尚趣集』です。この本によると、神部氏は明治三十四年（一九〇一）甲斐国（山梨県）の生まれとあり、『横浜文化名鑑』とは出生地が違っています。尚趣会には、昭和十二年（一九三七）に入会しており、風月楼以外にも、暁葉、麓心居士、紙魚洞、聴古菴などの号も名乗っており、趣味は、尺牘（手紙）、古文書、短冊、色紙蒐集、郷土史研究、書画骨董の鑑賞とあります。

『尚趣集』に記されている会員は二三名ですが、港北区在住者では他に、篠原町の多尾伊四郎と西村栄之助の名があります。綱島出身の飯田九一も会員でした。

西村栄之助（雅号、淮園）は、明治七年（一八七四）生まれで、尚趣会の前身である成趣会に大正四年（一九一五）から参加していました。趣味は「近世国学家及び新派俳人短冊、並に古陶杯台蒐集、和歌、狂歌、刻字、囲碁」と幅広いものでした。

多尾伊四郎（雅号、鉄眼）は、明治八年（一八七五）生まれで、昭和十一年（一九三六）に入会、昭和二十七年より名誉会員となっています。趣味は「書画骨董茶器の鑑定並蒐集、読書、読経、晴耕雨読」と記しています。

尚趣会については、雑誌『郷土よこはま』七七号、七八号に連載された秋山佳史「横浜の趣味団体『尚趣会』」に詳しく記されています。以下、そこから港北区内で開かれた例会を紹介しましょう。

昭和六年（一九三一）十月に、篠原の西村栄之助宅「委塵関」（異人館のシャレ）で例会を開いています。晩秋の月見を企画したのですが、雲に遮られました。「地酒の上物」も用意されていました。菊名駅前の、安山酒造の酒だったのでしょうか。残念ながら銘柄までは分かりません。

昭和十三年（一九三八）四月二十日は、東神奈川駅に集合して東横バスに乗り、篠原池（第一五二回参照）を逍遥して、篠原八幡神社を参拝し、多尾伊四郎邸までハイキングをしています。案内状には、「太尾山脈　拝金愚」とあることから、この後に太尾町（大倉山）までハイキングする予定だったようですが、「水筒に三水（お酒のこと）準備」の文字もあり、多尾邸で酔客になってしまったようです。『郷土よこはま』には、その時のハイキング風景を写した興味深い写真が二枚掲載されています。

秋山佳史さんによると、真葛焼の宮川香山も会員でした。神部氏の入会前ですが、昭和十年一月に宮川邸で会合を開くなど、「会員のほとんどが真葛焼を愛好していたと推測される」と記しています。

平成二十一年（二〇〇九）、七月五日「出張！なんでも鑑定団in港北区」が港北公会堂で開催されました（八月十一日放映）。もし神部氏が健在だったら、「あなたのお宝大募集」に真葛焼で応募されたのでしょうか。それとも、白瀬中尉の遺品で応募したでしょうか。

（二〇一一年十一月号）

第一五六回　加山道之助、そして思いつくままに

九月号の白瀬中尉から始まって神部健之助へと続いた調査は、さらに新たな展開を示します。まさに、秋の収穫は芋蔓式です。南区の増田恒男さんから、尚趣会の会員名簿『名かがみ』を見せていただきました。前回紹介した『尚趣集』よりも一六年ほど古い名簿で、昭和十年（一九三五）頃の二六名の会員が記されています。これによると、神部健之助の住所は、まだ神奈川区南軽井沢となっています。港北区域在住

者では、前回紹介した西村栄之助、多尾伊四郎に加えて、『尚趣集』には記載が無かった篠原町（現、仲手原二丁目）の加山道之助の名が記されており、趣味は「郷土史料と土俗品」と書かれています。郷土史料は、特に横浜開港関係の史料を収集し、土俗品は、全国各地の郷土色豊かな玩具を収集していました。加山道之助は、当時、尚趣会の世話役的立場にあり、『名かがみ』の編纂に係わり、「はしがき」も執筆しています。

加山道之助は、明治十年（一八七七）生まれで、家業は質屋でしたが、横浜史談会を主宰し、横浜郷土史研究会の会員でもありました。雅号は可山、これは名字と同じく「かやま」とも読めます。郷土玩具収集の仲間で玩具党を結成していたことから、それをもじって「頑愚洞」とも号していました。いずれの雅号もシャレです。

昭和五年（一九三〇）一月に発行された『郷土研究家名簿』には、全国の郷土史研究者六六三名が列記されていますが、神奈川県在住者はたった九名、その内横浜市内は中山毎吉、石野瑛、加山道之助のわずか三名にすぎません。中区在住の中山毎吉は、相模国分寺の研究で有名です。石野瑛は、考古学者・歴史家として有名ですが、仲手原二丁目にある武相中学校・高等学校の創設者でもあります。加山道之助は、鶴見の住所になっていますが、本が出版される直前に篠原町へ転居していました。加山は、元は中区真砂町に住んでいたのですが、関東大震災で焼け出され、一時鶴見に仮寓（仮住まい）し、昭和四年（一九二九）五三歳の時に篠原町に転居し、昭和十九年（一九四四）六八歳で亡くなるまで終の住み処としたのでした。名簿に記載された横浜市の郷土史研究者三名の内、二名が港北区に係わっていたというのは驚きです。

横浜開港資料館『開港のひろば』第三十号には、横浜人物小誌第二三回として、「横浜市史編纂主任加山道之助」を取り上げています。横浜市史の編纂は、大正九年（一九二〇）に着手されましたが、震災で烏有に帰しました（すべて焼失すること）。そこで、加山等が中心となって資料収集から始めて『横浜市史稿』（全一一冊）の編纂が行われ、昭和六〜八年（一九三一〜三三）の刊行までこぎ着けます。特に『横浜市史稿風俗編』は加山が執筆も担当して完成したものです。さらに、神奈川県史蹟名勝天然記念物調査会委員や『保土ヶ谷区郷土史』編纂顧問など、郷土史研究における加山道之助の主要な業績は、篠原町に転居して以降のことになります。

郷土史研究といえば、名著『箕輪のあゆみ』を著された小嶋英佑さん（八五歳）が、七月に亡くなられました。ご冥福をお祈りいたします。

さて、加山道之助は若い時から俳人としても有名であり、子息加山達夫氏が『可山句抄』（一九九〇年）を出版しておられます。『可山句抄』に収められた全四〇二句の内、四分の三程は篠原町に移り住んで以降に詠まれた句です。この本の「可山略年譜」によると、母は岸根村岩田喜左衛門の長女とあります。加山が晩年に篠原町へ移転したのは、母親の出生地に近かったことが関係しているのでしょうか。

歌つながりでいえば、沙羅短歌会（伊藤宏見主宰）の機関誌『沙羅』が、本年三月で創刊二〇周年を迎えました。おめでとうございます。沙羅短歌会児童指導部は、本年度の「港北区地域のチカラ応援事業」の補助金を受けて、区内の小学生に短歌指導を行っています。

また、無名指(むみょうし)さんから、平成二十三年（二〇一一）春の日付け入りの『篠原歩好会の想い出』という短歌集をいただきました。山野草を数多く詠み込んでいる素敵な歌集です。無名指とは「ななしゆび」とも読みます。あえて名無しとされているので、名前はそのままにしておきます。大倉山在住の坂本愛子さんからは『五行歌集　花嫁人形』（二〇一〇年三月刊）をいただきました。この場を借りて、お二人に感謝申し上げます。

（二〇一一年十二月号）

第一五七回　ゆるゆると、ゆるキャラ　―その一―

あけましておめでとうございます。今回は、お正月向けに家族で楽しめるお話をしましょう。

かわいい姿をした、ゆるーいデザインのキャラクターを「ゆるキャラ」といいます。『横浜ウォーカー』2011No.20は、「ゆるキャラ地元キャラ名鑑」の中で、横浜市内の四六キャラを紹介しています。しかし、実態はそんな数ではありません。昨年（二〇一一）六月十九日付け『神奈川新聞』は、横浜市のゆるキャラが八〇もあり、しかもさらに増殖中であることを指摘しています。一説には一六五ともいわれますが、市もきちんと調査したことはないようですし、民間を加えるとその数は…。

さて、港北区関係で一番なじみがあるのは、区のキャラクター「ミズキー」でしょう。ミズキーは、区の木ハナミズキの妖精です。港北区制七〇周年を記念して、その前年の平成二十年（二〇〇八）に、区内の小学生が描いた原画から生まれました。「白いハナミズキの妖精の兄弟」がいるらしいのですが、悲しいことに、生き別れで会ったことがありません。区役所ホームページの「ミズキーのおへや」によると、身長は「チューリップと同じくらい」と書かれていますが、筆者は、各地のイベントで大人の背ほどもある巨大なミズキーを見かけたことがあり、思わず証拠写真を撮りました。どうやら、大きくなったり小さくなったり出来るようです。

区内で、ゆるキャラが最もたくさん活躍しているのは、なんといっても新横浜でしょう。

横浜アリーナには、蟻（アリ）をモチーフにした「ヨコアリくん」がいます。ヨコアリくんは、平成十九年（二〇〇七）九月に登場しましたが、誕生日は横浜アリーナと同じで、平成元年（一九八九）四月一日です。横浜アリーナは、略称を「横アリ」ということから、その名が付きました。ヨコアリくんは、一〇体に変身する分身の術を使いますが、その時は必ず「ありがとう（アリが一〇）」と言います。

ヨコアリくん

日産スタジアム自体にはキャラクターがないようですが、日産スタジアムをホームスタジアムとする横浜F・マリノスには、平成五年（一九九三）のJリーグ開幕戦から活躍している公式マスコットの「マリノス君」と、その甥っ子で平成十二年（二〇〇〇）にデビューした小学五年生の「マリノスケ」がいます。いず

ハッチーちゃんの布おもちゃ

れもカモメをモチーフにしていて、シャープなデザインのイケメン（イケガモ？）です。そして平成二十年（二〇〇八）からは、非公式マスコットの「ワルノス」も暗躍を始めています。

新横浜ラーメン博物館には、猫ラーメン大将がいて、二年間ほどイメージキャラクターを務めていましたが、半年ほど前に引退して、現在はＯＢになっています。

新横浜名物の「鴨まん」（第一三三回参照）にも「カモマン（オス、三才、体重四キロ）」「コガモマン（メス、一才、体重一・五キロ）」の二匹のゆるキャラがいます（口絵写真と第一八〇回をご覧ください）。

新横浜の新しい名物になりつつあるのが、ハチミツビールの「HACHEY（ハッチー）」（分類上は発泡酒）です。新横浜で採れたハチミツで作られています。HACHEYは、地ビールの全国大会「ジャパンクラフトビアセレクション二〇一一」のベルギービール部門で、準優秀賞を受賞しました。「布おもちゃボランティア こまめ」の皆さんが、そのキャラクター「ハッチーちゃん」を刺繍（ししゅう）した布おもちゃを作っていましたが、昨年（二

○一一）十二月に完成しました。

「こまめ」とは、大豆戸町に対して「小豆」、「マメにやっていく」「豆がはじけて地域に飛んで育っていってほしい」などの気持ちを込めて付けた名前とか。「こまめ」は、「港北区地域のチカラ応援事業」の補助金を受けて布おもちゃを制作しており、その作品は、子供や高齢者のレクリエーションや機能回復に使われています。

区内各地にはまだまだ様々なゆるキャラがいます。その話は次回に。

ゆるキャラをのんびり楽しんでいられるということは、世の中が平和だということでしょう。昨年（二〇一一）は厳しい年でしたが、今年はゆるキャラを楽しめる良い年になりますように。（二〇一二年一月号）

第一五八回　ゆるゆると、ゆるキャラ　—その二—

前回、横浜F・マリノスのキャラクターを紹介しましたが、サッカーといえば、師岡熊野神社のお守りには、三つ足の八咫烏を描いた日本サッカー協会公認エンブレム柄のお守りと、同じく日本サッカー協会公認マスコットの「カラッペ」（兄）と「カララ」（弟）を描いたお守りがあります。師岡熊野神社は、平成十四年（二〇〇二）日韓共催ワールドカップの決勝戦会場となった日産スタジアムにほど近く、さらに古来より八咫烏を社紋としています。この八咫烏は、日本サッカー協会のシンボルマークでもあるため、近年はサッカー神社としても親しまれ、チームの必勝と選手の健康を祈ってサッカー関係者がお参りすることも多いようです。

神社といえば、平成二十三年（二〇一一）十一月二十五日に本殿遷座祭が行われた菊名神社のお守りには、「がまんさま」のかわいいイラストが描かれています。「がまんさま」とは、鳥居をくぐって左手にある手水鉢を支えている四体の石像です。長い年月苦難に耐えて、飽きることなく手水鉢を支えている、そのがまん強い姿が根気と忍耐の象徴とされています。

綱島商店街連合会のエコタウンつなしまキャラクター「つなぴちちゃん」は、平成十三年（二〇〇一）に綱島温泉のお湯で孵化した生後三ヵ月の小鳥です。「つなぴち」の「ぴち」は好物のピーチ（綱島の桃）から名付けられたものです。「つなぴちちゃん」は、箒を持って忙しく掃除をしているのですが、加盟店のポイントシールにもなって活躍しています。小机商店街の「こづくん」は、シンボルマークですからキャラクターといえるのか微妙ですが、「こづくんスタンプ」というスタンプサービスをしています。

さて、昨年（二〇一一）十一月に開催された、ゆるキャラグランプリ二〇一一では、全国から三四九のゆるキャラがエントリーしました。神奈川県からは、四キャラがエントリーし、厚木市の「あゆコロちゃん」（一七位）に続いて、高田地区マスコットキャラクター「たかたん」が一八一位に入りました。「たかたん」は、平成二十二年（二〇一〇）十一月から始めたイラスト案募集に応募した一五二作品から選ばれたもので、発案者は志村春江さんです。昨年（二〇一二）五月二十二日に高田中学校で開催された高田町連合町内会主催「第三回たかたの丘音楽祭」でお披露目されました。「たかたん」は高田地区生まれの妖精で、頭と体で漢字の「高田」を表しています。元気で明るく、音楽を聴くとのりのりになっちゃうお調子者ですが、岩手県の陸前高田市へ被災地支援活動ボランティアに駆けつけ、子供たちと遊ぶ、優しい心と行動力を持っています（口絵写真参照）。

港北土木事務所のキャラクターは、工事用ヘルメットをかぶった「どぼくねこ」です（第一八〇回参照）。普段は、猫でも安心して歩ける道づくりのために管内をパトロールしていますが、土木事務所のイベントでも活躍しています。どぼくねこは、区役所ホームページからぬり絵をダウンロードできます。

港北図書館には、「としょんぼ」「てんてん」「カブック」がいます。開館三〇周年記念として、イラストレーターのもりはなこさんが三匹のキャラを描き、名前は募集により決まりました。トンボの「としょんぼ」は、図書館とトンボを合わせた名前です。不思議に思うことがいっぱいで、性格は「しっかりや」です。テントウムシの「てんてん」は、イタズラ好きで、知りたがりやです。「カブック」は、カブトムシとブック（本）を合わせた名前です。探しものが得意で「がんばりや」です。三匹は、イベント案内や参加記念品など、館内各所に出没しています（本書二五〇ページにも！）。

ちなみに、神奈川県図書館協会の『神図協会報』No.232には、二〇一〇年六月現在で、加盟一二八図書館の内四四館が独自のマスコットキャラクターを持っているとの調査結果があります。

師岡町のトレッサ横浜には、ライオンの「とれおん」がいます。「とれおん」はツイッターも使いこなす進化形のゆるキャラです。

さて、前回紹介した『横浜ウォーカー』2011No.20には、「着ぐるみキャラも多い横浜はキャラクターのワンダーランド！」と記されていました。ゆるキャラは、デザインと名前だけで完成するものではありません。キャラクターの性格付けを明確にしていくと愛着が増しますし、イベント等に着ぐるみで現れると、子供にも大人にも大人気です。港北区外なのですが、筆者のお気に入りは、源氏物語千年紀in湖都大津のマスコットキャラクター「おおつ光ルくん」です。公式ホームページにある、着ぐるみの取扱い説明書がとっても愉快です。

多くのゆるキャラが、港北区をよりいっそう元気にしてくれることを願っています。（二〇一二年二月号）

第一五九回　失敗談　―もうひとつの『港北百話』―

『楽・遊・学』の発行元である区民活動支援センターから連絡をいただき、二冊のファイルを拝見しました。『「古老を囲んで港北を語る」話合（はなしあい）記録及び八ミリ撮影箇所一覧』と、『「古老を囲んで港北を語る」編集委員会（No.2）』の二冊です。「古老を囲んで港北を語る」というのは、昭和四十八年（一九七三）に飯泉（いいずみ）

安一（やすいち）港北区長の発案により、港北区老人クラブ連合会と港北区役所が主催した地域座談会です。その成果は、『港北百話』という本にまとめられ、昭和五十一年（一九七六）三月に刊行されました。『港北百話』はこの連載でもよく引用していますが、二冊のファイルは、その座談会開催から本にまとめるまでの記録資料でした。手書きメモなどは判読できない部分もありますが、研究者にとっては、座談会の発言記録はそれぞれの発言者の名前と話した内容が分かるので、実は完成した本よりも貴重なのです。

このファイルを拝見したことで、少し以前に、「港北百話」という新聞連載を見たことを思い出しました。「横浜七福神」について調べていた時のことです。横浜市内には、横浜磯子（いそご）七福神（一九一八年成立、一九七八年再興）、横浜瀬谷（せや）八福神（一九八三年成立）、横浜金沢（かなざわ）七福神（二〇〇五年成立）、鶴見（つるみ）七福神（二〇一一年成立）など様々な七福神・八福神があります。港北区内の七福神は昭和四十年（一九六五）に誕生し、当初は「横浜港北七福神」と呼ばれていましたが、昭和五十二年（一九七七）に「横浜七福神」と改称して現在に至っています。港北の「横浜七福神」は、横浜市内では戦後最初に創られた七福神であり、「横浜七福神」を名乗ったことから、その後に創られた他地域の七福神は、「横浜〇〇七福神」などと呼ぶことになったのでした。

このように、横浜七福神は歴史が古いのですが、公開されている関連資料が少ないので、筆者には、成立当初のことや改称の経緯など詳しいことが分かりませんでした。いろいろと考えた末に思いついたのが新聞の調査です。七福神のご開帳は毎年元旦から七日までですから、年末年始の新聞記事を調べました。横浜港北七福神が結成された頃、港北区には『横浜港北新報』（後に『横浜緑港北新報』と改称）という地域紙があり、毎週一回木曜日に発行されていました。調べてみると、昭和三十九年（一九六四）七月十六日号には、後に七福神結成のきっかけとなる菊名弁財天（きくなべんざいてん）の修築が済み、お祭りが行われたとの記事がありました。さらに同年八月六日号には奉賛会（ほうさんかい）が結成されたことと、弁財天の縁起が記されていました。昭和四十一年一月一日号は、第一面のほぼ全てが横浜港北七福神の特集記事になっていました。

続いて、横浜七福神への改称について調べていたところ、探していた記事は見つからなかったのですが、偶然にも、『横浜緑港北新報』昭和五十二年（一九七七）一月十三日号に、港北百話第四一回「綱島の桃」という連載記事を見つけたのです。その時は、調査目的が違っていたので、そのままになったのですが、今回ファイルを拝見したことから、本とは別の港北百話があることは、「わがまち港北」の面白いネタになりそうだと思って、新聞を第四一回から調べ直してみました。「港北百話」の連載はほぼ毎号掲載されていました。昭和五十二年九月十五日の第七二回「昔あった寺院」の記事には、文末に「港北百話連載を終ります」と書かれていました。「港北百話」の連載は、実は一〇〇回ではなくて、それより二八回も少ない七二回で終わっていたのです。何とも中途半端です。

不思議に思い、第四一回より前に遡って調べました。そうすると、第一回は昭和五十一年四月十五日号の

「寺社にまつわる話」でした。第一回の文末には、「「港北百話」は港北区老人クラブの人たちが、古老から聞いた話をまとめたもので、本号から転載します」と書かれていました。そこで、『港北百話』と比べてみると、なんとなんと全く同じ文章ではありませんか。「下田(しもだ)の回り地蔵」から始まり、「昔あった寺院」まで、一冊丸ごと約三〇〇ページの内、図表や写真などを除いた全ての文章を七二回(欠番があるので、実際は六六回)に分けて、ほぼ本のページ順に転載していたのです。

百話とは〝たくさんの話〟という意味であり、『港北百話』の本も、実をいうと全百話で構成されているわけではないのですが、新聞連載の「港北百話」が、中途半端な七二回で終わってしまった理由は、本を一冊まるごと引用し終わったためだったのです。『横浜緑港北新報』の読者は、本を買わなくても読破できたのでした。新聞への転載が許された経緯は不明ですが、なんともおおらかな話で、今ならとうてい考えられないことです。

期待はずれにがっかりしましたが、本と同文であることに最初に気づかなかった筆者の不明を恥じるべきかも知れません。調査がいつも良い成果を生むとは限らないという教訓になりました。今回は失敗でした。

しかし、思わぬ収穫もありました。「港北百話」連載の前は、「郷土誌田奈(たな)の巻」が連載されており、さらにその前は、地域のお寺や神社の由緒を、それぞれの住職や宮司が書いていました。いずれ役に立ちそうです。

(二〇一二年三月号)

第一六〇回　地上の桃源郷　―県下四五名勝・史蹟投票―

平成二十四年（二〇一二）三月十一日、第一六回綱島桃まつりが開催されました。お祭りの中で、桃源郷の話が出たので、帰りに、市民の森から綱島公園を抜けて、桃雲台へ上ってみました。東横線と綱島街道にはさまれた小高い丘です。街道沿いの歩道から、急勾配の石段を一〇二段上ると、鳥居や石碑などがあるだけの小さな広場があります。かつては、南・北綱島村の鎮守神明社があった場所です。現在は樹木や笹が生い茂っていますが、綱島の桃栽培が盛んだった大正から昭和にかけては、ビューポイントとして評判を呼んだ場所です（第九九回参照）。最盛期の綱島には二〇ヘクタールを超える桃畠があり、一面に桃の花が咲き乱れると、「これから春三月、うす紅のヴェールに包まれた桃源の里、夢の綱島」「価一刻超千金」（昭和十一年二月七日付け『横浜貿易新報』）と謳われるほどの景勝地でした。

この桃雲台を一躍有名にしたのが、『神奈川新聞』の前身である『横浜貿易新報』が、昭和十年（一九三五）に創業四五周年と新社長就任の記念事業として実施した、県下四五名勝・史蹟投票でした。県下四五名勝・史蹟投票については、百瀬敏夫さんが『市史通信』第六号に、相澤雅雄さんが『タウンニュース』緑区版「緑区域の歴史をつむぐ」第二三～二五回で詳しく書かれているのでご覧ください。

さて、投票は九月五日から十月五日までの一ヵ月間で、毎日その日の午後五時までに受け付けた投票用紙を集計して、翌日に速報記事が紙面を賑わしました。九月六日の第一回集計結果では、「宣戦（せんせん）の烽火（のろし）挙（あ）がり登場の名勝史蹟　震生湖（しんせいこ）、桃雲台、衣笠城跡（きぬがさじょうあと）」の見出しが躍り、〝戦意高揚（こうよう）〟が図られています。綱島の桃雲台は三四票で一位タイ、「桃源の夢を楽しましめる市内綱島の桃雲台（神明山（しんめいさん））」と紹介されています。ちなみに、小机の小机城址（こづくえじょうし）は一四票で一一位タイとなっていました。

桃雲台（大正12年２月18日、池谷陸朗氏撮影）

県下各地の候補地は、最終的には三三三ヵ所になり、総投票数も四五九万九六五八票に上りました。得票数の少なかった候補地は新聞紙上に取り上げられなかったのでその全容は不明ですが、現在の港北区域で場所が判明してるのは、綱島の桃雲台、小机城址、綱島温泉、新羽（にっぱ）の亀甲山（かめのこやま）、太尾（ふとお）の文殊菩薩堂（もんじゅぼさつどう）、新吉田（しんよしだ）の若雷（わからい）神社（じんしゃ）の計六ヵ所です。桃雲台と綱島温泉は、当初は別々でしたが、九月十一日からは併（あわ）せて一つの候補地として集計されたようです。太尾の文殊菩薩堂は、九月十日に一度登場するだけですが、「北条早雲寺本尊」と書かれていますので、龍松院（りゅうしょういん）のことです。

投票は、新聞に印刷された投票用紙を切り取って使うことになっていました。各地で組織票が大量に投じられ、順位を左右していきます。桃雲台では、九月十三日の二二二票が翌日には一気に三、四三〇票となり、二十九日の五、八九七票が翌日は一〇、五一三票、最終日にはなんと一日だけで約三六、〇〇〇票も集まっています。最終結果は、桃雲台が二六位（五九、三七四票）で、若雷神社は二九位（四六、七九九票）で四五撰に入選しています（第八九回参照）。亀甲山は六八位（二二、四六一票）、小机城址は七四位（一、七六六票）でした。小机城址と亀甲山は、四五〇年ほど前に矢野兵庫助と太田道灌が敵味方に分かれて戦った場所ですが（第四回参照）、ここでも相争って、今回は太田道灌の亀甲山が勝つのではなく、共倒れになってしまいました。鶴見川をはさんだ対岸ですから、新羽新道の開通・拡幅（『港北百話』参照）の時のように、新羽と小机の力を合わせて一つの候補地として戦っていれば、入選出来たかも知れません。

投票をさらに盛り上げるため、九月二十日からは、名勝を詠んだ俳句や川柳の募集も始まりました。各地からなんと二二、九四三句が集まり、十二月十六日の紙面で入選句が発表されました。推薦句を紹介しましょう。

　暁けうつる　温泉宿や　桃の花霞　　森田楓葉

桃雲台から早春夜明けの綱島を見下ろして詠んだ句でしょう。町全体が桃色に染まって見えたという、桃雲台の名前の由来を詠み込んでいます。

　花咲くや　温泉の里つなぐ　橋一つ　　青木玉振子

綱島温泉は、最初に樽村で発見されたので、温泉宿も大綱橋をはさんで綱島側と樽側にありました（第六二回参照）。桃雲台から鶴見川の対岸の温泉宿を遠望しながら詠んだ句でしょう。漢字の読みが違っていたらお教えください。

さて、当選した四五ヵ所には、本社から「祝賀訪問隊」として、記者、写真班、俳句・川柳の審査員らが日産の「ダットサン」四台に分乗して巡歴しました。桃雲台には、十月二十三日午前九時に、その後九時半には若雷神社にやって来ました。

綱島では、地域の代表や、商売の各組合長、温泉旅館の主人等が出迎え、桃雲台の上で、綱島温泉の発展を喜び合いました。若雷神社では、氏子総代や新田村助役、駐在巡査、青年団支部長等五〇余名が出迎えたことが、記事になっています。また、当選した四五名勝史蹟は、新聞紙上で順次写真付きで詳しく紹介されていきました。桃雲台は、昭和十一年二月七日、若雷神社は二月十三日に紹介されています。

三・一一から一年が経過しました。綱島が、港北区が、そして日本、世界が、桃源郷になれますように…。

（二〇一二年四月号）

第一六一回　あたかも闇夜のごとし

—若雷神社縁起—

前回紹介した県下四五名勝・史蹟投票で二九位に入った新吉田の若雷神社は、昭和十一年（一九三六）二月十三日の『横浜貿易新報』で詳しく紹介されました。その一部を引用しましょう（少し読みやすくしました、以下同様）。

> 鶴見、神奈川臨港の工場地帯を臨む高台—都筑郡新田村吉田広地の真っ只中に、そびえ立つのが由緒を誇る村の鎮守若雷神社だ。一、〇〇〇年も年経たりといわれる周囲一丈八尺（約五・五メートル）の古松・老杉がこんもりと繁って、翻然襟を正す神域は、はるかの石段から境内まで村の学童や青年達の手で掃き清められ…

若雷神社が鎮座しているあたりの丘を字「宮之原」といい、南東に開けた景勝地です。

由緒書によれば、若雷神社は、清和天皇（在位八五八〜八七六年）の頃に京都上賀茂神社の別雷命を勧請したもので、武蔵国と常陸国の二ヵ所に建てられた神社の内の一つとされています。六国史の一つ『日本三代実録』貞観六年（八六四）七月二十七日条に、武蔵国若雷神を従五位上に叙したとの記述があることから、これが新吉田（吉田村）の若雷神社であるといわれています（別の説もあります）。『新編武蔵風土記稿』では、「鎮座の年歴を伝えず」と書かれています。祭神が「別雷命（若雷命ともいう）」であることから、かつては雷電様、雷電社の名で呼ばれていましたが、明治五年（一八七二）に若雷神社と改称しました。

明治四十一年（一九〇八）に村内の一五社を合祀しますが、この時の神主が以前に紹介した土岐源三郎です（第一四一回参照）。

以前の社殿は寛政十年（一七九八）に建てられたもので、関東大震災で一部倒壊したのですが、それを修復して使用していました。しかし老朽化し、昭和四十七年（一九七二）に再建したものが現在の社殿になります。

「銀行」の屋号で知られる加藤家（第一四八回参照）には、寛永五年（一六二八）七月の年記がある「若雷神社縁起」が伝えられています。それによると、元弘三年（一三三三）は正月から五月まで関東は大干魃に見舞われていました。そうした中で、新田義貞が護良親王を奉じて鎌倉の執権北条高時を討たんと上野国新田荘（現、群馬県）で挙兵します。鎌倉を目指して進軍する義貞軍は、吉田村にさしかかった時、水不足による疲労から動けなくなりました。義貞は、村人から雷神を祀る若雷神社のことを聞き、雨乞いの祈祷をしたところ、神雨が降りました。その時の様子を、次のように記しています（原漢文）。

> 二十八日未刻（十四時頃）、一点の墨雲乾（北西）の方に現れ、瞬間にして虚空（大空）の中に充満し、あたかも闇夜のごとし。轟雷天地に響き、電光闇中を貫き、雨勢篠を突く。この時数万の兵歓喜に堪えず、相い共に鬨声す（叫び声をあげる）。

こうして力を盛り返した義貞軍は、ついに鎌倉を攻め落としました。

当時、この辺りはイネ科の多年草である葭が群生していたことから、ヨシダは「葭田」と書いていましたが、新田義貞が、とてもめでたいことなので「葭（アシとも読む）」ではなく「吉」だと言って、以来「吉田」と書くようになったという伝承を記しています。

吉田という地名の由来について、藤澤三郎は『吉田沿革史』の中で、（新田義貞とは関係無く）「葭」は画数が多いので、画数が少なくて書きやすい上に目出度い「吉」の字に改めたのではないかという推測をしています。

また別の説では、山城国の吉田神社から土地神の雷神（由緒書では春日大明神）をこの地に勧請したことから、地名を「吉田」としたという説もあります。

吉田が新吉田となった経緯については第五三回で書きましたが、吉田村は新羽村・高田村と共に明治二十二年（一八八九）から昭和十四年（一九三九）まで新田村を形成していました。通説では、「新田」は三村の名前の一部を集めて作った自治体名といわれていますが、藤澤三郎の『吉田誌』には、新田義貞の故事から、藤澤が「新田」の村名を言いだして、新田に決まったと書かれています。

さて、五月二十一日の朝、太陽が隠れて「あたかも闇夜のごとし」の状況になります。一七三年ぶりの金環日食です。国立天文台によると、その中心線が若雷神社の少し北側、第三京浜都筑インターから下田小学校のあたりを通るようです。晴れれば、区内全域で綺麗な金環日食が観測できます。楽しみですね。

（二〇一二年五月号）

第一六二回　みんなで楽しい子育て

横浜市の人口は、戦後一貫して増加してきました。市の推計によると、今後もしばらくは増加し、市全体としては二〇二〇年に、港北区は二〇四〇年にピークを迎えると見込まれています。しかし、すでに人口減少に転じた区もありますし、四月の新聞報道では、市の総人口が減少に転じるのが少し早まりそうだとの観測がなされています。ただし、港北区は転入者も出生も多く、まだしばらく増加傾向が続きそうです。

かつての港北区域は農村地帯でした。大家族が当たり前だった頃は、両親が野良（のら）仕事をしている昼間、小さな子供の世話をするのは祖父母の役割でした。しかし、田植えなどの農繁期は家族全員で田に出ましたから、お寺に臨時の託児所を開設したこともありました。たとえば、新吉田の浄流寺（じょうりゅうじ）に開設されていた託児所の、昭和初期の写真が残されています。

核家族化が進んだ現在でも、子供を育てるのは親だけではありません。祖父母に代わって、地域の大人達が、子育て支援に大勢係わっており、行政もそれを支援しています。転入してきた方は、慣れない土地での子育てに奮闘することになりますし、長く住んでいても、核家族化により、子育ては大変になっています。そうした人たちを支援する団体や場所があります。

たとえば、横浜市は、未就学児やその保護者が遊んだり交流するスペースとして、平成十八年（二〇〇六）から地域子育て支援拠点を各区に設置しています。そのモデル事業として最初に開設されたのが、大倉山三丁目の「どろっぷ」です。どろっぷには、平成二十三年（二〇一一）十月十四日に野田佳彦総理や蓮舫大臣も視察に訪れています。

どろっぷでは、小児救急にまつわるエピソードを盛り込んだ『ココめ～る川柳カルタ』を三月に作りました。「き　休診日　熱出し相談　＃七四九九」、＃七四九九は横浜市小児救急の相談ダイヤルです。いざという時に役立つ情報が、カルタ遊びをしながら覚えられます。

どろっぷを運営しているのが、NPO法人びーのびーのです。平成十二年（二〇〇〇）にNPO法人となり、この年から菊名で「おやこの広場」を開いています。NPO法人びーのびーのが二〇一一年十二月に発行した『びーのびーのおでかけマップ』は、タイトルがマップとなっていますが、子育てに関する各種情報がてんこ盛りで、役立つ本です。同じく、びーのびーの制作の『ココマップ』（港北区社会福祉協議会発行）も最近新しくなりました。

浄流寺農繁期託児所（昭和初期）

筆者がイクメン（子育てパパ）となった一五年前は、インターネットを通じて子育て情報を得ることは考えつきませんでしたが、港北区子育て応援メールマガジン「ココめ〜る」に登録すると、子供の年齢や住んでいる地域に特化した情報が定期的に配信されます。また、港北区役所のホームページには、「港北元気っ子育て情報」のページがあり、実にたくさんの情報が掲載されています。たとえば、その中の「パパのお留守番サイト」には、電子レンジだけで作れるお椀一杯のみそ汁など簡単料理のレシピまであって、ちょっと感動ものです。お留守番パパだけでなく、少人数世帯ならいつでも役立ちそうです。

さて、昔なら、地域の民話や昔話を祖父母が聞かせてくれたのですが、今では、おはなし会があります。四月二十二日、菊名地区センター前の広場に、講談社主催の「本とあそぼう全国訪問おはなし隊」のキャラバンカーが来ました。当日は、今にも雨が降り出しそうでしたが、広場に止まった車の前に広げられたシートには、たくさんの親子が集まって、楽しそうに絵本を読んでいました。筆者も、トラックに積んである五五〇冊の絵本から、浜田桂子（けいこ）『ぼくのかわいくないいもうと』を読みました。その後、菊名地区センターで開かれたおはなし会も、座る場所が足らなくなるほどの盛況でした。最初は騒がしかった会場が、絵本を開きおはなしを始めたとたんに、静まりかえり、子供たちが食い入るように集中したのは驚きでした。小さな子供向けの絵本が、実は大人でも楽しいことを再発見。キャラバンの隊長が、「ずっと本が好きなお友達でいてくださいね」と挨拶していましたが、最近趣味の読書をしなくなった筆者も、ちょっと心動かされました。

港北図書館でも、「一土のおはなし会」「えいごdeおはなし会」「紙芝居の日」など様々な企画をしています。おはなし活動（素ばなし、紙芝居、読みきかせなど）をしている人たちが交流する、港北おはなしネットワークも動き出しました。最近新店舗へ移転した日吉の「こどもの本のみせ　ともだち（通称、ともだち書店）」は、絵本児童書の専門店で、読み聞かせボランティア用の貸出コーナーもあります。

地域の子育て支援活動を上手く利用すれば、もっと楽しい子育てが出来そうです。（二〇一二年六月号）

第一六三回　下田の自然と幻の新幹線計画

下田町の田邊泰孝さんが、自伝『陰徳積めば陽報あり』（非売品、港北図書館にあります）を出版されたとの情報を、同じ町内の金子郁夫さんから教えていただきました。田邊泰孝さんは、真福寺の檀家総代、下田神社の氏子総代、横浜市港北消防団長なども務められた方で、副題に「地域と共に歩む」とある通り、地域の歴史もたくさん語られた興味深い本です。そこで、金子さんにご案内いただき、田邊さんからお話を伺いました。

かつての下田町は、大自然の中にありました。昭和二十五年（一九五〇）頃の家数は三五軒で、大半が農家でした。大正十年（一九二一）生まれの田邊さんは、駒林尋常小学校（現、日吉台小学校）に通い、メンコや独楽(こま)回し、たこ揚げをして、魚や蛙を捕まえたり、ホタルを追う少年時代を過ごしました。聞き取りに同席された田邊光彰(みつあき)さん（彫刻家として有名）によると、下田でホタルが見られたのは昭和三十年（一九五五）頃までだったそうです。

下田に本格的な開発の波が押し寄せるのは、日本住宅公団の日吉団地六六三戸（下田町四丁目辺り、現サンヴァリエ日吉）が昭和三十二年（一九五七）に完成した頃からです。一挙に町の人口が二十倍近くになったのです。それからは、田畑が次々に住宅地へと変わっていきました。下田町は、南側と北側が尾根になっており、中央部の低地を「松の川」が流れていました。その松の川も汚れて、埋め立てられました。開発が進み、平成二十四年（二〇一二）五月末現在の下田町の人口は、五、九一六戸、一三、二五八人となっています。農地や森林の多くは宅地となり、わずかに残る下田神社から真福寺に至る緑地が貴重になっています。田邊さんのお宅もその一角にあります。お話を伺った帰りに、よく手入れをされた竹林でタケノコを掘らせていただきました。

田辺泰孝さん

さて、田邊さんの本の中に、幻の新幹線ルートの話（第一三一回参照）を見つけました。下田町の開発が始まった昭和三十年代のことです。

東海道新幹線の線路は、東京から多摩川を渡って武蔵小杉のあたりでS字を描いて新横浜へ向かっていますが、当初の計画は、多摩川から直進して、下田町の下田神社（当時は熊野神社）の辺りを抜けて、日吉本町の日吉南団地のあたりで東へカーブして、日吉駅と綱島駅の中間あたりで東横線を跨ぎ、そこから南西にカーブして大倉山駅のあたりでもう一度東横線と交差するルートでした。港北農協で開かれた説明会に出席した田邊さん達は、その設計図を見せられました。下田町や日吉本町の人たちは、町を二分する計画に大反対でした。昭和三十五年（一九六〇）三月二十九日のことと思われますが、参議院運輸委員会でこのルートに関する質疑があるというので、下田町と日吉本町の自治会有志と傍聴に行った話まで詳しく記されています。東横線と交差する大倉山駅に新幹線の新駅（新横浜駅）を造る話もあったようです。詳しくは、港北図書館で本をお読みください。一時は、転居先まで探した田邊さんですが、ルートが現行のように決まり、下田町は二分されずに済み、下田神社周辺の緑も残りました。

田邊さんからは、まだまだ多くのお話を伺いました。いずれ回を改めてご紹介いたしましょう。

さて、この東海道新幹線建設計画ですが、その淵源は昭和十四年（一九三九）に始まった通称「弾丸列車計画」にあります。これは、東京・下関間に新ルートで高速の新幹線を建設するというものです。全一八駅で、起点となる東京駅（場所は未定）の次が、新横浜駅です。『鉄道技術発達史Ⅰ』によると、「横浜線菊名駅付近を選定することにした。築堤式高架駅とし現在線及び東京急行との連携を図り、昭和十五年十一月計画稟申があったが新東京駅との関連があるので保留となった」と記されています。世が世なら、横浜線菊名駅の上に新幹線の新横浜駅が造られていたかも知れないのです。
弾丸列車はさらに気宇壮大で、対馬海峡に海底トンネルを掘り、朝鮮半島から北京へ、さらには中央アジアを横断してヨーロッパへと続く大計画も構想されました。国内部分の計画はかなり具体化されており、用地買収も進んでいたといいます。港北区内で戦前に用地買収されていた土地はあったのでしょうか。ご存じの方がおられたら是非教えてください。戦争で中断したこの弾丸列車計画を、戦後に復活させたのが東海道新幹線です。

（二〇一二年七月号）

付記　田邊泰孝さんは、平成二十五年（二〇一三）十一月十五日に逝去されました。謹んでご冥福をお祈りいたします

第一六四回　海軍気象部と横浜大空襲　―終戦秘話その一五―

平成二十四年（二〇一二）二月、日吉台地下壕保存の会主催の「日吉をガイドする講座」で、戦時中に大倉山記念館（旧大倉精神文化研究所本館）へ移転してきた海軍気象部分室について話をする機会を頂きました。その講座の直前、時を同じくして、樽町の鈴木惠子さんから、気象部分室が大倉山に移転する際、無線機を運んだ江田常雄さんという方が大曽根にいらっしゃるという情報を教えて頂き、江田さんにお話を伺いました。

江田さんは築地にあった海軍の水路部に入部して、海南島(かいなんとう)で二年を過ごして帰ってきた後、海軍気象部に転属になったそうです。無線係だった江田さんは、大倉山に分室が移転する際、東京からトラックで無線機を運び、その据え付けを担当しました。大倉山の坂は急な坂で、ツルツルしてどうしようもないところをやっとのことで上げたのを覚えているとのことです。ただし、江田さんは大倉山の分室では勤務をしておらず、気象部時代に大倉山へ来たのは、無線機の据え付けをしたその一日だけでした。大倉山へ来た日にちについてはご記憶にないとのことでしたが、研究所の日誌を見ると、昭和十九年（一九四四）五月十九日から二十四日の間、気象部員が研究所に来て、機械の搬入や取付作業、工事等を行ったことが書かれています。江田さんが来られたのも、この間のことだったのではないかと思います。そして終戦を迎えた後、昭和二十三年（一九四八）に、江田さんは大倉山記念館にほど近い大曽根で、電気屋さんを開業しますが、それは全くの偶然だったそうです。江田さんからは、他にも戦後の大倉山や大曽根について興味深いお話をたくさん聞かせて頂きましたので、いずれ機会を改めてご紹介したいと思います。

江田さんには、旧海軍気象部に関する様々な資料も見せて頂きました。その中に、海軍気象部関係者の同窓会「青空会(あおぞらかい)」が作った『記録文集あおぞら』があります。文集は全五集で、大倉山分室について触れた文章も数篇載っています。その中の一つに、第四集に掲載された吉野町子さんの回想録があります。吉野さんは、女子挺身隊(じょしていしんたい)として気象部に配属され、昭和二十年（一九四五）三月から終戦後の九月まで大倉山で勤務していました。吉野さんの回想録には、昭和二十年五月二十九日、横浜大空襲当日の様子が書かれていますので、その一部を引用します。「昭和二十年五月二十九日（火） 大倉山の分室に着いた途端に空襲警報、地下に待避、もう終りと思う頃に落下音、伏せていた身体を起こして消火にかかる、まごつきながら毛布を濡らす作業を手伝う。火も消え全員整列、各階に配置、医務室に配置されて間もなく玄関前に山の下の民家から怪我人が運ばれて来る。子供の泣き声、ねかされたまま動かぬ人、云々。 此の日の日記の一部です。私の見た戦争です。緊張に怖さが手伝って、震え乍ら医薬品を運ぶのが精一杯だった事を覚えています。」

横浜大空襲の際、研究所に命中した焼夷弾を消火した話は、研究所の日誌にも記されています（第三三回参照）。また、この時、大倉山で戦災に遭われた鋤柄敏子さんは、『横浜の空襲と戦災一 体験記編』で、たんかに乗せられて精神文化研究所にかつがれていったと記しています。そして大倉山の気象部にいた吉野さんの回想、期せずして揃った三つの記録からは、大空襲の時の様子や心情が生々しく伝わってきます。

『記録文集あおぞら』は、戦後解体し、人々の記憶の中にあるだけとなってしまった海軍気象部の業務のことや、戦死した先輩や同僚のことを、記録に残していくために作られたものでした。また、文集の発行を通して記憶を呼び起こし、記録に残していくのは、「任務のため散華された海軍気象関係者の冥福を祈る、私たちのささやかな具体的な行動の一つであると考えるから」だと、第一集のあとがきに書かれています。まもなく六七回目の終戦記念日を迎えます。記憶も記録も残す努力がなければ失われていきます。平和な未来を築いていくために、今を生きる私たちが出来る「ささやかな具体的な行動」は、戦争の記憶と記録をしっかりと引き継いでいくことではないでしょうか。

さて、江田さんにお話を伺った後に行われた講座は筆者にとって悲喜交々なものでしたが、「喜」の部分として、講座に来て下さった方に教えて頂いた情報から、大倉山の海軍気象部や日吉の海軍施設について新たな発見がありました。その話は次回に…。

付記　これまで「わがまち港北」の連載は、平井誠二が担当してきましたが、今回は林宏美さんが執筆しました。平井には書けない話を、これから時々林さんに執筆していただきます。ご期待ください。

（二〇一二年八月号）

第一六五回　海軍水路部の疎開　―終戦秘話その一六―

先月号で紹介した「日吉をガイドする講座」（日吉台地下壕保存の会主催）では、海軍気象部について詳しい方が大勢来られ、さまざまな情報を教えて頂きました。

情報のひとつは、海上保安庁の海洋情報部に、戦時中に大倉山へ水路部の資料を疎開（そかい）したことが書かれた文書があるというものでした。海洋情報部は、文字通り海洋情報の調査・提供を任務としている部局で、海軍の水路部を前身としています。海軍気象部はもともと水路部の一部門でしたが、昭和十九年（一九四四）

四月に水路部から独立したものです。

海洋情報部の資料提供窓口である海の相談室へ行ってみると、確かに資料がありました。『参考品目録』は、太平洋戦争の戦況悪化に伴う水路部資料の疎開に関する文書を綴ったものです。その中にある疎開実施の通知を見ると、疎開先として示された場所は「大倉精神文化研究所書庫」となっていました。資料の疎開は昭和十九年十一月と十二月の二回行われ、二六〇点余りの資料が運ばれたようです。

この二回の資料搬入について、研究所の日誌には記述がありません。しかし、終戦後の昭和二十年（一九四五）十月十二日に「水路部千野純彦（ちのすみひこ）氏荷物ノ件ニテ来所」という記載があります。そして同月十五日と翌二十一年一月十四、十六、十七日には、水路部が荷物の搬出を行ったことが書かれています。これらは、てっきり研究所に移転していた気象部分室に関する記述だと思っていましたが、日誌の記述は「水路部 並（ならび）ニ気象ヨリ荷物運搬ニ来（きた）ル」など、水路部と気象部が書き分けられていることに気がつきました。どうやら戦時中の研究所では、気象部の移転とは別に、水路部の資料疎開が行われていたようです。

海洋情報部での発見は、大倉山への資料疎開の話だけに終わりません。気象部分室が大倉山に移転した（第四四回参照）のとほぼ同じ頃、水路部は日吉に分室を設置していました。『慶應義塾百年史』（一九六四年）を見ると、昭和十九年十月一日から工学部ロッカー室一二〇坪を海軍水路部に貸与（たいよ）したことが書かれています。これは『港北区史』にも引用されていますが、日吉の水路部の存在は、他の海軍施設や地下壕の影に隠れてしまってか、これまであまり注目されてきていません。

水路業務一〇〇年を記念して刊行された『日本水路史』（一九七一年）では、日吉の水路部について「一〇月には活版関係を主体とする疎開工場を神奈川県日吉台の慶応義塾校舎内に設け、石木田忠蔵技手（ぎしゅ（ぎて））ほか一七名を派遣して日吉分室と呼んだ」と書いてあります。

日吉分室があったのは、藤原工業大学を前身とする慶應義塾大学工学部の第一三号棟校舎で、ここは機械工学科専用棟でした。場所は、現在の日吉キャンパスの第四校舎B棟のあたりでしょうか。慶應の百年史によると、第一三号棟には更衣室・製図室・青写真室などがありました。ロッカー室は更衣室を指すのでしょう。水路部の移転は、図誌等の印刷・供給に製図室などの設備が使用できると見込んでのことだったのかも知れません。

日吉分室は、昭和二十年四月十五日から十六日にかけての空襲で全焼しています。日吉の慶應はこの時、工学部校舎の八割を焼失しました。『水路部沿革史第四巻』（海上保安庁水路部、一九五一年）には、日吉分室の具体的な被害状況が書かれており、藤原工大第一三号棟校舎（建坪四二二㎡）全焼、焼失資材は活版印刷機三台、附属機械類四台、印刷用紙一五、〇〇〇枚（海上保安庁水路部編の『水路部八〇年の歴史』などでは一、五〇〇枚と記載）、活字約一、〇〇〇貫とあります。しかしこの損害は、水路部の業務には大きな支障を与えずに済んだようです。

港北区域には、日吉の水路部の他に、実態がよく知られていない海軍施設として師岡（もろおか）の海軍省図書庫があります。ここは、『横浜市史Ⅱ』では海軍大学図書庫と書かれています。また、研究所には、封筒の差出人が「海軍施設本部師岡施設工事々務所」「海軍東施第二部隊師岡分遣所（ぶんけんしょ）」などと書かれた図面借用証がありますが、師岡についての情報は多くはありません。この師岡の施設に関しても発見がありました。終戦時に海軍気象部の総務部長兼第一課長で、戦後には残務整理班の班長を務めた大田香苗（おおたかなえ）大佐が残した手記に、師岡のことがほんの少しだけ書かれています。大田氏の手記「海軍勤務回想」は、海軍の気象業務について書かれた唯一ともいえる貴重な資料です。この中には、大倉山気象部と大倉山海軍施設部（港北区師岡町三）にそれぞれ海軍の専用電話線が布設（ふせつ）されたことが書かれています。非常に断片的な情報ではありますが、新しい発見は今後の調査に期待を抱かせます。

　終戦から六七年が経過しましたが、まだわかっていない事が沢山あります。しかし知られていない資料や活用されていない資料もそれと同じぐらい沢山ありそうです。さらなる事実の解明と新資料の発見を願いつつ、筆を擱（お）きます。

（二〇一二年九月号）

第一六六回　舞台は大倉山記念館　―その二―

「梅ちゃん先生」と「負けて、勝つ ～戦後を創った男・吉田茂～」、共通点は何でしょうか。共にＮＨＫ

のドラマですが、もう一つ共通していることがあります。共に大倉山記念館で撮影が行われたということです。あっ、もう一つ、渡辺謙・南果歩（みなみかほ）夫妻の出演も…。

第四五回にも書きましたが、大倉山記念館では、テレビ・映画・雑誌などの撮影がよく行われています。なぜでしょうか。公共施設なので利用料金が安い、山の上でなおかつ周りを木立に囲まれていて余計な写り込みが少ない、東京から近い、などなど撮影に有利な条件が揃っているようです。これまでの撮影については、「大倉山記念館とドラマロケ」と題して、神奈川新聞社の雑誌『横濱（よこはま）』VOL.32に書きましたのでご覧ください（本書の「おまけ」に転載しました）。

その時は知らなくて、書けなかった追加情報を一つ。昭和五十九年（一九八四）に大倉山記念館としてオープンしてからは、数多くの撮影が行われてきましたが、研究所の本館時代に撮影されたことは無いと思っていました。最近になり、唯一見つけたのが映画「エスパイ」です。この映画では、研究所本館（大倉山記念館）が、若山富三郎の演じる、世界征服を企む悪の組織の首領が住む本拠地という設定になっています。映像からは、傷んだ建物や前庭の荒廃的な雰囲気が伝わってきます。当時、近所の子供たちから「化け物屋敷」と呼ばれていた研究所本館にふさわしい設定です（苦笑）。研究所の処務日誌を見ると、昭和四十九年（一九七四）十一月十四日の午後一時から五時の間、東宝映像株式会社（現、株式会社東宝映像美術）が撮影を行ったことが記されています。

「エスパイ」は、藤岡弘、由美かおる、草刈正雄、加山雄三ら豪華俳優陣が出演し、海外ロケまでした大作で、昭和四十九年（一九七四）十二月に公開されますが、なんと同時上映が山口百恵の初主演映画「伊豆の踊子」でした。私たちの記憶に残っているのは圧倒的に「伊豆の踊子」ですが、当時はどちらがメインだったのでしょうか。

梅ちゃんベンチ（左側）

　さて、大倉山記念館は、平成二十四年（二〇一二）六月から十一月末まで屋根の葺き替えと外壁の補修工事をしていますので、この間撮影は出来ませんが、以前に撮影されたドラマが立て続けに放送されました。

　一つが、九月末まで放送されていたNHKの連続テレビ小説「梅ちゃん先生」です。撮影は、六月二日の夕方から深夜まで行われ、八月三日（金）に放送されました。信君（のぶくん）が梅ちゃんにプロポーズする重要な場面で、大倉山記念館西側の入り口前が北品川の警察署の設定で使われていました。ちなみに、街灯は小道具ですが、梅ちゃんの座っていたベンチは本物です。デートやプロポーズに使ってみませんか。

同じくNHKの、土曜ドラマスペシャル「負けて、勝つ ～戦後を創った男・吉田茂～」は、四月四日の撮影でした。俳優の渡辺謙が吉田茂に扮していました。渡辺謙も撮影スタッフも知らないと思いますが、本物の吉田茂が大倉山に来たことがあります。吉田茂は、昭和三十六年（一九六一）九月、大倉精神文化研究所を参観することを大倉邦彦と約束していました。ところが、大磯の自宅の改修が遅れたために、直前になり、訪問を十月に延期して欲しい旨の自筆の手紙を出しています。その手紙が研究所に残っています。そして、十月十四日に研究所に来ました。

吉田茂がなぜ大倉山に来たのか、じつはよく分かりません。しかし、二つの説が考えられます。

（一）昭和三十四、五年頃、大倉邦彦は、東亜同文書院卒業生が組織した母校再建委員会の、委員長をしていました。委員会は、終戦と共に廃校となった母校を、国内に再建しようと考え、活発な活動をしていました。その中には、大倉山を大学予定地にするという案もありました。大倉邦彦は大反対でしたが。委員会では、時の政治家に依頼して、学校法人認可の口利きをしてもらおうともしました。その政治家の一人に吉田茂の名が上がっていました。しかし、それなら、大倉邦彦が吉田茂に会いに行くのが筋ですし、委員会は昭和三十五年（一九六〇）春に解散していますので、これではないでしょう。

（二）総理大臣を退任した吉田茂は、昭和三十四年から伊勢の皇學館後援会の会長を務めていました。その吉田茂を総長として、皇學館大学が昭和三十七年に、私立の新制大学として開校します。この時、大倉邦彦は皇學館大学の顧問に就任していますので、皇學館大学開校に関する話をするために、吉田が大倉山を訪れたのかも知れません。

さて、研究所の日誌によると、吉田茂は二時間半ほど滞在し、館内を見学し大倉邦彦と話をしたようです。その建物で吉田茂のドラマを撮影することになるとは、偶然ですが、不思議な縁です。

（二〇一二年十月号）

第一六七回　港北区内の名僧・学僧　―その一、印融と釈興然―

港北区内には多くの寺院があり、そこからは数多くの名僧・学僧が生まれています。

最も有名な学僧は、鳥山町三会寺の印融法印でしょう。永享七年（一四三五）に、現在の緑区三保町の辺りで生まれ、長禄三年（一四五九）に三会寺第四世住職の賢継から真言密教の「許可之密印」を受け、翌年には三宝院流道教方を伝授されています。印融は、一時高野山の無量光院に入り修業しますが、関東地方で東密（東寺密教）が衰退していることを憂えて、三会寺に帰り第七世住職となります。印融は、東密布教のために、牛に乗って関東各地を歩き回り、荒廃していた寺院を再興し、数多くの弟子を養成しました。牛の背には小さな机をくくり付けてあり、移動しながらも勉強していたその姿は、没後も永く関東の僧侶に慕われたと伝えられています。

牛に乗る印融

印融は、六〇種類以上二〇〇巻をこえる著作や書写本を残しています。なかでも鎌倉時代の百科事典『塵袋』の写本は、国の重要文化財に指定されてます。印融は、その人格・学識から、弘法大師空海の再来とまで称せられましたが、永正十六年（一五一九）に八五歳で亡くなりました。三会寺と観護寺（緑区）にお墓があります。

三会寺には、日本仏教史に特筆すべき業績を残した名僧がもう一人います。第三五世住職釈興然です。

釈尊（お釈迦様）に始まる仏教は、釈尊の入滅（死去）後、大乗仏教と上座部仏教（近年は小乗とは言いません）の二系統に分かれました。日本へは、中国・朝鮮半島を経由して大乗仏教だけが伝わりました。しかし、日本人として初めて上座部仏教の比丘（僧侶）となり、日本に上座部仏教を伝えたのが、釈興然なのです。

釈興然は、嘉永二年（一八四九）に出雲国（島根県出雲市）に生まれ、明治十五年（一八八二）に三会寺の住職となります。明治十九年にセイロン（スリランカ）へ渡り、明治二十三年には日本人として初めて上座部仏教の正式な僧侶（比丘といいます）になりました。この間、明治二十一年（一八八八）には、ドイツ留学から帰国の途にあった森林太郎（鷗外）がセイロンに立ち寄り、当時の首都コロンボで釈興然と会い、同郷の出身であることを知り、その求道精神を讃える三篇の漢詩を贈ったという故事も伝わっています。

明治二十六年（一八九三）に帰国した釈興然は、三会寺を拠点として、上座部仏教を日本に広めるため、「釈尊正風会」を組織します。林董（後の外務大臣）が会長となり、高楠順次郎（仏教学者）、加藤玄智（宗教学者）、田中義成（歴史学者）、南条文雄（仏教学者）、上田萬年（国語学者）、澤柳政太郎（教育者）、三上参次（歴史学者）、白鳥庫吉（東洋史学者）など数多くの名士が名を連ねました。

三会寺に帰った釈興然の元には、パーリ語（教典に使われている古代インドの言語）や上座部仏教の経典、インド事情などを学びたいと、全国各地から僧侶が集まりました。そうした人たちに対して、釈興然は三会寺を開放して、全くの無報酬で寝食を提供しました。三会寺に寄宿していた僧侶の中には、後に「近代日本最大の仏教者」と称される鈴木大拙や、チベット探検で有名になる河口慧海といった人たちもいました。また、セイロン（スリランカ）、インド、ビルマ（ミャンマー）などの国々からの訪問客も数多く、まるで南アジア文化センターのようだったそうです。

また、明治末年頃からは、三会寺を中心として、橘樹郡・都筑郡・鎌倉郡の三二ヵ寺に、シャム（タイ）の諸寺院から寄贈された金銅釈迦牟尼尊像を分配し、札所巡りも始めました。

釈興然

さて、上座部仏教を日本に広めるためには、日本国内で新たな比丘（僧侶）を養成出来るようにしなくてはなりませんが、その資格は、五人の比丘がいて初めて授けられるという規定がありました。釈興然は、五人の比丘をそろえるために、次々に青年僧をセイロンに派遣しますが、様々な事情で比丘の養成は上手くいきませんでした。大正十三年（一九二四）、釈興然は失意の内に亡くなりました。もし比丘の養成に成功していたら、近代日本仏教史は大きく変わり、鳥山町は日本における上座部仏教の聖地として発展していたかも知れません。

釈興然の弟子分の一人が、伊藤履道（りどう）和尚でした。履道和尚は、明治三十二年（一八九九）四国愛媛に生まれ、二三歳の時に釈興然の指示により池辺町（いこのべちょう）（都筑区）観音寺の住職となりました。その後、昭和九年（一九三四）に新羽町西方寺（さいほうじ）へ転住し、昭和十一年から二十一年まで大綱小学校教諭を兼職し、げんこつ和尚として親しまれました。戦後、伊藤道海（どうかい）と改名し、昭和五十六年に亡くなりました。その履道和尚の子伊藤宏見（ひろみ）氏は印融研究の第一人者で、『印融法印の研究　伝記篇』上・下二冊の大著で知られています。

釈興然から大きな影響を受けた僧侶が、新羽町にもう一人います。その話は、次回に。

（二〇一二年十一月号）

第一六八回　港北区内の名僧・学僧　―その二、平等通照―

前回紹介した鳥山町三会寺の住職釈興然（一八四九～一九二四年）から、大きな影響を受け、パーリ語（古代インドの言語）の研究者になった僧侶がいます。新羽町善教寺の前住職平等通昭です。「びょうどう」という珍しい名字の由来は、著書『鐘は鳴っている』に詳しく記されています。本名は通照、得度して通昭となり戸籍も変更しましたが、本人は通照の字が好きで、晩年には著者名等で通照をよく使っていますので、以下は通照と書きます。

さて、善教寺は浄土真宗本願寺派のお寺ですが、三会寺は真言宗で宗派が違います。しかも、釈興然は上座部仏教の比丘です。一見関係なさそうですが、通照は、著書『仏陀の死』で、釈興然のことを「セイロンの仏寺に長く留学修業し、巴利語を解し、原始仏教々団の黄衣を着し、戒律を堅く保って居られた清僧」と高く評価しています。明治三十六年（一九〇三）生まれの通照は、横浜第二中学校（現、県立横浜翠嵐高等学校）に進学し、小机駅から汽車で通学しましたが、その時、釈興然を見かけました。後に、第一六世住職の父信之に誘われて、三会寺を訪れた通照は、「その時こそ私が原始仏教（南方）根本仏教と堅い絆で結ばれ、巴利語と深い縁が結ばれることになった」（『鐘は鳴っている』）と記しています。

通照は、やがて東京帝国大学文学部梵文学科に入学し、前回紹介した「釈尊正風会」の評議員でもある高楠順次郎から梵文の指導を受け、大学院へ進みます。通照は、釈尊（お釈迦様、ブッダ）の生涯を描いた叙事詩「仏所行讃」の翻訳と研究を生涯の研究テーマとすることになります。

大学院を修了した通照は、研究成果や一般向けの平易な翻訳書を出版しようとしましたが、昭和恐慌の影響を受けて上手く話が進まず、意を決して、自宅を印度学研究所と称して、昭和四年（一九二九）四月八日、釈尊（ブッダ）の誕生日とされる日に、『仏陀の生涯』を自費出版しました。これが最初の著書です。

ちょうどその頃、大倉山では精神文化研究所の建設が始まり、研究員の採用準備が進んでいました。定年退官した高楠博士に続いて、平等通照の指導教官となった木村泰賢教授は、大倉邦彦へ通照の採用を頼んでいましたが、昭和五年に急逝してしまい、通照の研究員採用は実現しませんでした。平等通照は平成五年（一九九三）に九〇歳で亡くなられました。世が世なら、通照は筆者の大先輩となっていたはずであることを思うと、生前お会いする機会に恵まれなかったことは誠に残念です。

平等通照は昭和四年から善教寺第一七世住職となりますが、その傍ら、国府台高等女学校、日本大学、翠嵐高等学校、東京仏教学院等で教鞭も取ります。さらに、自身でも昭和三十七年（一九六二）に新羽幼稚園を設立して、園長として幼児教育にも取り組みました。

そうした多忙な中でも、平等通照は研究を続け、印度学研究所からは三〇冊近い著作を出版することになります。それらの著作は、インド文学やパーリ語の研究書などが多いのですが、その中でも、（一）『我が家の日泰通信』（一九七九年）、（二）『菩提樹の樹陰』（一九八〇年）、（三）『沙羅の林』（一九八一年）、（四）『鐘は鳴っている』（一九八九年）などは、新羽地域の歴史や文化、風俗などの記録として読んでも興味深い本です。

（一）は、昭和十五年から十八年（一九四〇～四三）にかけて通照がタイへ日泰文化研究所長として派遣されていた時の、新羽との往復書簡をまとめた本です。次第に戦争に巻き込まれていく新羽村の様子や、住職不在の善教寺での各種行事、梵鐘供出の様子などが、その時々の手紙から読み取れます。（二）は、新羽幼稚園の季刊誌『菩提樹』に連載した原稿から、寺や宗教・歴史に関係するものをまとめたものです。特に「第三章歴史」は、都筑郡の歴史、善教寺の歴史と歴代住職、幕末明治期の新羽におけるコレラの流行などが記されています。（三）は、同じく『菩提樹』から幼稚園に関する原稿をまとめたもので、昭和三十七年から五十六年まで二〇年間の幼稚園の歩みが分かります。（四）は、家族や自身の子供時代のことを

平等通照とタゴール（1934年４月８日撮影）

まとめたもので、明治期から大正にかけての新羽地域の自然とそこに暮らす人々の姿が、自身の体験を通して生き生きと描かれています。

ちょっと余談ですが、善教寺は室町時代に池辺（都筑区池辺町）の地から新羽へ移転したと伝えられていますが、江戸時代からは境内に教覚寺という小さな寺（寺中といいます）を持っていました。大正十二年（一九二三）の関東大震災で建物は倒壊し、その跡地に新羽幼稚園の最初の本館が建てられました。教覚寺は、その後平成七年（一九九五）に都筑区へ移転しました。第一八世平等勝尊住職から、その本堂のデザインは大倉山記念館のイメージを基にしていると伺いました。

さて、平等通照氏の著作から、岡倉天心に関する興味深い話を見つけましたので、その話は次回に。

（二〇一二年十二月号）

第一六九回　新羽の岡倉天心

あけましておめでとうございます。平成二十五年一月一日は、昔の暦（太陰太陽暦）では、まだ平成二十四年十一月二十日です。今の暦法は明治六年（一八七三）から使用しており、一月一日は西暦でも元号（年号ともいう）でも一月一日ですが、それ以前の暦では、西暦と元号が少しずれていたのです。この暦の違いで、生年月日の表記が難しい人物がいます。平成二十五年（二〇一三）で生誕一五〇年を迎える岡倉天心です。岡倉天心は、明治・大正期の美術行政や美術運動の指導者です。東京美術学校（東京芸術大学）や日本美術院の創立で知られていますし、後にボストン美術館の東洋部長となり、日本美術の紹介に尽くしたことで世界的にも有名です。『茶の本』『日本の目覚め』『東洋の理想』などの著作は今でも読み継がれています。

この岡倉天心は、横浜市開港記念会館がある場所で、幕末の文久二年十二月二十六日に生まれたといわれています。西暦に直すと、一八六三年二月十四日となり、正月をまたいで、年が違ってしまいます。

さて、岡倉天心は、母親と明治三年（一八七〇）に死別しました。翌明治四年、満九歳の時に、父親が後妻を迎え、それを機に里子へ出されます。岡倉天心の全集や伝記、研究書を読むと、最初に大谷氏のところへ、その後神奈川区新町の長延寺に預けられて、住職の玄導和尚から漢籍を学んだと書かれています。大谷氏とは誰なのか、住所も下の名前も分かりません。

これに対して、前回紹介した平等通照が、著書『タゴールの学園』で、興味深いことを書いています。

> （天心は）港北区新羽町新田谷戸の金子家に里子として育ち、やや長じて私の父の生家の神奈川新町の長延寺（もと和蘭陀領事館）の寺子屋で私達の祖父雲居玄導法師に漢籍を学んで、私の父はその幼少の頃を知っていた。

岡倉天心は、大谷氏にではなく、なんと新羽町の金子家に預けられたというのです。平等通照の父信之は、雲居玄導の末子で、岡倉天心と一緒に写った写真もあったとのことですから、この話にはある程度の信憑性がありそうです。平等通照の著書『菩提樹の木陰』によると、通照は中学生の頃に父からこの話を聞いたと記しています。

では、金子家とはどこでしょうか。明治三年の新羽村の戸数は、一六一戸でした。

新羽の旧家について、『新羽史』は屋号を持つ旧家一一七軒を列挙しています。里子を受け入れられるような家はほぼ網羅しているものと思われます。この中で、金子家は六軒あり、新田谷（現在では新田谷戸の表記はあまり使いません）には屋号「カサ」「カヤバ」の二軒があります。この内、屋号「カサ」の金子家がその家です。当時、金子軍蔵か、その父奥右衛門が天心を預かったものと思われます。『菩提樹の木陰』によると、通照は、軍蔵の息子幸次郎に問い合わせましたが、なにも分からなかったそうです。

ちなみに、屋号の「カサ」は、戦国時代に小机城主だった笠原の殿様が馬に乗って新羽を訪れた時に、金子家でお茶を飲み休憩したことから、笠原の「笠」をとって屋号としたとの伝承があります。

天心が金子家に預けられたとするなら、その縁は何だったのでしょうか。『菩提樹の木陰』によると、軍蔵は、榎下（緑区三保町と書かれていますが、正しくは新治町）の清田家の生まれで、金子家へ養子に入ったとのこと。この清田家の親戚に清田八十八という人物がおり、天心の父親の店で働き、後に先妻の娘と結婚して岡倉真範と名乗ります。里子の件はそれと関係があるのでしょうか。

もう一つ、興味深い話があります。長延寺の寺伝によると、開基玄栄法師は都筑郡吉田村（新吉田町）の出身で、天正八年（一五八〇）に吉田村に草庵を開いたのが始まりと伝えています。相澤雅雄さんから、新吉田町の字神隠（かみかくし）に、「チョウエンジ」という屋号の家があると伺いました。『新田（にった）のあゆみ』の屋号地図では、山本家の屋号が「チョウエンジ」であるとしています。長延寺が新羽に隣接する新吉田に開かれた寺だったことと、新羽金子家への里子と、何か関係があるのでしょうか？

まったく別ルートの情報ですが、新羽町のある方から、岡倉天心は都筑区のS家と関係があるという話を伺いました。この話も、真偽の確認が取れませんでした。

岡倉天心と新羽の関係、その真偽は歴史の闇の中ですが、天心に関する複数の情報が新羽から見つかったことにロマンを感じるのは筆者だけでしょうか。

余談ですが、平等通照は「仏教徒は仏暦（ぶつれき）を使いましょう」の合い言葉で、仏暦使用運動を熱心に勧めていました。西暦がキリストの誕生から数えるのに対して、仏暦とは仏陀（ぶつだ）の生まれた年を第一年とする年号です。平成二十五年は、仏暦二五五六年になります。東南アジアの仏教国では、現在でも使われているそうです。大倉精神文化研究所には、平等通照から届いた仏暦の年賀状があります。附属図書館で一月十二日まで開催している展示会「年賀状に見る昭和ノスタルジー」で公開しています。

（二〇一三年一月号）

付記　天心については、「幼少期の岡倉天心、再論」（『大倉山論集』第六〇輯、二〇一四年三月）で詳しく書きましたので、併せてご覧下さい。

第一七〇回　舞台は大倉山記念館　―その三―

大倉山記念館は昨年（二〇一二）六月から十一月まで屋根と外壁の改修工事を行っていましたが、工事終了直後の昨年十一月二十九日、リニューアル記念ともいえるタイミングで大規模なドラマロケが行われました。元日の夜九時から放送された「相棒11 元日スペシャル」のロケです。大倉山記念館は、事件の鍵となる重要な資料の収蔵先である「山岸昭和文化記念館」という設定で登場しました。放送では、ギャラリー入口付近で職員が襲われ、一階へ降りる階段を落ちて亡くなるシーンや、事務室として使用された第四集会室で、杉下右京（水谷豊）と甲斐亨（成宮寛貴）が、資料から事件の手がかりを読み解く場面などが出ていました。他にも正面入口や、資料展示室に変身したロビー、また、建物の西側通用口付近は「養護施設なずな会」の建物としても登場していました。

さて、実はその「相棒」の撮影と同じ日、別の番組の撮影も行われていました。横浜・川崎のケーブルテレビ、YOUテレビによる「横浜ミストリー」の撮影です。横浜の文化や歴史（ヒストリー）に潜んだ謎（ミステリー）を解き明かしていくこの番組、今年（二〇一三）一月の放送では「白亜の殿堂　大倉山記念館～建物に秘められた大倉スピリッツ～」をテーマに、大倉精神文化研究所八〇年の歴史、創立者大倉邦彦の生い立ちや研究所にかけた情熱、大倉山記念館の建物に秘められた謎に迫りました。残念ながら一月末で放送は終了しましたが、番組は視聴者の投票を元にしたリクエスト放送がされていますので、いずれまた放送の機会があるかも知れません。

最新の撮影情報の後には、記念館が研究所本館だった頃の撮影情報を一つ。第一六六回で、一九七四年十二月公開の映画「エスパイ」の撮影について書いていますが、インターネットの情報から、研究所本館時代に他にも撮影があったことがわかりました。一九八〇年四月から一九八一年三月までTBS系列で放送された「ウルトラマン80（エイティ）」の撮影です。研究所の日誌を見ると、一九八〇年十月三日に「円谷（つぶらや）プロダクションTV映画「ウルトラマン」広場でロケーション」の記述があり、翌日にも「前日と同様ロケーション」とありました。この時撮影したものが、第三一話「怪獣の種飛んだ」のタイトルで同月二十九日に放送されています。この回では、マリコという少女が、病気で入院中の母親に見せるために、空き家の庭で花を育てていたところ、綿毛（わたげ）のついた奇妙（きみょう）な種が飛んできたことから話が展開します。その

「山岸昭和文化記念館」の表札
（大倉山記念館正面階段右側）

空き家の庭こそ、現在の記念館の前庭です。最近は、建物の独特な様式を生かしての撮影がほとんどですが、このウルトラマン80では、建物自体はあまり写っておらず、なぜここでロケをしたのか疑問を感じざるを得ません（苦笑）。けれども、筆者が毎日出入りする建物東側の研究所入口前で、長谷川初範演じる矢的猛がウルトラマン80に変身したのには、思わず吹き出しました。なお、映像には、草の生い茂った前庭、大倉山公園に抜ける坂道、その道に面した研究所の門扉、建物東側の荒廃した姿なども少し写っており、この周辺の当時の様子を知ることができる貴重な資料といえそうです。特に撮影が行われたのは、研究所が横浜市へ土地を売却し、建物を市へ寄贈する僅か五ヵ月前のことですから、研究所本館時代の最後の姿が写ったものといっていいでしょう。

　大倉山記念館でのヒーローもののロケは、現在でもよくあります。テレビ番組では、二〇〇一年から二〇〇二年に放送された「仮面ライダーアギト」、二〇〇五年から二〇〇六年放送の「ウルトラマンマックス」。また映画では、二〇〇八年九月公開の「大決戦！超ウルトラ8兄弟」は、横浜開港一五〇周年とのタイアップで、横浜を舞台にさまざまな名所でロケが行われましたが、大倉山記念館でも撮影が行われています。二〇〇九年十二月公開の「仮面ライダー×仮面ライダーＷ＆ディケイドＭＯＶＩＥ大戦二〇一〇」では、建物内外で撮影が行われ、前庭では怪人のドーパントたちと仮面ライダーＷとの戦闘シーンもあります。ちなみに筆者がこの撮影の合間に目撃したベンチで休む怪人の姿は、少し衝撃的でした。そして港北区でヒーローといえば、菊名を拠点に活躍している「横浜見聞伝(けんぶんでん)スター☆ジャン」、彼らにも早く撮影に来て欲しいところです。

撮影情報は、基本的に番組放送前にお知らせすることが出来ませんが、大倉山記念館のツイッター(http://twitter.com/okurayama_hall)では放送後、撮影秘話や記念館に気づいた視聴者の声を伝えています。是非ご覧下さい。

インターネットの普及で、テレビや映画のロケ情報は入手しやすくなり、昔の作品もＤＶＤ化や動画サイトによって容易に見られるようになりました。港北区内で撮影された古い作品は、綱島台の飯田家住宅で撮影された「美貌(びぼう)に罪あり」(一九五九年)、妙蓮寺周辺で撮影が行われた「離愁(りしゅう)」(一九六〇年)、石原裕次郎主演で慶應義塾大学の日吉キャンパスで撮影が行われた「あいつと私」(一九六一年)などがあります。しかし、古い作品の情報はまだまだ少ないのが実状です。大倉山記念館に限らず、区内で撮影が行われたテレビ番組や映画に関する情報がありましたら、お知らせ下さい。「舞台は港北区」としていずれご紹介したいと思います。

(二〇一三年二月号)

第一七一回　春の訪れ　―河野南畦さんと大倉山・綱島―

今年(二〇一三)も港北区に春の訪れを告げるイベント、大倉山観梅会が三月九日、十日に開催されます。

観梅会の時に、人で埋め尽くされた記念館坂、梅見坂、オリーブ坂、立ち並ぶ出店を見るだけで、何だか楽しい気持ちになります。

現在の観梅会は平成元年（一九八九）、その年の四月に控えた市政一〇〇周年、区制五〇周年を記念するプレイベントとして開催されたのが始まりで、平成二十五年で二五回目です。一回目の観梅会は二月十八日から二十六日までの九日間。土日には今でも定番の三曲演奏や区民芸能の他、囲碁・将棋大会などの催しが行われました。昨年（二〇一二）の観梅会は寒さのために梅がすっかり咲き渋ってしまいましたが、今年は人の賑わいと共に梅の賑わいも期待したいところです。

大倉山の梅林は戦前から横浜の、また東横線沿線の梅の名所として知られてきましたが、この梅林を愛した人の一人に俳人の河野南畦（こうのなんけい）さん（一九一三〜九五年）がいます。河野さんは小学生の頃から俳句を作り始め、昭和十年（一九三五）に吉田冬葉（よしだとうよう）に入門して、本格的に俳句を学びます。そして昭和二十一年（一九四六）に「あざみ」を主宰創刊し、現代俳句の第一人者として活躍されました。また、昭和三十一年（一九五六）に横浜市内の俳人の親睦（しんぼく）を目的として発足した横浜俳話会の発起人の一人でもあり、昭和五十年（一九七五）から五十六年まで会長も務めています。

その河野さんは昭和三十六年（一九六一）四月に、磯子区の杉田から大倉山へ転居してきました。句集『風の岬』（一九六八年）の後記では、大倉山への転居に関して「磯子のときと同じように梅が多く、丘や野や小川もあり、横浜の郊外と云った環境で、俳句に親しむには有り難かった」と書いています。杉田は昔、その数三万株以上という梅の名所でした。現在、その多くは姿を消しましたが、磯子区の木には梅が制定されており、港北同様、梅はシンボル的存在です。

さて、大倉山はその後の河野さんにとっての生活の場、そして創作の場ともなりました。特に梅の花が大好きだった河野さんにとって梅林はちょうど良い散歩コースだったようで、河野さんは大倉山の梅についても沢山の句を詠んでいます。筆者は花より団子タイプですが「梅園の径振り返り憩ふため」（『風の岬』）の句が好きです。この句からは、梅の一本一本をゆっくり楽しんでいる穏やかな情景が想像されます。河野さんは満開より二分、三分咲きの頃の梅が好みで、寒い風の中で蕾を膨らませ、必死で花開こうとしている梅に興趣やいじらしさを感じたり、花見客の多い時には味わえない早春の風情を楽しんでいたようです。

なお、河野さんの奥様多希女さんや息子薫さんも俳人として活躍しています。多希女さんが大倉山を詠んだ「烏三羽朝のあいさつ眼が合ひぬ」（『横浜俳話会第一二句集』二〇一一年）の場面は、筆者もよく遭遇します。また、薫さんは平成十六年に第一句集を『大倉山』の題で出版しています。三人の句集は市の図書館にもありますので、是非ご覧下さい。

今年（二〇一三）は大倉山観梅会が行われる三月十日に、第一七回綱島桃まつりも開催されます（雨天の場合は十七日）。ちなみに河野南畦さんは、昭和十年に横浜貿易新報社が行った県下四五名勝・史蹟投票

（第一六〇回参照）に併せて募集された名勝俳句川柳で、綱島温泉桃雲台を詠んだ「綱島や歩み疲れて春の暮」の句が佳吟に入選しています。私たちも観梅会と桃まつりをはしごして、一日存分に春の訪れを堪能したら「歩み疲れて春の暮」の情感が味わえそうです。

平成三年（一九九一）五月五日の『神奈川新聞』に掲載された河野さんの「筆つれづれ　大倉山付近」によると、この句（記事では「歩み疲れて」は「廻り疲れて」と表記）は昭和十年頃の吟行句で、当時の綱島は「桃やなし畑が広がって花の咲くころは夢幻の里に在る思いだった」と述べています。また、「山ろくはかつて天然氷を作っていたところだけに、厳冬期には水田も凍りスケートができた」とも書いています。河野さんは随想集『俳句の素顔』（一九六三年）の後記で「あたたかい磯子の浜から、横浜の北海道と云はれる港北区に移住したが、直ぐ裏の北側に大倉山梅林を背負つた南向きの家なので、磯子とはあまり気温もかはらぬやうである」と書いていますが、厳冬期のかつての光景が「横浜の北海道」という例えにつながるのでしょう。

冬の寒さは昔ほどではなくなりました。しかし、その後に訪れる春の喜びは今も昔も変わりません。俳句を作ることは、自然が織りなす情景に目を向ける営みでもあります。梅、桃、桜に花水木と区内を彩る花々はどんどん見頃を迎えていきます。いつもの道を歩きながら身近な春を題材に一句詠んでみるのはいかがでしょうか。

（二〇一三年三月号）

第一七二回　まちの中のサイン――「大倉山さんぽみち」って何だろう？――

先月行われた大倉山観梅会には、今年も多くの人が訪れました。梅林の梅は観梅会の日どりを知っていたのではと思う程に紅白見事に咲き誇り、人もお店も梅も大賑わいの二日間となりました。梅の後は桜です。梅の開花は少し遅めでしたが、桜は逆に少し早めの開花となりました。四月六日には、第二三回綱島桜まつりも開催されます（雨天の場合は七日）。春を迎えて、自然散策や町歩きにもちょうどいい季節となりました。昨年（二〇一二）一月に発足した港北ボランティアガイドでは、その時々に合わせて様々なガイドツアーを企画しています。身近な場所もガイドさんの説明を聞きながら歩けば、新しい発見があるかも知れません。

さて、大倉山・菊名・新横浜などを歩いていて、「大倉山さんぽみち」と刻（きざ）まれた説明板や、銀色の半球に地図が描かれた道標（みちしるべ）などを見たことはないでしょうか。筆者は「さんぽみち」というからには、きっと過去に何かの目的で整備された散策コースなのだろうとは思いましたが、至る所で見かけるこの道標の存在が、ずっと気になっていました。そこで今回調べてみることにしました。

「大倉山さんぽみち」の発端は、昭和五十六年（一九八一）に策定された「よこはま二一世紀プラン」の港北区区別計画の中に「大倉山プロムナード」として登場しています。「プロムナード」はフランス語で、散歩や散歩道・遊歩道の意味です。

この「大倉山さんぽみち」の計画は、区制五〇周年を迎えた平成元年（一九八九）に実現しました。この時期は、大倉山記念館の開館や大倉山公園の整備、大倉山エルム通り商店街の整備、新田緑道や太尾堤緑道などの遊歩道の整備、横浜アリーナの開業、横溝屋敷（鶴見区）の公開など、様々な事業が進められた時期でもあります。そうした施設整備の動きに、港北区の中心を流れる鶴見川の水と丘陵の緑をつなぐネットワークづくりの動きの両方が合わさって生まれたのが、この「大倉山さんぽみち」です。

「大倉山さんぽみち」は一周一一・五キロ、大倉山駅・菊名駅・新横浜駅の三駅を拠点として、区内の自然や歴史・文化に触れることができる五つのルートがある散策コースです。五つのルートの詳細は次のとおりです。

①大倉山駅～みそね公園（約二・三km）
②大倉山駅～鶴見川（約二・一km）
③菊名駅～みそね公園（約二・〇km）
④菊名駅～新横浜駅（約二・七km）
⑤新横浜駅～鶴見川（約三・四km）

そしてコース内の各所に、三種類のサインが設置されています。三種類とは、①駅や重要な場所に設置する総合案内板、②ルートの出入口や分岐点などに設置する道標、③是非知って欲しいという魅力のある場所に設置する説明板の三種類です。

さて、サインというと「合図」や「署名」という意味が頭に浮かぶかも知れませんが、「看板」「標識」といった意味もあります。まちの中のサインには、それを見る人に情報を伝えるという役割の他に、まちの魅

大倉山駅前の総合案内板。これは左に大倉山さんぽみち、右に周辺の施設の案内が示されています。

台がなく壁にそのまま設置されている道標もあります。

道標。これが基本形。

説明板。台の部分は総合案内板とほぼ同じ。板面には、ルートの地図と周辺の魅力的要素について説明が書かれています。

力やイメージをつくるという役割もあります。

『（仮称）大倉山プロムナード整備基本計画策定調査報告書』（昭和六十二年三月）を見ると、「大倉山さんぽみち」のサインは後者の役割を重視していたことがわかります。そしてその目的は、サインを通して地域の自然や文化を学び、自分たちの住むまちに親しみを持つこと、そしてまちの新しい魅力を発見して欲しいというところにありました。

また、サイン自体がまちの景観を生み出すことから、そのデザインや素材にも気を配っています。報告書には、「大倉山記念館や神社建築にみられる〈柱〉（歴史の象徴）」をモチーフとし、「近代都市・横浜と関わりの深い〈鉄〉（近代の象徴）を時間に耐え、歴史性を帯びる鋳物（いもの）に加工する」とあります。さらに必要な場合には、設置場所に対応したデザインのサインを作るとも書かれています。その設置場所に対応して作られたサインが今も大倉山記念館の前にあります。記念館坂から階段を上がってアプローチを抜け、記念館の建物を眺めるのに丁度良いと思った場所で足元を見てみて下さい。その近くに埋め込まれている記念館の説明板は、さんぽみちの整備に合わせて作られたサインです。さらに大倉山記念館の正面入口外に置かれているパンフレット台も、さんぽみちに合わせて作られたものです。

最近では平成二十三年十二月に、大倉山夢まちづくり実行委員会によって、大倉山記念館周辺の記念館坂・梅見坂・オリーブ坂の三つの坂に、統一デザインの看板が設置されました。これは、看板を見た人に

大倉山記念館正面入口外に置かれているパンフレット台。現在は研究所の事業案内などに使用。

大倉山記念館の車寄せ部分に埋め込まれている説明板。

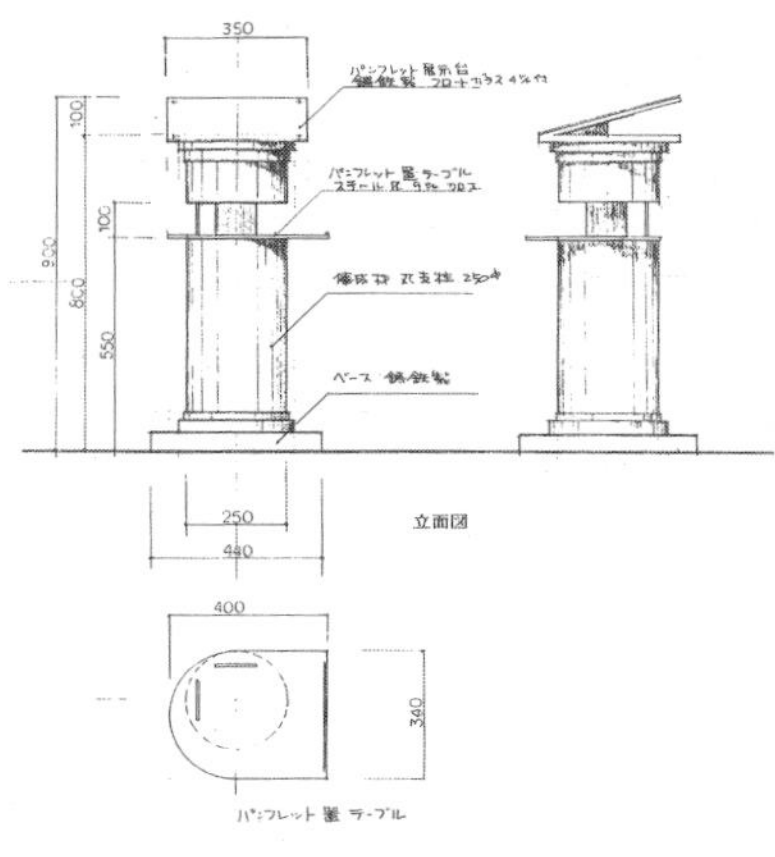

パンフレット台の図面
（『（仮称）大倉山プロムナード整備基本計画策定調査報告書』）

説明板の位置に立つと記念館の建物全体がよく見渡せます。

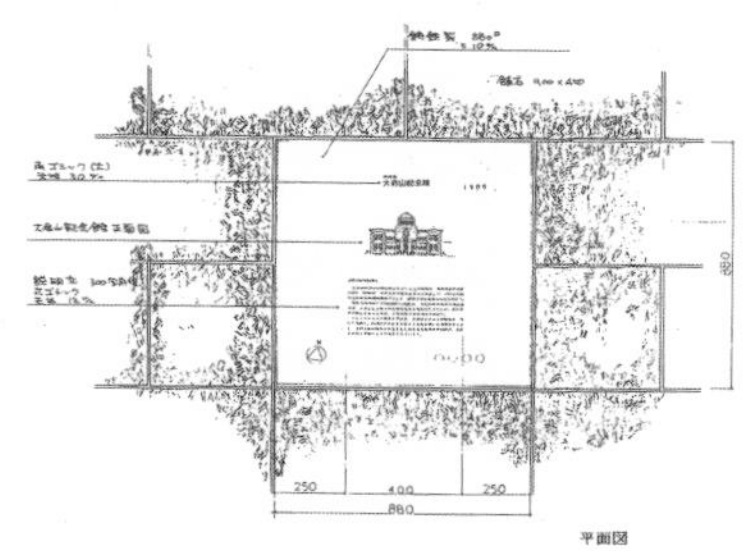

説明板の図面
（『（仮称）大倉山プロムナード整備基本計画策定調査報告書』）

「坂道の愛称」を知ってもらい、地域への愛着心を持って欲しいという思いから設置されたものです。

また鶴見川沿いには、市内の流域五区の協働による「鶴見川流域共通サイン」が設置されています。これは見た人に、川のどのあたりにいるのかを知らせることと、近くの自然環境や施設等の情報を伝えて、楽しく散策できるようにすることを目的に設置されました。普段何気なく通り過ぎてしまうまちの中のサインも、設置の経緯や意図を知って見ると、また違った印象で見えてくる気がします。

そこで筆者は、「大倉山さんぽみち」のサインを追って全コースを歩いてみることにしました。その話は次回に。

第一七三回　「大倉山さんぽみち」を歩いてみよう！
―その一、大倉山駅～鶴見川―

「大倉山さんぽみち」のルートには、重要な場所に設置する総合案内板、ルートの出入口や分岐点などに設置する道標、知らせたい魅力のある場所に設置する説明板の三種類のサインがあります。今回からこのサインを追って歩いてみますが、その前に、さんぽみちの全容を把握することから始めましょう。

そこで役に立つのが『大倉山さんぽみち探検手帳』（横浜市中央図書館蔵）です。これは、平成元年（一九八九年）の夏休み、七月二十八日から八月八日の間に行われた「大倉山さんぽみちスタンプラリー」のスタンプ帳です。手帳には、散策をするうえでの注意点（心得）や、散策のヒントなどが書かれています。また、折り込みのガイドマップがついており、入り組んだルートの確認にとても役立ちます。

スタンプラリーは、さんぽみちを楽しく歩いてもらうために企画されたもので、探検基地の港北区役所一階区民ホール、師岡熊野神社社務所、菊名神社社務所、新横浜駅、太尾堤緑道の港北土木事務所、大倉山記念館の六ヵ所にあるスタンプを押し、さらに手帳に書かれたクイズに全問正解すると抽選で一〇〇名に記念品がもらえるというものでした。

手帳は港北区役所四階の調整係で配布され、先着一、〇〇〇名には竹製のチューリップハットが配布されたようです。

スタンプラリーで使用された大倉山記念館のスタンプ。建物の前で佇んでいるのはギリシャ人でしょうか。

ちなみに、スタンプラリーで使用した大倉山記念館のスタンプは、記念館の建物を背に古代ギリシャ人らしき老人が佇んでいるデザインでした。しかし、他のスタンプのデザインや、スタンプの有無、探検手帳とともに配布されたチューリップハットや、抽選でもらえた記念品については詳細がわかっていません。スタンプラリーについて情報をご存知の方がいましたら、是非ご一報下さい。

さて、大倉山さんぽみちは、大倉山駅～みそね公園、大倉山駅～

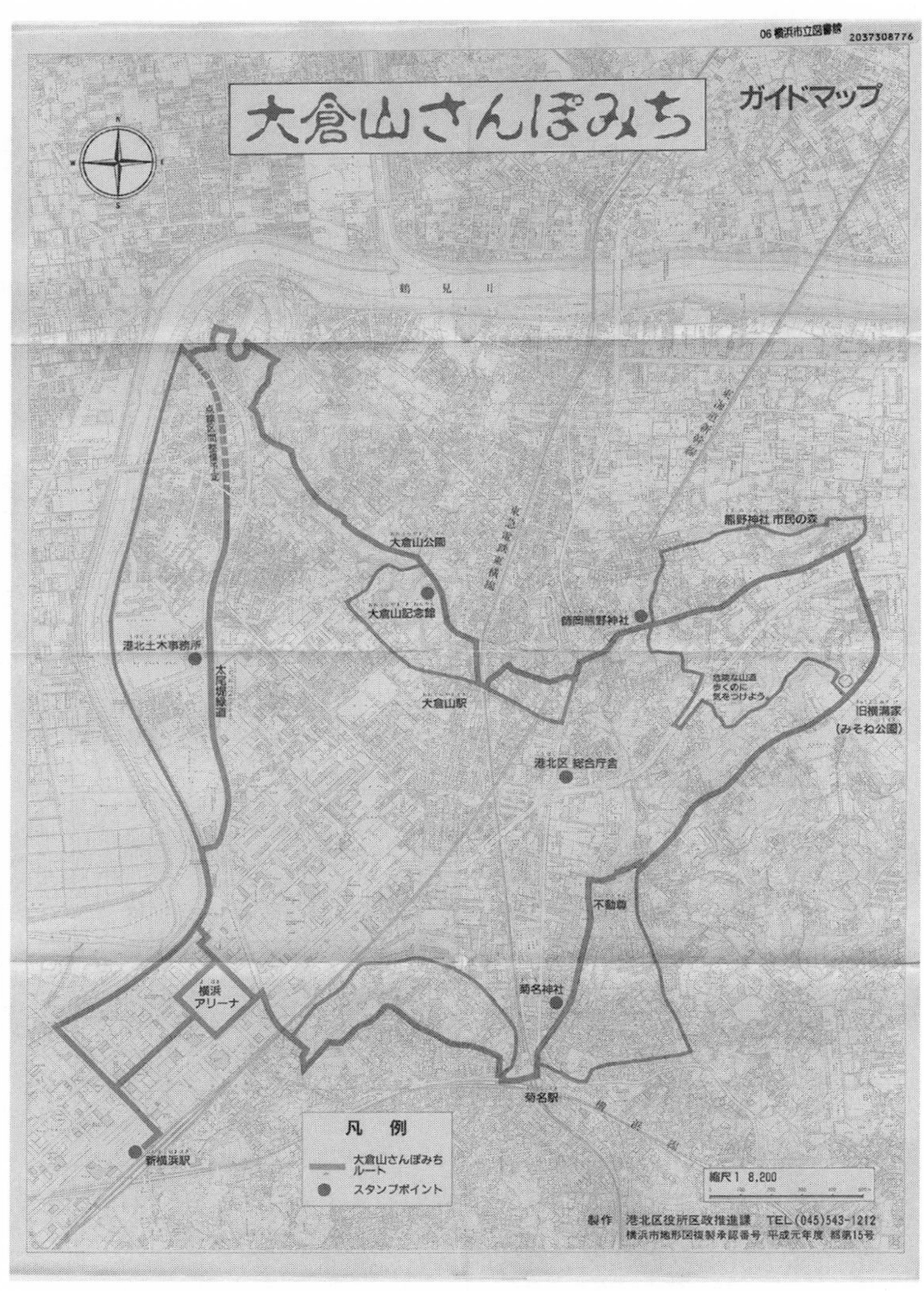

『大倉山さんぽみち探検手帳』に付いている折り込みのガイドマップ。

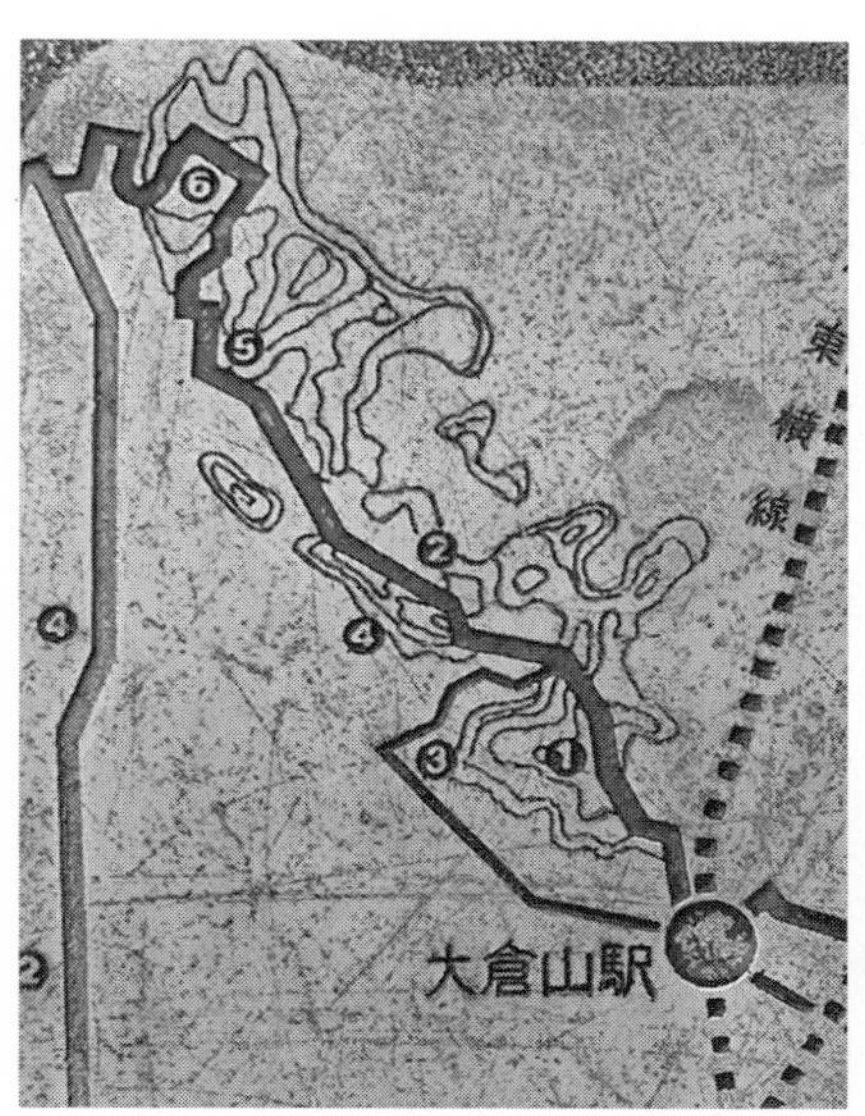

総合案内板に描かれている地図（上）と今回のルートの説明（右）。地図の数字は主な見どころに付された数字と一致。

大倉山駅〜鶴見川

大倉山記念館や梅林のある大倉山公園、小机城主の供養塔のある龍松院、周囲の眺望が得られる牢尻台地などが続いています。大倉山西口のエルム通りは大倉山記念館をモチーフとしたギリシャ風の街並みの商店街です。

長　さ　約2.1km
所要時間　40分

主な見どころ
大倉山公園
大倉山記念館
梅　林
龍松院（文殊菩薩）
歓成院
太尾神社
三峰社
牢尻台地

鶴見川、菊名駅〜みそね公園、菊名駅〜新横浜駅、新横浜駅〜鶴見川の五ルートに分けられています。歩き方に決まりはありませんので、筆者はまず、大倉山駅〜鶴見川のルートを歩くことにしました。

大倉山駅前にある総合案内板を見ると、このルートの主な見どころは、「①大倉山公園 大倉山記念館 梅林 ②龍松院（文殊菩薩）③歓成院 ④太尾神社 ⑤三峰社 ⑥牢尻台地」と書かれています。恥ずかしながら筆者は、三峰社と牢尻台地の名前をここで初めて知りました。そしてこれからどんな発見があるのか、サインはいくつあるのか、胸躍らせて歩き始めました。なお、大倉山駅からスタートすると、エルム通り、記念館坂、オリーブ坂を行ったり来たりすることになるので、今回は大倉山記念館を出発地に設定しました。「大倉山さんぽみち」に興味を持つきっかけとなった三つのサインを探しつつ歩きます。順路としては、大倉山記念館を出て、オリーブ坂、エルム通り商店街を通って大倉山駅へ。それから記念館坂を上り、再び記念館に戻ったら、梅林方面へ抜け、龍松院や太尾見晴らしの丘公園を経て、県道一四〇号線に至ります。

さて、大倉山記念館をスタートして、まずはオリーブ坂を下り、坂を下りきったら大倉山駅方面へ左折。まもなく見どころに挙げられている歓成院へ。何かサインがあるかと思いきや特に何もないままエルム通りを進み、大倉山駅へ向かいます。

ここまでのサインは駅前の総合案内板のみです。そこから記念館坂へ向かうと、ケンタッキーフライドチキンの前に坂の看板や「不滅への飛翔」の像があり、その横に続く茂みの中に説明板がありました。

そのまま坂を上っていくと、大倉山公園の入口付近に二つめの総合案内板を発見。大倉山公園周辺には様々な花が咲いており、散策をする人も多く見られました。

再び大倉山記念館に戻ったら、梅林方面へ進みます。すると梅見坂に差し掛かる所に二つめの説明板がありました。説明板のある場所の少し先に記念館坂のものと同じデザインの「梅見坂」の看板が。これも大倉山夢まちづくり実行委員会によって平成二十三年（二〇一一）十二月設置されたものです。梅見坂の名前は公募によるもので、平成二十三年二月十九日、第二三回大倉山観梅会の開会式の後に命名式が行われました。

記念館坂の入口に「大倉山夢まちづくり実行委員会」が設置した看板。オリーブ坂や梅見坂にも統一デザインの看板があります。

ケンタッキーフライドチキンの前にある「不滅への飛翔」は、1988年に大倉山エルム通りとギリシャ共和国のアテネ市との姉妹提携を記念して設置された大倉山記念館への道標。

「不滅への飛翔」の前を通過するとまもなく、茂みの中に最初の説明板を発見。

ちなみにその時、オリーブ坂に面した斜面にオリーブの苗木も植えられています。

梅林を横目に梅見坂を下ると龍松院へ。ここにも何かサインがあるのではと思いましたが、さんぽみちに関わるものはありませんでした。先ほどの説明板以降、しばらくさんぽみちのサインは見られなくなります。

龍松院の前を通過すると、道はどんどん住宅街へと入っていきます。道沿いには梅見坂や地蔵通りを示す看板がありますが、先程のものとは異なるデザインです。これは平成二十四年の観梅会の際、より多くの人にその愛称を知ってもらうため、梅林周辺に増設したものだそうです。看板は前者と比べてやや簡素な作り

梅見坂入口付近にある説明板。大倉山緑地保全地区について説明が書かれています。

大倉山公園の入口ではチューリップがお出迎え。

「大倉山夢まちづくり実行委員会」が設置した梅見坂の看板。

梅、桜が散った後はツツジや花水木が見頃を迎えます。

です。

　さらに道を進んでいくと、少し開けた三叉路の近くに、ここまで初めての道標発見です。すると程なくして三峰社と思われる場所に到着。しかし、そこには高い塀が築かれていました。塀の向こうには境内に続くであろう急な石段が見えますが、現在は入ることが出来なくなっています。二五年前には港北区の歴史を語る見どころの一つとして掲げられた場所の入口に立つ塀の存在に、時の流れを感じざるを得ませんでした。なお、三峰社の歴史や塀が出来る前の様

少し開けた三叉路に道標を発見。

龍松院は小机城主笠原康勝が文殊堂を建立し、雲松院九世明山宗鑑大和尚が開山。小机にある笠原氏の菩提寺、雲松院の末寺にあたります。

三峰社に到着するも、通りに面した入口には高い塀が。

増設された梅見坂の看板。

子は『港北区史』（昭和六十一年）で見ることが出来ます。

三峰社を後にして先へ進むと二つめの道標を発見。しかし道は狭く、分岐でもない、さらには道の突き当たりも見えかかっているこの場所に何故道標を置いたのか、少し疑問を感じます。二五年前は状況が違ったのでしょうか。

まもなく道の突き当たりに到着。そこに三つめの説明板がありました。説明板の地図に従って牢尻台地の方へ歩いて行くと、長い階段があります。

階段を昇りきると急に視界が開

突き当たりに３つめの説明板を発見。

このルートで２つめの道標を発見。何だか目立たない場所です。写真は歩いてきた方を撮影。

説明板に従って牢尻台地方面に進むと、長い階段が。

道標に接近。いずれ草に埋もれてしまいそうです。

け、野球をする子供たちの姿が目に飛び込んできました。

　牢尻台地は、平成十二年（二〇〇〇）に、「太尾見晴らしの丘公園」として整備されています。公園では遊具で遊ぶ親子連れの姿などもありましたが、二五年前のこの場所はきっと全く別の様相を呈していたことでしょう。なお、公園は弥生時代を主体とする「牢尻台遺跡」の中にあり、公園整備時の発掘調査では竪穴住居址（あと）や遺物も多数発見されています。遺跡については、『牢尻台遺跡発掘調査報告』（横浜市ふるさと歴史財団埋蔵文化財センター編、横

広々とした公園。自由広場では少年球児たちが元気に野球をしていました。

公園の真ん中に大きなエノキの木がありました。今は病気の治療中との事。

浜市緑政局、平成十一年三月）などが発行されていますので、詳しく知りたい方はそちらをご覧下さい。

公園を突っ切り、入った方の真向かいにある出入口を出ると、すぐそこに四つめの説明板がありました。説明板には、鶴見川にやってくる野鳥について説明があります。ゴールにも大分近づいてきました。

マンションが立ち並ぶ坂を下りきるとゴールも目の前といった所ですが、その坂の終わり、下りきって平地に出る直前、民家の塀にあの半球型の道標が直接取り付けられているのを発見しました。これで三つめの道標でしたが、台座のないものを見たのは初めてです。壁と一体化したこの形態のサインが他にも沢山あるとしたら見落としてしまう可能性がありそうです。この発見は今後への警鐘（けいしょう）になりました。

このルートで発見したサインは総合案内板二つ、説明板四つ、道標三つの計九つでした。大倉山駅から記念館坂を通って大倉山公園梅林へ行くまでに、四つのサイン（総合案内板二、説明板二）があるので、もっと沢山のサインがルート上に設置されているのではないかと予想していたのですが、思ったよりも少なかっ

民家の塀に半球型の道標を発見。

来た方とは反対側の出入口を出ると４つめの説明板を発見。柵の向こうが公園。

こんな形で設置されたサインがあるとは思いもしませんでした。

説明板に接近。「鶴見川と野鳥」の題で説明書きがありました。

たというのが正直な感想です。けれども、数が少なかった分、見つけた時の喜びは一入でした。

さて、県道へ出て道を渡るとゴールも目前！…のはずがその後、筆者は地図とにらめっこしながら、県道や鶴見川沿いの道、住宅街の路地などを行ったり来たりすることになります。ゴールの近くにいるはずなのに、どうしてもゴールに着けないのです。その理由と他のルートの散策についてはまた次回に。

（大倉山のさんぽみち散策のさらに詳しい情報は、研究所ホームページ http: //www.okuraken.or.jp/ をご覧下さい。）

（二〇一三年五月号）

第一七四回　地区分けから歴史が見える

前回から大倉山さんぽみちを歩き始めたばかりですが、ちょっと休憩して、港北区域の地区分けについて考えてみます。

三月三十日に港北公会堂で、第五回港北ふるさと映画祭が開催されました。主催団体の一つ、港北ふるさとテレビ局のロゴマーク（左上参照）を見ていて、気が付きました。これって、港北区の形と区内を流れる鶴見川、矢上川、早渕川、鳥山川を図案化しているのですね。

横浜市が一八区に分かれているように、港北区もいくつかの地区に分けることが出来ます。ロゴマークのように、川で区切られた地区や、山の稜線で区切られた流域など、自然地形で区分けすることも出来ますし、住民の生活集団で区分けをすることも出来ます。

区内には一五三の自治会町内会があり、それらが日吉、綱島、大曽根、樽町、菊名、師岡、太尾、篠原、城郷、新羽、新吉田、新吉田あすなろ、高田の一三地区の連合町内会を組織しています。区役所では区内をこの一三地区に分けて考えることが多いようです。港北区社会福祉協議会も、区内を連合町内会と同じ一三に分けて「地区社会福祉協議会（地区社協）」を組織して活動しています。「港北区地域わかりマス」（二〇〇九年十二月）や、平成二十四

KFTV
港北ふるさとテレビ局

年度の「ひっとプラン港北」も、この十三地区で分野別シートを作っています。これらを見ると、港北区内も各地区により様々な特徴があることに気付きます。

この地区分けの元になっているのが町であり、さらにその元になっているのが江戸時代の村です。『新編武蔵風土記稿』を見ると、港北区域に二〇〇年ほど前にあった一九の村が記されています。掲載順に書き上げてみましょう。カッコ内は現在の町名です。**矢上村**（日吉）、**駒林村**（日吉本町）、**駒ヶ橋村**（下田町）、**南綱島村・北綱島村**（綱島西、綱島台、綱島東）、**大曽根村**（大曽根、大曽根台）、**樽村**（樽町）、**箕輪村**（箕輪町）、**師岡村**（師岡町）、**菊名村**（菊名）、**大豆戸村**（大豆戸町）、**太尾村**（大倉山）、**篠原村**（篠原町、仲手原、富士塚、錦が丘、篠原東、篠原台、篠原西、篠原北、新横浜）、**岸根村**（岸根町、新横浜）、**鳥山村**（鳥山町、新横浜）、**小机村**（小机町）、**新羽村**（新羽町）、**吉田村**（新吉田）、**高田村**（高田町、高田西、高田東）です。

実は、村境や町境の境界線は時々変更されているので、ごく大ざっぱな対比とご理解ください。日吉は矢上村、日吉本町は駒林村、下田町は駒ヶ橋村が名前を変えたものです。住居表示施行が早かった篠原町は、仲手原、富士塚、錦が丘、新横浜などの町名に分けられましたが、区内の大半の町は、江戸時代の村を受け継いでいることが分かります。

これらの村は、武蔵国橘樹郡と都筑郡に属していました。以前に、古老の方から伺った話ですが、戦前、下田町と高田町の子供たちは仲が悪くて、よく喧嘩していたけど、それはかつて下田が橘樹郡日吉村で、高田が都筑郡新田村だったからだ、といわれていました。筆者に真偽は分かりませんが、興味深い話です。

江戸時代からの村々は、明治二十二年（一八八九）の市制町村制施行により大合併させられ、港北区域には、日吉村、新田村、大綱村、城郷村（最初は小机村）、旭村が誕生しました。江戸時代の村名は大字となりました。

大綱村などこの時に作られた村名は、地域が横浜市に編入される昭和の初めまで四〇～五〇年程使われましたが、大字（江戸時代の村名）を町名としたことにより、廃（すた）れてしまい、現在では学校名等のごく一部にしか残っていません。生活に密着しなかった所為でしょうか。こうして、いまでも、私たちは江戸時代の村の名残りの中で生活しているのです。

さて、港北ふるさとテレビ局は、現在の港北区を記録して後世に伝える活動をしていますが、昔の港北区を記録した映像の収集・公開もしています。たとえば、神奈川ニュース映画協会が作成した昔のニュース映画「神奈川ニュース」から港北区関係のニュースを収集しています。昭和四十八年三月「寿楽荘オープン」、昭和四十八年七月「菊名に三〇〇〇人プール完成」、昭和五十九年十一月「大倉山記念館オープン」、昭和六十年二月「早くて便利市営地下鉄伸びる」などで、その一部が港北ふるさと映画祭でも上映されました。今後の成果が楽しみです。

（二〇一三年六月号）

第一七五回　「大倉山さんぽみち」を歩いてみよう！
―その二、新横浜駅〜鶴見川―

その一で、大倉山さんぽみちの「大倉山駅〜鶴見川」ルートを歩いていた筆者は、そのゴールを目前にしながら、地図とにらめっこ状態で、県道や鶴見川沿いの道、住宅街の路地などを行ったり来たりすることになったと書きました。ゴールの近くにいるはずなのに、どうしてもゴールに着けないのです。まずはその理由について今回述べていきましょう。

「大倉山駅〜鶴見川」のルートは、「新横浜駅〜鶴見川」のルートに突き当たっており、その接点の位置を、平成元年発行の『大倉山さんぽみち探検手帳』のガイドマップで確認すると、太尾下町子供の遊び場付近になっています。

筆者はこの接点を目指して歩いてきたのですが、遊び場の周辺を何度往復しても、「新横浜駅〜鶴見川」ルートと思われる道が見当たりません。けれども、ガイドマップを見返すうちに、その道が「整備予定」と記されていることに目が留まり、ようやく状況が飲み込めました。

筆者は、さんぽみちが誕生してから二五年もの年月が過ぎているので、道はてっきり整備されていると思い込んでいました。しかし道は途中までしか整備されていなかったのです。気づいて見れば単純なことなのですが、思い込みは恐ろしいものです。

そして、さんぽみちのルートは後に変更されたようです。先日、篠原町の臼井義幸さんから、平成六年（一九九四）発行の『港北区ウォーキングマップ』に、大倉山さんぽみちが紹介されていると伺い、実物を見せて頂きました。マップには確かにさんぽみちの地図やサインの説明が載っています。しかしこの地図では、探検手帳の地図で整備予定だった道が、現状に即した道に変えられていました。

平成元年発行の『大倉山さんぽみち探検手帳』のガイドマップでは、ルートの一部に「点線区間整備予定」の記載があります。

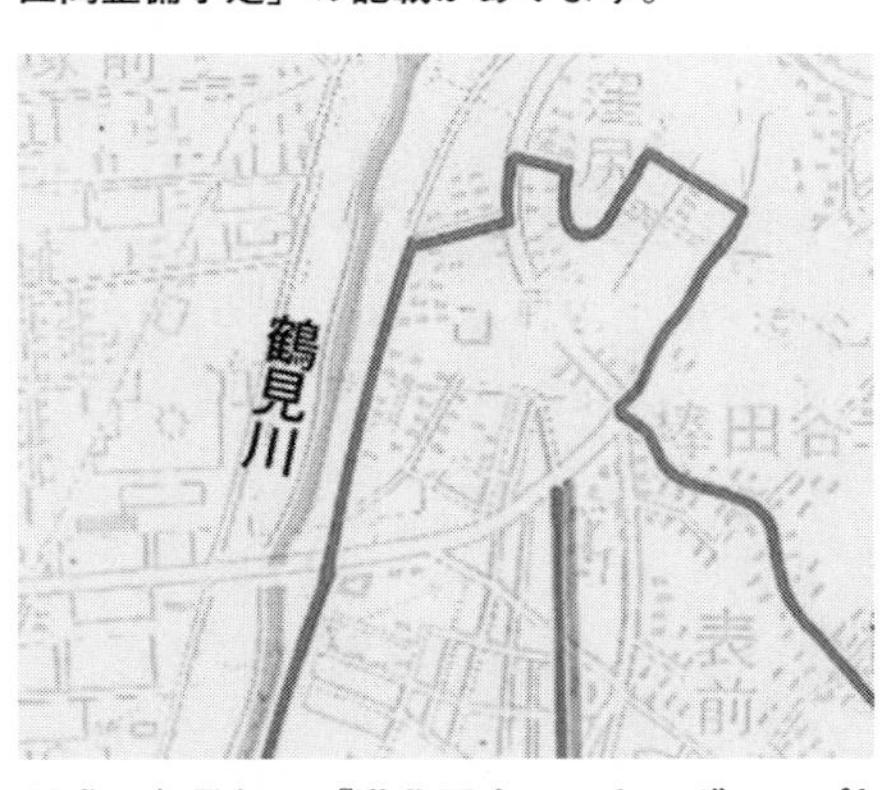

平成６年発行の『港北区ウォーキングマップ』では、平成元年に整備予定だったルートの記載がなくなり、現状に即したルートへ変更されています。

しかし、二つのルートは当初の計画と違う形ではあるものの、つながっていますので、引き続き「新横浜駅～鶴見川」のルートを歩いていきましょう。

総合案内板によると、このルートの主な見どころは「①新横浜駅前公園 ②太尾堤緑道 ③太尾公園 ④馬頭観音・水神社」です。なお、ルートの中で、新横浜駅から新横浜駅前公園までの道は「新横浜駅～菊名駅」ルートと重複していますので、今回はそこを省略して、太尾下町子供の遊び場から、鶴見川の土手と太尾堤緑道をぐるっと回るように歩いていきます。

では出発しましょう。ちなみに、太尾下町子供の遊び場の辺りにはかつて、「太尾橋」と呼ばれる橋があり、そこには鶴見川の舟運（しゅううん）で荷物の積み降ろしを行った「太尾河岸（ふとおがし）」がありました。平成二十五年（二〇一三）三月には鶴見川舟運復活プロジェクトがその歴史を今に伝える河岸跡の石碑を建てています。真新し

新横浜駅

総合案内板の地図を拡大したもの。新横浜駅から２つのラインが出ており、ルートが重複していることがわかります。

新横浜駅～鶴見川

鶴見川に沿って2つの道があります。太尾堤緑道は、かつての鳥山川の跡を並木と彫刻のある緑道として整備したものです。一方、鶴見川の堤を行けば開けた眺望が得られ、川辺の自然に触れることができます。

長　さ 約3.4km
所要時間　70分

主な見どころ
1 新横浜駅前公園
2 太尾堤緑道
3 太尾公園
4 馬頭観音、水神社

今回のルートの見どころ。長さ3.4km、所要時間70分はさんぽみち全５ルートで最長です。

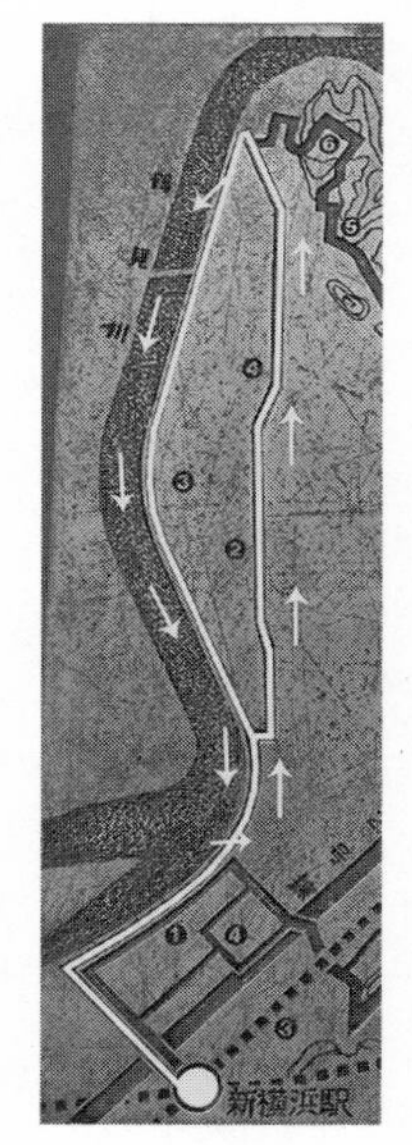

今回はルートが重複している新横浜駅周辺を省略して、矢印の順路で歩きます。

太尾下町子供の遊び場。ブルーシートの下には土俵があり、ここでは少年少女相撲大会が開催されています。入口付近の2本のエノキはかつてこの場所にあった「太尾橋」の袂にありました。

鶴見川舟運復活プロジェクトが設置した「太尾河岸跡」の石碑。

い石碑に古を偲びつつ鶴見川へ向かいます。

鶴見川の土手に出たら、新横浜駅方面に歩いていきます。新羽橋の手前で車道を渡らなければなりませんが、横断歩道がすぐ近くにありませんので、川沿いを少し離れ、横断歩道の所で道を渡ります。

道を渡ったら土手の上の道に戻ります。やがて見えてくる港北高校は、現在耐震工事の真っ最中です。全ての工事が完了するのは平成二十八年度の予定で、現在、敷地内には仮設校舎が建ち並んでいます。さらに進んで行くと太尾公園の入口に総合案内板を発見。そこには太尾公園の他、太尾堤緑道、港北下水処理場（平成十七年に「港北水再生センター」へ改称）の説明が書かれていました。

太尾公園は、さんぽみちの整備が行われたのと同じ平成元年（一九八九）に、センター内の下水処理施設の屋上に造られた人工の公園です。地域住民のスポーツ活動の拠点として整備された

多目的広場ではサッカーの練習をしていました。

工事中の港北高校。敷地内にはブルドーザーが。

施設が充実しているうえに、自然がいっぱいの太尾公園。建物の屋上とは思えません。

港北高校の前を通り過ぎてしばらく進むと太尾公園の入口に到着。一見すると長い歩道橋の様な印象。

公園は、自然の植物や遊具はもちろん、野球やサッカーも出来る広場あり、二面のテニスコートありと、建物の上だとはとても思えません。

さらに現在は、新横浜寄りの処理施設の屋上に平成十一年（一九九九）に造られた太尾南公園もあります。（太尾南公園の出入口は太尾堤緑道側にしかありません。鶴見川方面からは入ることが出来ませんのでご注意下さい。太尾公園は鶴見川側、太尾堤緑道側、どちらからでも入ることが出来ます。）

なお、港北水再生センターは平成二十四年（二〇一二）で稼働四〇周年を迎えました。今年（二〇一三）三月にはセンター敷地内の鶴見川側フェンス沿いにある桜並木に、新たに横浜(よこはま)緋桜(ひざくら)を記念植樹しました。桜並木は毎年春に

港北水再生センターの掲示板に貼られた40周年のポスター。

太尾南公園には、水辺が設けられ、虫や動物などの生き物もいて、それらを観察する親子の姿も見られました。

港北水再生センター40周年を記念して植えられた横浜緋桜。写真左側に桜の苗とそれを支える支柱。

太尾南公園からは大倉山記念館の塔屋がかすかに見えます。

なると川沿いを行く人の目を楽しませてくれますが、一〇年後、二〇年後にはこの緋桜も、その仲間に加わってくれることでしょう。（詳細は港北水再生センターで発行している『大倉山カバちゃんランドＮＥＷＳ』五六号をご覧下さい。誌面は【http://www.city.yokohama.lg.jp/kankyo/gesui/centerinfo/07wtc/kabacanvol56.html】から見ることが出来ます。）

川沿いを進みながら、対岸の新羽車両基地の重厚感に圧倒されていると、正面に資源循環局港北事務所に設置された風力発電用風車が見えてきます。そして水再生センターと循環局の境で説明板を発見。道はこの場所で新横浜駅方面と太尾堤緑道方面に別れますが、そのまま川沿いをもう少しだけ進むと、新横浜駅前公園に着きます。その先から新横浜駅までは「新横浜駅~菊名駅」のルートと重なりますので、今回はここで引き返して、太尾堤緑道へ向かいます。

太尾堤緑道は、太尾堤排水路(旧鳥山川)を埋め立てて整備した緑道です。緑道には鷹や水鳥の装飾がついた三つのゲートがあり、この付近が徳川将軍家の鷹狩り用の鷹の調教などを行う「捉飼場(とりかいば)」であったという歴史を伝えています。

また、見どころにも挙げられた馬頭観音と水神社はこの緑道の中程で往時の姿を留めます。その斜め向かいには説明板もありました。

対岸に見える新羽車両基地。その巨大さとコンクリートの重厚感に圧倒されます。

桜並木の向こうに風力発電の風車が見えてきます。

引き続き川沿いを歩いていきます。

川沿いの道と太尾堤緑道方面への道との分岐点。説明板も設置されています。

資源循環局を過ぎて、下へ降りる最初の階段に着いたら、その先は「新横浜駅〜菊名駅」のルートとの重複区間になるので、今回はここで引き返します。

さらに緑道の各所には、平成元年に行われた第一回横浜彫刻展（ヨコハマビエンナーレ'89）の受賞作品が置かれています。横浜彫刻展は魅力的なまちづくりの一環として、「彫刻と景観のコミュニケーション」というテーマのもとに開催されました。作品の募集にあたっては、予め設置場所を決めたうえで、その場所にマッチする作品が求められました。太尾堤緑道には応募作品の中から審査によって選ばれた受賞作八点が設置されています。作品はどれも個性的でユニークなものですが、筆者は太尾小学校前のベンチに腰掛けている彫刻がお気に入りです。

さて、横浜太尾郵便局より先へ進むと、緑道は住宅地の生活道路兼公園といった趣に変

太尾堤緑道中程にある水神社と馬頭観世音菩薩を祀った石碑。建立年代は左から、明治3年（1870年）、昭和21年（1946年）、嘉永４年（1851年）。

太尾堤緑道に設置されているゲート。緑道内に３つ設置されています。

黒川晃彦さんの作品「プリーズ、リクエスト」が筆者のお気に入り。彫刻展では横浜美術館長賞を受賞しました。彫刻の後ろに見えるのは太尾小学校です。

さらに緑道を進むと、車道を挟んで両側に橋の欄干らしきものが見えてきました。

太尾郵便局前の信号。ここから先は太尾新道の車の往来を少し離れます。

「ふとおかみはし」と刻まれたプレートが。橋の欄干がこの場所に残っていることは、かつて緑道が川だったことを物語ります。

緑道を太尾郵便局より先に進んだところ。道というよりも公園の雰囲気が強くなりました。

わります。その先で車道に接すると、そこにはかつて緑道が川だったことを物語る「太尾上橋（ふとおかみはし）」の欄干がありました。

　道を渡ってさらに進むと、また車道にぶつかります。当初の計画ではこの車道を渡った先にある門扉の向こうにも道が整備され、鶴見川の土手まで行くことが出来たはずですが、今もその先へ進むことは出来ません。何だか中途半端ではありますが、ひとまず今回はここまでです。

　今回のルートで見つけたサインは、総合案内板二つ、説明板が三つの計五つでした。道標はありませんでしたが、もしかしたら見落としているかも知れません。
次は、今回省略した新横浜駅周辺の道を含む「新横浜駅〜菊名駅」のルートを歩いていきます。

（二〇一三年七月号）

途中で緑道は終わり、平行して走っていた道のみに。その先、車道の向こうには門扉が見えます。

当初の計画ではこの車道を渡った門扉の先にも道が整備されるはずでしたが、現在もその先へ進むことは出来ません。

第一七六回　「大倉山さんぽみち」を歩いてみよう！
―その三、菊名駅〜新横浜駅―

引き続き大倉山さんぽみちを歩いていきます。今回は「菊名駅〜新横浜駅」ルートです。今年（二〇一三）の夏も猛暑が続いています。熱中症になっては大変ですから、水分補給をこまめにしつつ散策しましょう。

今回は菊名駅からスタートです。菊名駅のＪＲ入口右横に総合案内板がありますので、出発前に見ておきましょう。案内板によると、ルートの主な見どころは「①八杉神社②第六天と雑木林③正覚院（横浜七福神の一つ）④横浜アリーナ」とあります。ただし、ルートの地図をよく見ると、③の正覚院は、さんぽみちのルートに含まれていません。ルートの近くにある名刹ということで見どころの一つに含まれているのでしょうか。詳細はわかりませんが、せっかくですから正覚院も是非見て回りたいところです。そこで今回は、菊名駅を出たら、安山の尾根づたいに新横浜・鶴見川方面に向かい、新横浜駅に着いたら篠原町方面に出て、正覚院前の道を通り、大豆戸菊名用水路の水路跡を通って菊名駅に戻ります。

それでは出発です。みずほ銀行菊名駅西口出張所前の横断歩道を渡り、カフェコロラドの角を曲がると早速説明板を発見。説明板のほぼ向かい側にある尾根への道は坂・階段・坂で、早くも心が折れそうになります。頑張って頂上に到着すると、静かな住宅街で、景色も良好です。

菊名駅のJR入口。その右横には大倉山さんぽみちの総合案内板が設置されています。

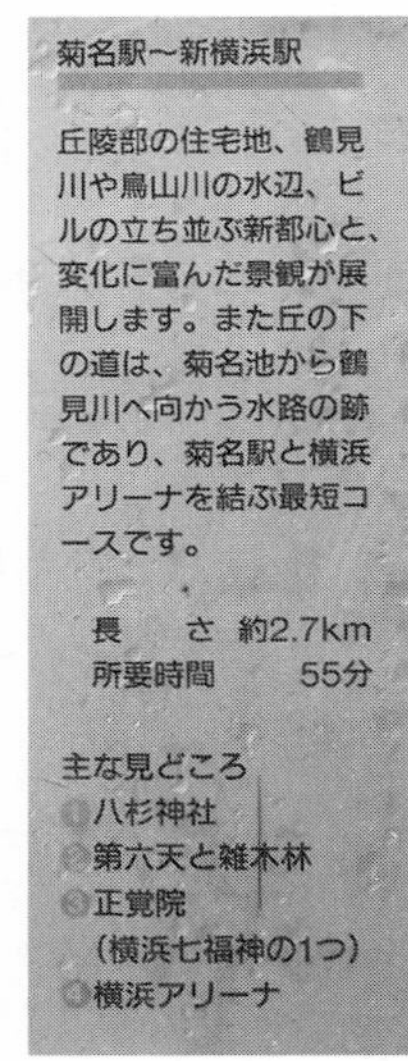

菊名駅〜新横浜駅

丘陵部の住宅地、鶴見川や鳥山川の水辺、ビルの立ち並ぶ新都心と、変化に富んだ景観が展開します。また丘の下の道は、菊名池から鶴見川へ向かう水路の跡であり、菊名駅と横浜アリーナを結ぶ最短コースです。

長　さ　約2.7km
所要時間　55分

主な見どころ
1 八杉神社
2 第六天と雑木林
3 正覚院
（横浜七福神の1つ）
4 横浜アリーナ

総合案内板による今回のルート説明。

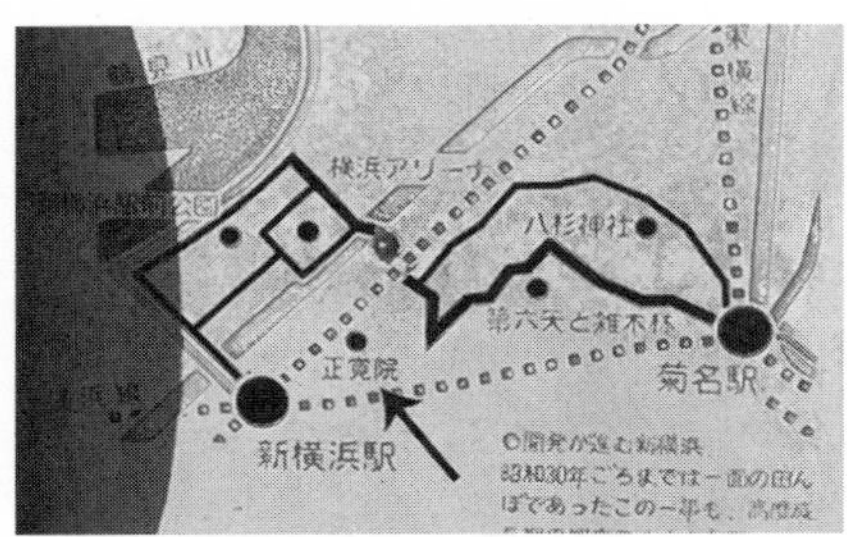

説明板のマップ。今回のルートはラインを強調した部分です。中央やや左下に正覚院(矢印)がありますが、ラインは正覚院には接していません。

カフェコロラドと不二家の間の道を曲がるとすぐに説明板を発見。

尾根へはまず坂道を上がり、続いて階段を上がります。

住宅街の路地を道なりに進んでいきます。

階段を上がるとまた坂道。今度は少し急坂です。

地図ではこの道の左側に第六天と雑木林の記載があるもののそれらしきものは見当たりません。

尾根へ上って後ろを振り返ると、見事な青空でした。

代わりに目に飛び込んでくるのは、比較的新しい家屋が並ぶ住宅地。

そこから家と家との間の路地を道なりに進んでいきます。この道は大豆戸町と篠原北二丁目との境でもあります。しばらく行くと道は下り坂になり、右側の住宅地が鬱蒼とした林に変わりました。ルートの地図では、道の左側に見どころの一つに挙げられている第六天と雑木林があるはずなのですが、それらしきものは見当たりません。代わりに目に飛び込んでくるのは新しい住宅で、またも二五年という歳月の経過を思い知らされます。

坂を下りたら突き当たりを右に曲がって道なりに進みます。セブンイレブン新横浜駅東店のある十字路に

環状２号線に出て来ました。一気に車の往来が激しくなります。

セブンイレブン新横浜駅東店のある十字路。新幹線の高架のすぐ近くです。ひとまず直進して鶴見川を目指します。

環状２号線を渡った先は横浜アリーナです。

新横浜第二公園の標柱横に説明板発見。

出ると、ルートは前方と右方に分かれますが、まずは鶴見川を目指して直進します。新幹線の高架をくぐり、環状二号線へ歩いて行くと、新横浜第二公園の標柱横に説明板がありました。

環状二号線を渡ると、すぐそこは横浜アリーナです。横浜アリーナは横浜市政一〇〇周年・開港一三〇周年記念事業の一つとして、平成元年（一九八九）にオープンしたイベントホールです。アリーナの裏を川へ向かって歩いていくと、アリーナの周りに植えられている樹木につけられた名札に目がとまります。名札には、大きめに書かれた樹木の名前とその木についての豆知識、横浜アリーナのオリジナルキャラクターのヨコアリくんのイラストが描かれていて、親しみやすいデザインです。さらに裏手を進ん

水のモニュメントを通り過ぎてその先の車道を渡ると、遊歩道スペースがありました。

横浜アリーナのオリジナルキャラクター、ヨコアリくんが描かれた名札。

遊歩道を鶴見川に向かって歩いていくと、３つめの説明板を発見。周囲は新横浜駅前公園として整備されています。

横浜市政100周年記念の水のモニュメント。

で行くと、横浜市政一〇〇周年記念の水のモニュメントがありました。

モニュメントの横を通り過ぎて先へ進むと、遊歩道として整備されたスペースがありました。この場所では、平成二十年（二〇〇八）から下水道整備工事が行われていました（新横浜駅前第二幹線下水道整備工事）。工事は昨年（二〇一二）ようやく終了して、地上部分の遊歩道もきれいに整備されたばかりです。遊歩道の向こう側は鶴見川の土手です。土手に突き当たると三つめの説明板を発見しました。そこから今度は右に曲がり、すぐ一つめの角を左折すると土手へ上がる階段があります。この階段を登ると、目の前は鶴見川と鳥山川の合流

車道下に設けられた短い地下道をくぐります。

鶴見川の土手へあがる階段が見えます。

地下道をくぐって、土手の上の道に戻り、歩いて行くと、また車道にぶつかります。写真右側に鳥山大橋が見えています。

階段を上がって左側。こちらの道を歩いて行きます。道の右側に鶴見川、左側に新横浜駅前公園を眺めつつ新横浜駅の方へ向かいます。

点で、ここが前回引き返したポイントでもある新横浜駅前公園の端です。道は左右に分かれていますが、右は前回歩いたルートですので、今回は左へ行きます。

鶴見川と駅前公園を眺めながら土手の上を進み、鳥山大橋に着いたら、さんぽみちは鶴見川とお別れです。ここで左に曲がると、程なくして四つめの説明板を発見。正面には新横浜駅前の円形歩行者デッキが見えてきます。

このまま駅に行きたいところですが、ルートは途中でアリーナ通りへ左折します。そのまま歩いていくと横浜アリーナの正面に出ます。イベントがあると、ここには黒山の人だかりが出来ます。

横浜アリーナの関係者駐車場側に設置されていた災害用地下給水タンクの説明板。このタンクも市政100周年記念でつくられました。

アリーナ通りです。真っ直ぐ進んでいくと横浜アリーナの正面に出ます。

手づくり郷土（ふるさと）賞受賞の記念レリーフです。

横浜アリーナの正面。写真の撮影日にはコンサートがあり、大勢の人が集まっていました。

なお、このアリーナ通りから横浜アリーナの正面に出て、アリーナの周囲を一周するルートは、「新横浜駅前プロムナード整備事業」の対象区間と一致しています。これは、電線の地中化や、周辺との景観と調和したプロムナード整備、照明灯の設置などを行ったもので、この事業は平成二年（一九九〇）に、「手づくり郷土（ふるさと）賞」の「街灯のある街角三〇選」に選ばれ、建設大臣表彰（現在は国土交通大臣表彰）を受けました。「手づくり郷土賞」は昭和六十一年度に創設されました。その趣旨は、全国各地で、地域の魅力や個性を創出している地域活動などを表彰して、その事例を広く紹介することにより、個性的で魅力ある郷土づくりの推進を目指したものです。港北区内での受賞例は他になく、アリーナ通りの入口には記念レリーフが設置されています。

さて、アリーナをぐるっと一周したら、来た道を戻って新横浜駅へ向かいましょう。しかし、ルートは新横浜駅で一度途切れてしまいます。今回は、ここから新横浜駅直結のショッピングモール、キュービックプラザの一階を抜け、篠原町方面に出ます。ここから総合案内板で見どころの一つに挙げられていた正覚院へ行ってみましょう。

篠原町方面に出たら、そのまま直進し、車道に出たところで道を左に曲がります。この道は狭いですが、交通量は多めです。歩道がありませんので、車に気をつけて進みます。

道なりにしばらく歩いていくと、右側の角に「横浜港北七福神」「七福大黒天本殿」「禅宗

キュービックプラザの１階。入口の上には「ぐるめストリート」と書かれています。入って左側には和洋中さまざまな食事処があります。

キュービックプラザの篠原町側の出入口です。横には市営地下鉄の出口があります。

車道に出たら左に曲がり、そのまま真っ直ぐ歩いて行きます。歩道はありませんので、気をつけて歩きましょう。

石碑が立ち並んでいます。塀の向こう側が正覚院です。

正覚院」という三つの碑が見えてきました。碑のある角を右に曲がると正覚院の山門があります。

正覚院は、正式には「大豆戸山正覚院」といい、天正元年（一五七三）の創建とされています。なお、正覚院の裏手には篠原城趾が控えています。さて、正覚院は総合案内板や石碑に書いてあるとおり「横浜七福神」の一つで、福徳円満の守護神である大黒天様が祀られているお寺です。ちなみに「横浜七福神」は昭和四十年（一九六五）に創設された七福神です。当初は「横浜港北七福神」といいましたが、昭和五十二年（一九七七）に「横浜七福神」と改称されました。他の七福神と併せてお正月にまた訪れたいところです。また、山門を入って左側にある十八羅漢も、表情や動きが豊かで楽しいです。

お寺のお詣りを終えたら、また石碑のあった角に戻りましょう。先程の道をまた進んで行くと、やがて十字路に出ました。よく見ると見覚えのある十字路です。ここは前に通過したセブンイレブン新横浜駅東店の

正覚院から歩いて来て、セブンイレブン新横浜東店に面した十字路に出た所。

あった十字路です。新横浜駅から正覚院を通ってこの十字路に出るまでの道は、さんぽみちのルート外でしたが、ここから再び「菊名駅〜新横浜駅」のルートに戻ります。

先程は向かって右側から出て来て直進し、横浜アリーナ・鶴見川方面に向かいました。残っているのは正面の道のみですので、道路を渡って真っ直ぐ進んでいきます。

この道の右側の歩道は、菊名池から鶴見川に向かって流れていた大豆戸菊名用水路の水路跡です。歩道を道なりにしばらく歩いて行くと、左に菊名ハイツのマンション群が見えてきます。

そこから少し進むと住宅地には少し異質な感のある石橋が見えてきました。橋はかつて水路に架けられていた神橋（かみはし）で、ここが八杉（やすぎ）神社の参道入口です。八杉神社は、古くから大豆戸町に鎮座していた八王子神社と杉山神社の二つの神社を合併して、創立されました。子犬が寄り添う狛犬（こまいぬ）に癒やされつ

親子で寄り添う八杉神社の狛犬。八杉神社は２つの神社が合併して出来たことから、境内には狛犬が２対あります。

道の右側の歩道は、大豆戸菊名用水路の水路跡です。水路は昭和50年代に暗渠となりました。

狛犬に和みつつ奥に進むと本殿がありました。

橋の左側親柱に「神橋」、右側に「昭和三十三年八月竣工」とあります。

つ、お詣りをしたらルートに戻りましょう。

神社の近くには、国産初のタイムレコーダーを製造したアマノ株式会社があります。敷地内には資料館もあり、タイムレコーダー国産第一号機を始めとする一二〇点余りの資料を展示しています（見学は要予約）。

アマノを過ぎ、本乗寺（ほんじょうじ）の山門前を通り過ぎると、東急菊名駅が徐々に見えてきました。駅に行く途中には、「横浜見聞伝スター☆ジャン」の中で、主人公の濱尾学（はまおまなぶ）がヴォーカル講師をしているミュージックスクール、Ｍ２ Ｍｕｓｉｃがあります。入口階段前にはスター☆

M2 Musicにはスター☆ジャンとタイガ▽ジャンの写真ボードがありました。

神橋を過ぎてまもなく「AMANO」の看板を発見。

東横線ホーム沿いの道に出て来ました。ここまで来ればゴールも目前です。

本乗寺の山門前を通過。なお、ここを通り過ぎた先にももう一つ本乗寺の入口があります。

ジャンの写真ボードが置いてありました。そのまま東横線のホーム沿いを歩いて、菊名駅の総合案内板の前へ戻ってきたら散策終了です。

　今回の「菊名駅～新横浜駅」ルートに設置されていたサインは、総合案内板一つ、説明板四つで、今回も道標はありませんでした。また、大倉山さんぽみちは、大倉山・菊名・新横浜の三つの駅を拠点駅としていますが、その中で、新横浜駅だけは総合案内板がありません。新横浜駅前にもおそらく設置されていたと思うのですが、開発によって撤去されてしまったのでしょうか。情報をご存知の方がいらっしゃいましたらご一報下さい。

　さて、さんぽみちも残り二ルートですが、この時期の散策は暑さが堪えます。汗をかいてへ

第六天と思われる鳥居と祠（臼井義幸さん提供）

トヘトになってしまったので、次回は散策をお休みして別のお話をしたいと思います。

（二〇一三年八月号）

付記　平成二十五年（二〇一三）の八月末に、篠原町の臼井義幸さんから、散策中に見つけることが出来なかった第六天と思われる写真を見せて頂きました。鳥居の向こう、椿（つばき）の木の根元にある祠（ほこら）が第六天のようです。この場所は、さんぽみちの地図で示された第六天の位置とも一致しています。現在は新しい家が立ち並んでいますので、第六天はやはり開発によって、失われてしまったようです。

第一七七回　さんぽみちの寄り道　―鶴見川三題―

「大倉山さんぽみち」は、次回から川沿いを離れ菊名、師岡方面に向かいます。その前に、鶴見川にまつわるお話を三つしておきましょう。

最初の話は、アメリカザリガニです。

ＪＲ新横浜駅は平成二十六年（二〇一四）十月一日に開業五〇周年を迎えます。それを記念して、新横浜町内会では記念誌『新横浜五〇年の軌跡』発刊の準備を進めています。先日、その関係者が集まる機会があり、その席で篠原町の臼井義常さんから興味深い話を伺いました。新横浜駅と鳥山川の間辺りに、むかし養蛙場があり、食用としてアメリカから輸入したウシガエルを飼育していました。餌は、同じくアメリカから輸入したアメリカザリガニでした。ところが、昭和十三年（一九三八）の大水害（第六六回参照）でアメリカザリガニが逃げだし、この地域一帯に繁殖したというものです。

確認はとれませんが、養蛙場は昭和十七年（一九四二）の地形図に載っています。アメリカザリガニの輸入開始は昭和二年（一九二七）に鎌倉の養蛙場へ餌として持ち込まれたのが最初であることが知られていますから、あり得る話です。

このアメリカザリガニは、地域の方言でマッカチンと言い（岡山ではトーチカと言います）、ザリガニ釣

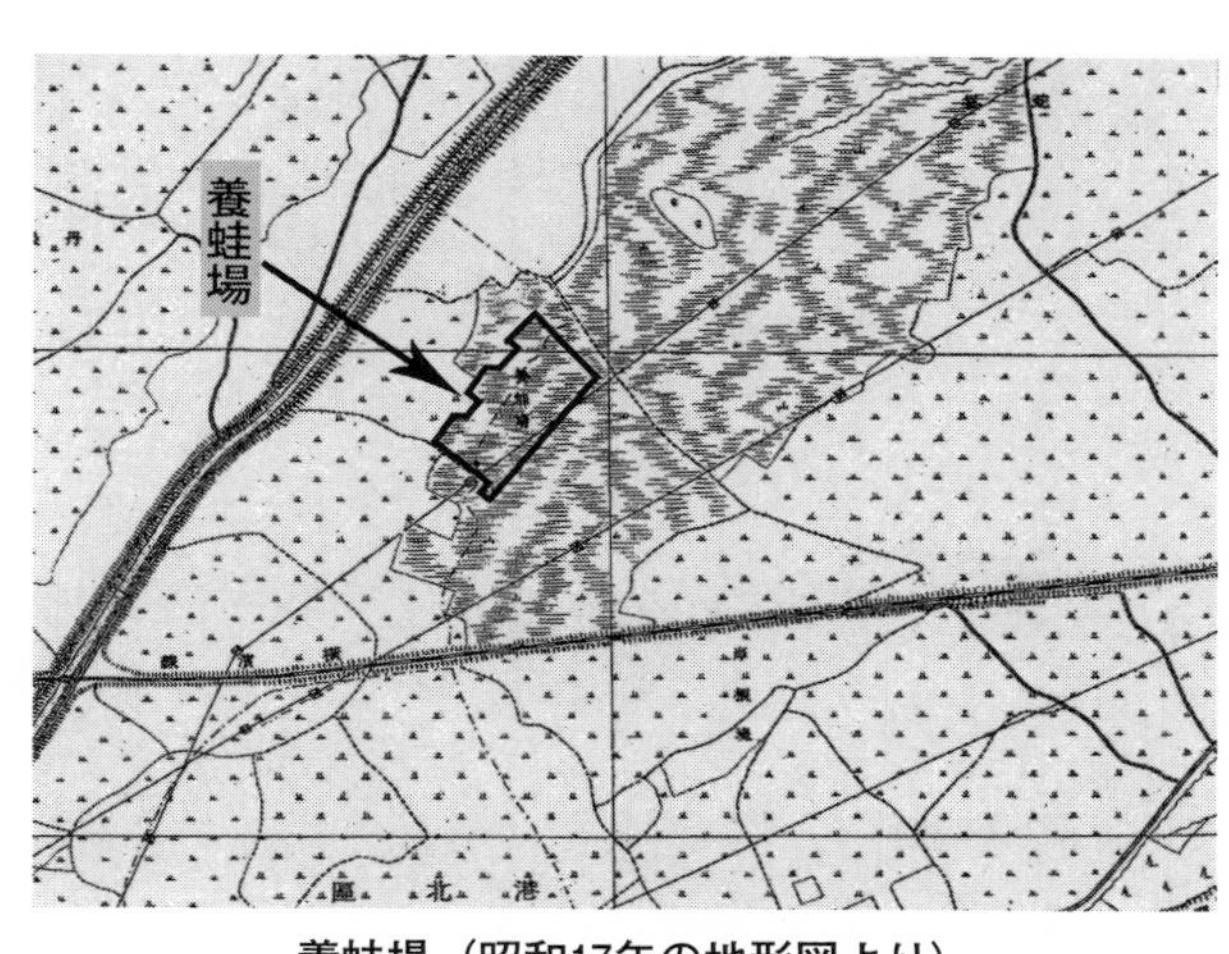

養蛙場（昭和17年の地形図より）

りは子供たちの大好きな遊びでした。

二番目の話は、鳥山川の下流部分についてです。

鳥山川は、神奈川区に源流を発し、鳥山町と新横浜一丁目の間を流れてきて、現在は大豆戸町地先の資源循環局港北事務所辺りで鶴見川と合流しています。しかし、かつては「大倉山さんぽみち」で歩いた太尾堤緑道の部分を流れて、太尾橋（太尾河岸跡記念碑の近くに昔有った）辺りで鶴見川と合流していました。太尾堤緑道の部分は、寛文年中（一六六一～七二）に掘削された人工の用水路です。その目的は、鳥山川上流部分に位置する小机・鳥山・岸根・篠原の村々の悪水堀として排水機能を強化するためと、下流の大豆戸・太尾・大曽根・樽の村々の用水を確保するためでした。

鶴見川の水は、河口からこの辺りまでは海水が混じるために田畑の灌漑用としては使えず、溜池や鳥山川からの取水を利用していました。しかし、鳥山川は河道が狭く氾濫しやすいため、昭和十四年頃から元の形に戻すことが考えられ、昭和三十年代には再び大豆戸町地先で鶴見川と合流させました。跡地は太尾堤排水路と呼ばれ、大雨の時の排水に使われましたが、それも下水道整備により不要となり、昭和四十七年（一九七二）に埋め立てられ、遊歩道となりました。その後公園として整備され、平成元年（一九八九）に太尾堤緑道になりました。

三番目の話は、大山淳さんです。

大山淳氏は、二本の論文を書かれています。一つは、鳥山川の歴史を調べた「彷徨える鳥山川」という論文です。県道脇の地面に欄干だけが残る太尾上橋跡の謎から、鶴見川流域の開発の歴史、地域の村々の水争いなどを明らかにしています。もう一つは、「文明期の綱島橋を再現する」という論文です。綱島橋とは、現在の大綱橋の約五〇メートル下流に架けられていた橋で、文化八～九年（一八一一～一二）の架橋の様子を再現した興味深い研究です。古文書を解読して、丸太を渡して土を塗り込んだ土橋の構造を図解入りで解説しています。当時の橋は全長一五間（約二七メートル）で、河川敷から水面の上を跨いでいるだけでした。大山淳氏はすでに故人で、詳しい経歴等は不明ですが、土木か建築の専門知識をお持ちの方だったようです。

綱島橋は、明治二十二年（一八八九）に綱島村・大曽根村・樽村・太尾村・大豆戸村を合わせて大綱村が出来た時から、大綱橋と呼ばれるようになりました。その後、綱島街道（東京丸子横浜線）が拡幅改修されるのに合わせて、昭和十二年（一九三七）一月に現在の場所へ移動し、全長一七〇メートル余の鉄橋となりました。この時、開通式では綱島温泉の芸者たちが渡り初めをしました。現在の橋は二本構成で、西側が昭和四十五年（一九七〇）に、東側が昭和五十二年（一九七七）に竣工したものです。附属の人道橋は、西側が平成十八年（二〇〇六）に拡幅されています。

大山淳氏の手書き論文は、港北図書館（二〇一四年三月まで耐震補強工事のため休館中ですが）から借り出すことが出来ます。

さて、次回はまた菊名駅から歩き始めましょう。

（二〇一三年九月号）

第一七八回　「大倉山さんぽみち」を歩いてみよう！
―その四、菊名駅～みそね公園―

寄り道をしているうちに、すっかり涼しくなって秋の陽気になりました。「大倉山さんぽみち」も残り二ルートです。

今回は「菊名駅～みそね公園」ルートを歩いていきます。なお、ルート名は「みそね公園」ですが、実際の公園名は「みその公園」となっています。さて、総合案内板では、このルートについて、「古道の高津往還の一部である斜面沿いの道と、蓮勝寺、菊名貝塚跡などを巡る尾根の道があり、二つの道は林に囲まれた不動尊で結ばれてい」るという説明があります。「高津往還」は江戸時代の街道の一つである稲毛道のことで、これは菊名神社や富士食品の前を通る綱島街道の旧道と同じ道のことです。また、長さ約二・〇km、所要時間三五分は、さんぽみち全五ルートの中で最短です。見どころとしては「①菊名神社②不動尊③蓮勝寺（横浜七福神の一つ）④川崎坂⑤菊名貝塚⑥永昌禅寺（えいしょうぜんじ）」の六ヵ所が挙げられています。

今回は、東急東横線の菊名駅東口を出発して、菊名神社、不動尊、みその公園の順に進んで行き、みその公園に着いたら引き返して、菊名小学校、菊名貝塚、川崎坂、蓮勝寺を通り、再び菊名駅東口に戻ります。

菊名駅を出発したら、菊名東口商店街を抜けて、綱島街道の旧道を通り、まずは菊名神社へ。神社の少し手前の向かいには早速道標がありました。その二の「新横浜駅～鶴見川」ルート、その三の「菊名駅～新横浜駅」ルートには道標がなかったので久し振りの発見です。

矢印で順路を付したのが今回のルート。ルート上の丸数字は主な見どころの場所を示しています。

菊名神社は平成二十三年（二〇一一）十一月に社殿の改修、翌年八月に鳥居の再建がなされ、装いも新たになりました。鳥居をくぐって左側にある手水鉢（ちょうずばち）の下では、「がまんさま」が我慢強く鉢を支えながら、私たちを迎えてくれます。

菊名神社からさらに進むと小泉糀屋（こうじゃ）があります。菊名神社や糀屋さんが、テレビ朝日「若大将のゆうゆう散歩」で紹介されたのは、記憶に新しいところです。そこから程なくしてまた道標がありまし

改修後の菊名神社。「絆」をテーマとして描かれた社殿の天井絵にも注目です。

鳥居をくぐって左側にある手水鉢は４体の鬼の石像が支えています。石像は「がまんさま」の名で親しまれています。

小泉糀屋の前の歩道を真っ直ぐ進んでいきます。

た。そしてそのすぐ側には鳥居があり、中央の額には「不動尊」と書かれています。ここが見どころに挙げられていた「不動尊」で、正式には大豆戸（まめど）不動尊といいます。

鳥居をくぐって少し歩くと階段があります。また、階段の右手奥には水行場（すいぎょうば）の跡があり、龍の口から水が流れ出る様子が見られますが、周囲はすっかり草木に埋もれています。階段は踊り場で二手に分かれます。正面の階段を上がると少し開けた場所に出ました。ここには以前、不動堂がありましたが、平成十五年（二〇〇三）五月、放火により焼失してしまったそうです。敷地内に残された建物の基礎部分や、「天保七丙申（へいしん）年」（一八三六）と刻まれた手水鉢（ちょうずばち）、石灯籠などを見ると、そこはかとない寂しさを感じます。

なお、大豆戸不動尊の現状については、ウェブマガジンの「はまれぽ．ｃｏｍ」でも紹介されましたので、是非そちらもご覧下さい。

［はまれぽ．ｃｏｍ］大豆戸町あたりにある神社の社跡のようなものは一体なに？

http://hamarepo.com/story.php?story_id=1272

二手に分かれた階段のもう一方を上がると、マンションの前に出て来ます。ここにはかつて、資生堂の菊名花椿（はなつばき）寮がありました。二五年前には寮と寮の間に道があり、さんぽみちのルートになっていましたが、現在その道はありません。マンション沿いに歩いて行くと、左右に延びる尾根道がありました。そこを右に

鳥居の中央に掲げられた額には「不動尊」の文字。

階段を昇ると、少し開けた場所に出ました。そこには建物の基礎と思しきコンクリートの土台がありました。

年季の入った手水鉢。その前には何故か自動車のガラス等につける日差しよけが置いてありました。

曲がり少し歩くと、三つめの道標があり、道はまた二手に分かれます。菊名小学校方面の道と、みその公園へ向かう道です。ここではまず、みその公園に向かい、戻ってもう一方の道を歩きましょう。

急坂を下り、住宅街の中を進んで行くと四つめの道標がありました。さらにその先の永昌禅寺や鶴見大学師岡グランドを通り過ぎると、鶴見区に入り、みその公園の横溝屋敷が見えてきました。

横溝屋敷は、獅子ケ谷村（鶴見区獅子ヶ谷）の名主を代々務めた横溝家の旧屋敷で、横浜市指定有形文化財（一般建造物）第一号です（昭和六十三年十一月指定）。昔の農村風景が残るみその公園は、建物の修復や敷地内の整備を経て、平成元年（一九八九）十一月に公開されました。

マンションを横目に道を歩いて行きます。マンションは2003年に建てられたものです。さんぽみちが出来た25年前には資生堂の菊名花椿寮がありました。

上が『大倉山さんぽみち探検手帳』(平成元年)の地図、下は現在の地図(Googleマップより) です。丸印は大豆戸不動尊。
以前は資生堂の寮と寮の間、不動尊寄りに道がありましたが、現在はマンション沿いをぐるっとまわって来る道しかありません。

住宅街を道なりに進んで行くと永昌禅寺があります。曹洞宗のお寺で正式には「久寶山永昌寺」といいます。

みそね公園へ向かって急坂を下りていきます。

永昌禅寺と鶴見大学のグランドを過ぎて少し歩くと、左に横溝屋敷の茅葺き屋根が見えてきました。

坂を下りきってそのまま進んでいくと４つめの道標がありました。

みその公園では、ひなまつりやこどもの日、七夕、十五夜などの季節のイベントや、稲作体験教室など、さまざまな催しも行っています。筆者が行ったある日には、ちょうどひな祭りのイベントで、江戸から明治・大正・昭和までのさまざまなひな人形が所狭しと飾られており、家族連れで賑わっていました。また、みその公園では四季折々の自然の変化も楽しむことが出来ます。

さて、みその公園を十分に堪能したら来た道を引き返しましょう。先程の急坂を上って三つめの道標まで戻ったら、尾根道を菊名小学校方面へと進んで行きます。

この道は港北区と鶴見区の区境でもあります。道なりに進んでいくと菊名小学校に差し

横溝屋敷に掲げられた案内板。左端には「横浜市指定文化財第一号 みその公園「横溝屋敷」」とあります。

建物は明治中頃に建てられた主屋の他、長屋門・穀蔵・文庫蔵・蚕小屋があります。建物の中には当時の農具や日用品なども展示されています。

掛かる手前の植え込みに五つめの道標がありました。今回のルートは道標が沢山見つかります。

その先には菊名貝塚がありますが、この場所で貝塚の存在を今に伝えるのは、国土交通省の寮の敷地内にある古びた看板のみです。この看板ですら意識して探さなければ見落としてしまいそうです。菊名貝塚の現状も「はまれぽ．ｃｏｍ」で紹介されたばかりですので、是非ご覧下さい。

［はまれぽ．ｃｏｍ］菊名貝塚が住宅地に埋もれてしまっているのはどうして？

http://hamarepo.com/story.php?story_id=2178

その先で右角を曲がり、道なりに進んで行くと川崎坂があります。ここは別名「薬缶坂（やかん）」ともいわれています（第九四回参照）。坂を下りてくると、右には横浜七福神の毘沙門天を祀る菊名山蓮勝寺があります。綱島街道に突き当たったら正面の横断歩道を渡り、右へ進みます。不動産屋さんの所で左手の脇道を入り、歩いて行くと最初に通った駅前の商店街に出ます。ここを左に行けば菊名駅の東口です。

川崎坂の途中には蓮勝寺の東門があります。正面入口は綱島街道側にあります。

「毘沙門天王」と書かれた石碑。

蓮勝寺の毘沙門堂です。ご開扉は正月松の内七日間と、１月・３月・５月の初寅の日です。

右手に菊名小学校が見えてきました。曲がり角の向こうの植え込みに５つめの道標があります。

国土交通省関東運輸局菊名寮の敷地内にある菊名貝塚の説明板。周辺で貝塚の存在を示すものは他にありません。

菊名貝塚の説明板は、塗装や文字が消えてしまっている所も多く、読むのは困難です。そのうえ上部は失われているようです。

今回のルートのサインは道標五つでした。ただし、このルートには少なくとも四年前までさらにもう一つ道標がありましたが、今はありません。これは、Googleマップのストリートビューでみその公園から四つめの道標に戻るように見ていくと確認できます。他のルートも含め、二五年の中で失われたサインはいくつあるのでしょうか。

さて、残すルートはあと一つになりました。次回は「大倉山駅～みそね公園」のルートを歩きます。

（二〇一三年十月号）

第一七九回「大倉山さんぽみち」を歩いてみよう！
―その五、大倉山駅～みそね公園―

「大倉山さんぽみち」も、とうとう最後のルートになりました。今回は「大倉山駅～みそね公園」ルートを歩いていきます。総合案内板では、見どころとして「①師岡（もろおか）熊野神社②いの池③熊野郷土博物館④熊野神社市民の森⑤杉山神社⑥獅子ヶ谷（ししがや）市民の森」の六ヵ所が挙げられています。

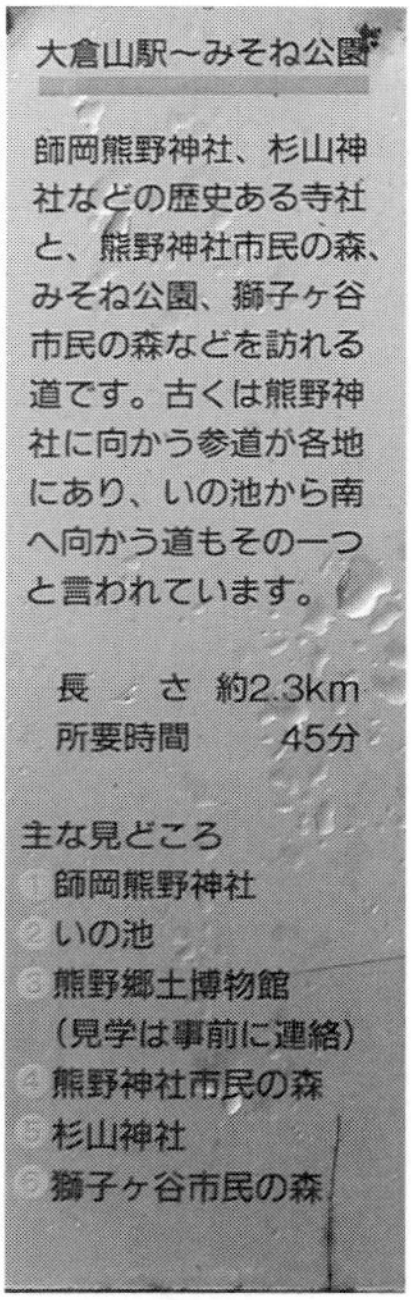

大倉山駅～みそね公園
師岡熊野神社、杉山神社などの歴史ある寺社と、熊野神社市民の森、みそね公園、獅子ケ谷市民の森などを訪れる道です。古くは熊野神社に向かう参道が各地にあり、いの池から南へ向かう道もその一つと言われています。
長　さ 約2.3km
所要時間 45分
主な見どころ
①師岡熊野神社
②いの池
③熊野郷土博物館
（見学は事前に連絡）
④熊野神社市民の森
⑤杉山神社
⑥獅子ケ谷市民の森

総合案内板に書かれたルートの説明。

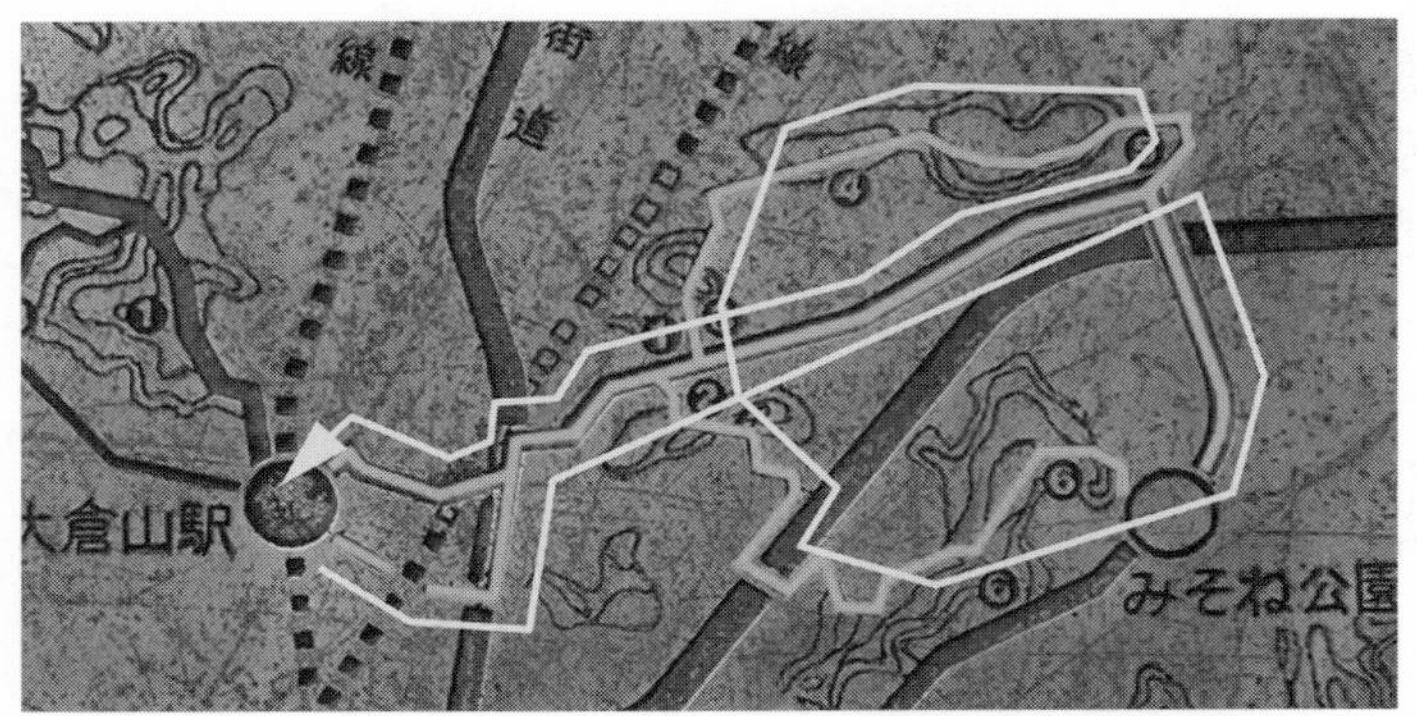

今回の道順です。図にすると単純な気もしますが、文章だけではわかりづらいかも知れません。

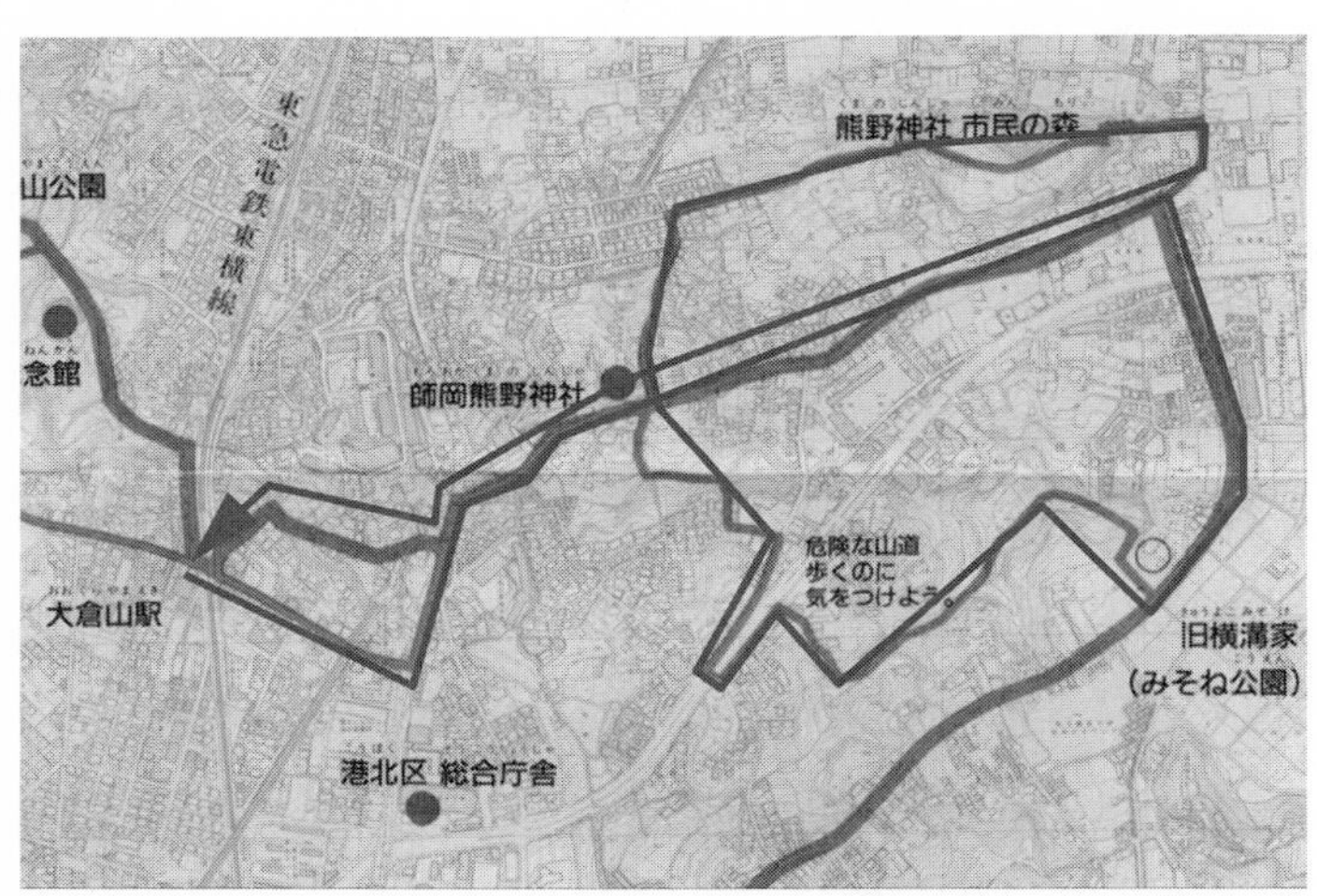

『大倉山さんぽみち探検手帳』のガイドマップ。「危険な山道　歩くのに気をつけよう。」と注意書きがあります。

今回は大倉山駅からスタートします。レモンロードを通って綱島街道に出て、師岡熊野神社、いの池、みその公園、獅子ヶ谷市民の森、熊野神社市民の森、樽町の杉山神社の順に回り、再び綱島街道へ。そこから区役所方面に進み、最初の信号を右折して、大倉山駅に戻ってきます。道が複雑で、文章だけではわかりづらい部分がありますので、その際は「大倉山さんぽみち探検手帳」（横浜市中央図書館蔵）のガイドマップをご覧下さい。また、今までは舗装された道を歩いてきましたが、今回は土や落ち葉に覆われた山道も歩きます。散策の際は、体調も服装も万全にして臨（のぞ）みましょう。

さて、大倉山駅を出発したら、レモンロードを通り、綱島街道に出たところで左折し、「熊野神社入口」の交差点まで歩きます。社号が刻まれた石碑を目印に右折すると、区の障害者地域活動ホーム「ともだちの丘」があり、建物沿いの塀に道標を発見。電柱の影になっているのが少し残念です。

「ともだちの丘」前を通過します。

「ともだちの丘」の前の道標。設置場所は、ちょうど電柱の影になっています。

さらに先へ進むと、師岡熊野神社の参道の石段が見えてきました。師岡熊野神社は、神亀（じんき）元年（七二四）の創立といわれ、一三〇〇年近い歴史を持つ神社です。天暦（てんりゃく）三年（九四九）から続く筒粥神事（つつがゆしんじ）（「わがまち港北」第一回参照）は、平成六年（一九九四）に市の無形民俗文化財に指定されています。また、熊野神社の社紋は、日本サッカー協会のエンブレムと同じ三つ足烏（八咫烏（やたがらす））であることから、そのエンブレムやマスコットを使用した協会公認の

師岡熊野神社参道の入口に到着。鳥居の先には社殿へと続く石段があります。

師岡熊野神社の社紋は日本サッカー協会のエンブレムと同じ八咫烏です。

御守を頒布しており、近年ではサッカー神社としても知られています。サッカー関係者の参拝も多いようです（第一五八回）。テレビ番組やブログ等では、神奈川県のパワースポットとして紹介される機会も増えています。また、おみくじは、凶が出ると縁起直しの御守りがもらえることも話題になっています。神社付設の熊野郷土博物館では、神社裏山にある師岡貝塚の出土品や、神事に関わる資料などを展示しています（見学は要予約）。

石段から道を挟んだ向かいには、平仮名の「い」の形をしたいの池があります。池は、雨乞（あまごい）神事（第一三回）や片眼の鯉（こい）の伝説（第一二一回）でも知られており、中央には弁天様が祀られています。池の近くの公衆電話横には説明板もありました。なお、いの池の他に、師岡熊野神社の社殿裏にはのの池があります。また、今の大曽根第二公園の場所に、かつてはちの池があり、三つの池を合わせて、いのちの池と呼んでいました。

そこから、師岡小学校方面に進んで行くと、師岡沼上（ぬまかみ）耕地公園の手前に説明板があり、そこを右に曲がる

綱島街道沿いにある大曽根第二公園です。この場所に、ちの池がありましたが、昭和44年（1969年）に児童公園になりました。

いの池。中央には弁財天様が祀られた社があります。

師岡熊野神社社殿裏にあるのの池。筒粥神事の際には池の水を使用して粥を炊きます。昔、社殿が落雷で出火した時にこの池の水でご神体を守ったともいわれています。

と環状二号線に出ました。正面の横断歩道では、環状二号線を挟んで手前にも向こうにも同じ説明板が設置されています。

道路を渡って真っ直ぐ路地を進み、十字路に出ると四つめの説明板がありました。その先は前回も訪れたみその公園の横溝屋敷です。

横溝屋敷の敷地に入り、裏手に進んでいくと、管理事務所のさらに奥に、獅子ヶ谷市民の森入口の門がありました（市民の森制度については第二八回参照）。

入口を入ってしばらく階段が続きます。足元は土と落ち葉に覆われてすべりやすくなっています。足元に注意して進んで行きましょう。階段を上り切ると、広場があり

師岡小学校前を通過します。

さらに先へ進むと、みその公園の横溝屋敷に到着しました。

道沿いに進んで行くと、師岡沼上耕地公園が見えてきました。その手前には説明板も発見。

横溝屋敷の敷地裏手（管理事務所の奥）に、獅子ヶ谷市民の森への入口があります。

ここで環状二号線を渡ります。横断歩道の手前にも向こう側にも説明板が設置されていました。

入口を入ると、しばらく土と落ち葉の階段が続きます。

ました。横溝屋敷裏手のこの丘は「殿山」と言い、ここには近世から幕末まで、このあたりの領主であった小田切氏が築いた城、「獅子ヶ谷城」があったと言われています。また、その丘の麓、現在横溝屋敷がある場所は、もともと小田切氏の屋敷があった場所で、小田切氏が江戸に移住する際に横溝氏へ与えたとされています。ただし、獅子ヶ谷城については諸説あるようです。

さて、広場を横目に、行先案内板を見ながら師岡町公園の方向へ進んでいくと、やがて森を抜け、舗装された道に出ました。道なりに進んでいくと下り坂になり、坂を下りきると再び環状二号線に出て来ました。

住宅街を抜けると環状二号線が見えてきました。

階段を上り切ると広場がありました。ここにはかつて、「獅子ヶ谷城」の城郭があったと言われています。

さんぽみちのルートは環状二号線の向こう側に続きますが、ここでは道路を渡ることが出来ません。

森を抜けました。この先右は住宅地、左は畑になっています。このまま真っ直ぐ道なりに歩いていきます。

「南谷戸」のバス停前を通過すると、まもなく説明板があります。

やがて坂を下りきって平地になりました。右手には住宅街が広がっています。

細い道を抜けると突き当たりに説明板を発見。その先の階段は式坂です。

環状二号線から脇道を進んで行きます。

式坂の階段を下り、細い道を抜けるといの池の裏手に出て来ました。師岡熊野神社参道入口の鳥居も見えます。

森の入口は鬱蒼とした木々で囲まれています。洞窟の入口のような雰囲気です。

ルートは道路を挟んで向こう側に続きますが、近くに横断歩道がないため、新横浜寄りにある「師岡町会館前」の信号のところで横断歩道を渡り、来た方向に戻ります。すると南谷戸のバス停の先に、説明板を発見しました。

その先で左の脇道を入り、最初の左角を曲がって道なりに歩いて行きます。突き当たりで左に曲がると、鬱蒼とした木々で囲まれた森の入口が見えてきました。

そこを入って森を進んで行くと、六つめの説明板があり、その先は階段になっています。ここが仁和元年（八八五）に、光孝天皇の勅使として派遣された藤原有房が、師岡熊野神社を前に儀式を行ったとされる「式坂」

です。階段を下りると、再びいの池の畔（ほとり）に出て、熊野神社の前に来ました。

そこから右に曲がり、すぐ左側の熊野郷土博物館脇の坂道を上っていくと、坂道に面した神社の入口右横に説明板がありました。

坂道を上りきって、真っ直ぐ進むと住宅街の中に、今度は道標がありました。その先で右に曲がると、民家の前にまた道標が。道の先には熊野神社市民の森への階段が見えます。階段を上って森へ入りましょう。

ここから天神平（てんしんひら）広場を通り、杉山神社へ向かいます。森を通って杉山神社へ着いたら、参道を抜け、右へ進むと、師岡沼上耕地公園の前に戻ってきます。そこから師岡小学校、師岡熊野神社を通って、再び綱島街

坂道を上っていきます。坂道の左側には、熊野郷土博物館があります。

坂を上りきり、道をそのまま真っ直ぐ進んでいくと、住宅街の真っ只中に道標（丸印）を発見。

住宅街を抜け、熊野神社市民の森へと続く階段を上っていきます。

落ち葉の絨毯が敷き詰められた市民の森を歩いて行くと、やがて開けた場所に出ました。ここが天神平広場です。

天神平広場を過ぎて、曲がりくねった階段を降りると、鳥居が見えてきました。鳥居をくぐると杉山神社の社殿前です。

杉山神社では平成14年から16年にかけて、大改修が行われたため、全体的に新しく綺麗な印象です。

道に出ます。そして、区役所方面に進み、最初の信号で横断歩道を渡ります。

そのまま正面の坂を上って道なりに進み、町会掲示板のところで左側の道に入ると、駅はもう間近ですが、その前に道標を発見。傍(かたわら)には草に埋もれた石仏がありました。そしてそこから目と鼻の先には、もう一つ道標が。この短い距離の中に何故(なぜ)二つの道標を設置したのかが気になりつつも進んで行くと、その先の大通りは大倉山駅前です。今回のサインは説明板七つ、道標五つの計一二個、サインの数は五ルートの中で最多でした。

「大倉山さんぽみち」は、誕生から二五年が経ち、ルート上に置かれた三種類のサインも、開発や劣化等

道標の奥、矢印の所に石仏があります。

再び綱島街道の「熊野神社入口」交差点に出て来ました。

道標の向こうには大倉山駅前の高架が見えます。駅はもう目の前です。

「熊野神社入口」の交差点から、１つ港北区役所寄りの信号を右に曲がり、坂道を上っていきます。

によって徐々に失われています。このままでは近い将来その存在は忘れられてしまうかも知れません。

　しかし、さんぽみちは、普段何気なく通り過ぎてしまう所に、私たちの知らない歴史や魅力があることを教えてくれる素敵な散策ルートです。また、探検手帳のガイドマップを片手に歩くと、二五年間の地域の移り変わりも見えてきます。冬が来て外に出るのが億劫になる前に、是非「大倉山さんぽみち」を歩いてみてはいかがでしょうか。

（二〇一三年十一月号）

第一八〇回　後日談いろいろ　—その三—

「わがまち港北」では、これまで大昔の古い話題をたくさん取り上げて来ましたが、その時々の時事ネタも書いています。最初の頃の時事ネタは、すでに歴史です。そこで、時事ネタの後日談を二回（第一二〇回、一四三回）書きましたが、今回はその三です。

哀しい話題を一つ。「わがまち港北」第一五回で綱島名物の日月桃を取り上げたとき以来、何度も取材にお伺いし、貴重な情報を提供していただいた綱島東の池谷光朗さん（八八歳）が逝去されました。光朗さんは、綱島に関する生き字引で、質問すると何でも詳しく教えてくださいました。以前に、所蔵写真の調査をさせていただいたとき、古い写真に写っている人物の名前をほぼすべて覚えておられることに驚嘆しました。

「現代は金さえ出せば、なんでも買えるし、作れるが、昔の民具などは今のこしておかないと…。後世に綱島の生きた歴史を伝えたい、と思いましてね」（一九七四年十一月二十一日付け『神奈川新聞』）との発言は、光朗さんが四九歳の時です。池谷家はかつて南綱島村の名主をしていた旧家ですが、光朗さんは自家に伝わる先祖伝来の古文書や民具を保存するだけでなく、若いときから地域の民俗資料も使命感を持って収集保存されていたのです。

光朗さんの祖父道太郎氏は、日月桃という新品種の桃を発見して、その苗木を地域住民に頒布して綱島を桃の一大産地とした方です。『自治団体之沿革』（一九二七年）は、道太郎氏のことを「一村民をして永世世話の資源を得せしめたる功徳は、其の分量の大、千万部写経に勝ること幾千なるや知るべからず」と最大限の賛辞で紹介しています。

道太郎氏の跡を継いだのが、三男の陸朗氏です。陸朗氏は、若いときに横浜の貿易商に勤めていました。大正十一年（一九二二）頃に、そこの社長からカメラを譲り受けました。大正から昭和前期の綱島を写した古い写真、その大半は陸朗氏が撮影したものです。

陸朗氏の写した貴重な写真は、これまでに様々な冊子で数多く紹介されていますが、池谷家にはその元になった分厚いアルバムと一七〇枚ものガラス乾板が大切に保存されていました。筆者は未見ですが、当時のカメラも保存されていると伺いました。陸朗氏の写真を保存し、地域のために惜しげもなく提供されたのが陸朗氏の跡を継いだ光朗さんでした。自己の利益よりも、地域の発展のために尽くした道太郎氏と同じ想いを共有されていたのだと思います。合掌。

楽しい話題もあります。以前に紹介した港北区のゆるキャラですが、その後もどんどん増殖しています。第一五七回で「ミズキー」や「カモマン」を紹介しました。広報の港北区版では、ミズキーに加えて、平成二十四年（二〇一二）五月号から「ウメじい」も登場しています。最近は「うめじい」と名乗っているようです。二人の関係には大人の事情があるとかで、筆者には分かりません。

新横浜名物「鴨（かも）まん」（第一三三回参照）のキャラだった仮称「カモマン」は、二度目の名前募集により、昨年（二〇一二）新横浜町内会宣伝キャラクター「かもねくん」となりました。「かもねくん」は、Facebookを始めたり、テーマソング「かもね?かもね!かもねくん」が作られたりと、元気いっぱいです。今年（二〇一三）の新横浜パフォーマンスでは実行委員長に任命され、「キャラクター文化祭」での活躍が期待されましたが、雨天中止となり、残念でした。来年に期待です！

第一五八回では「どぼくねこ」を紹介しましたが、その時は港北区内のキャラなのか確認が取れなくて紹介出来なかったのが、いつも仲良し「コーン夫妻」。「どぼくねこ」は、はまれぽ．ｃｏｍに取り上げられたり、公園の平和を守るアイゴレンジャーと共にYouTubeに動画がアップされたりと大活躍です。「コーン夫妻」の今後にも注目しましょう！

どぼくねことコーン夫妻

各地区の地域ケアプラザでも、平成二十三年（二〇一一）に樽町（たるまち）の「たる坊としょうぶちゃん」、新吉田（しんよしだ）の「にこにこっち」、平成二十五年（二〇一三）に大豆戸（まめど）の「まめっち」が誕生しています。地域ケアプラザとは、誰もが住み慣れたまちで、安心して暮らせるための拠点として、地域の福祉・保健活動を支援し、福祉・保健サービス等を提供する施設です。現在区内に八ヵ所ありますが、平成二十六年（二〇一四年）五月十二日に九館目が新羽（にっぱ）駅前にオープンする予定です。

新横浜に本社がある株式会社日本アクアの「ウレタンマン」は、同社のFacebookやTwitterなどで活躍中です。平成二十三年（二〇一一）四月から始まった地域通貨「梅さんの輪」のキャラクター「梅さん」は、大倉山の梅林（ばいりん）の梅をモチーフにしています。どんどん増えていくゆるキャラが、もっともっと楽しい港北区にしてくれそうです。

「わがまち港北」も満一五年、一八〇回となりました。一六年目もよろしくお願いいたします。

（二〇一三年十二月号）

ヨコアリくん

カブック　てんてん　としょんぼ

おまけ

I　小机城周辺の歴史ロマン

平井　誠二

【散策ルート】

小机駅→鶴見川流域センター→小机城址→鐘楼跡→金剛寺→本法寺→泉谷寺→住吉神社→泉谷寺坂→尾根道→土居之谷橋→鳥山池公園→将軍地蔵→馬頭観音→鳥山八幡宮→三会寺→（横浜上麻生線）→雲松院→小机駅

小机は、港北の歴史と未来が交錯する町である。

小机駅は、横浜線の開通と共に明治四十一年（一九〇八）九月二十三日に開業した。今年（二〇〇八）で百周年を迎える。開業当初、駅の周辺には田畑が広がるのみで人家はわずか二、三戸だったという。大正末期にようやく駅附近の開発が始まり、やがて駅の周辺に家々が立ち並ぶようになった。それまでの小机の中心部は、小机城のふもと、堀崎にあった。

俳人高浜虚子と門弟達は、昭和十二年（一九三七）に小机を訪れている。小机駅に降り立った虚子は、刈

小机周辺図（平成24年２月発行『港北区区民生活マップ』より）

り取った稲が干されている水田風景を見て、「稲架(はさ)の中　人急ぎくる　小駅かな」と詠った。

記録係の真下喜太郎は、「町と云(い)ふと賑(にぎ)やかなやうに聞えるが実は丘陵が起伏し田野が展開してゐるに過ぎず。太田道灌(おおたどうかん)が……小机城を攻め落したといふ時代だってこんなものだらうと思はれるやうなところだった」（『武蔵野探勝』）と記している。

鶴見川の遊水地

さて、商店街は駅の南口側であるが、まずは北口に出る。北東に、二〇〇二年ＦＩＦＡワールドカップの決勝戦会場となった日産スタジアム（横浜国際総合競技場）が見える。その一帯は、鶴見川の遊水地となっていて、市内最大の運動公園として、新横浜公園の整備も進められている。

北西側、畑の向こうに見えるのが鶴見川流域センター、高い鉄塔が目印だ。暴れ川だった鶴見川の流域の自然や歴史、水害予防のために造られた遊水地などについて、無料で学べる。入口にある地形模型、床一面に貼られた流域の航空写真を散策前に見ておくとよいだろう。

小机城址に上る

駅から線路沿いに西へ行くと山にぶつかる。城山だ。山の上が小机城址、現在は小机城址市民の森となっている。春の小机城址祭り（今年〔二〇〇八〕は四月十三日）では、武者行列が鳥山町の三会寺から本丸広場まで練り歩く。秋には竹灯籠まつりも開かれる。

小机城の築城年代は不明だが、鎌倉期とも室町期ともいわれている。歴史に現れるのは、文明九〜十年（一四七七〜七八）の太田道灌の城攻めだ。山内上杉家の家臣長尾景春が、家督争いに端を発して反乱を起こしたとき、景春に味方した矢野兵庫助がこの城に立てこもった。上杉方からは太田道灌が攻めたが、戦さ巧者の道灌でも落城までに二ヵ月を要したという。その時、疲れの目立つ兵士に、「小机はまず手習いの初めにて、いろはにほへとちりぢりとなる」と詠い、励ましたと伝える。

その後、小机城は一時廃城となるが、やがて後北条氏の勢力下に置かれ、笠原越前守信為が城代となった。城の周囲に現在も残る土塁や空堀（深さ十二メートル、上部の幅二十メートル）はその頃築かれたものである。高台の二ヵ所の広場は、西側が本丸、東側が二の丸といわれている。この笠原氏の下、近在の武士団は小机衆として組織され、小机城は後北条氏の有力な支城となったが、天正十八年（一五九〇）後北条氏の滅亡により、廃城となった。

線路際をそのまま進み、第三京浜の隧道を抜けて、右手の階段を上がっていくと鐘楼跡（物見台跡）に出る。江戸期には富士塚にされ、頂上に「富士仙元大菩薩」の石碑が建っている。見落とされがちだが、お薦めのビュースポットだ。

鶴見川はこの近くまで潮が上がってくる。小机に城が築かれ重要な戦略拠点となった理由の一つであろう。対岸の新羽にある西方寺は、明応四年（一四九五）に船を利用して鎌倉から移築したという。

金剛寺と本法寺

城址から少し戻って最初の踏切を越えた先、右手にあるのが医王山金剛寺。本尊は薬師瑠璃光如来坐像で、武南十二薬師の第七番札所である。再来年（二〇一〇）寅年のご開帳が楽しみだ（「わがまち港北」第一三七回参照）。ここでは、山門手前左側の寛文九年（一六六九）の庚申塔に注目。小机村は橘樹郡だったといわれるが、郡境であり、銘を読むと江戸初期には都筑郡に属していたことが分かる。

道沿いに進み、横浜上麻生線にぶつかる交差点が小机辻。真っ直ぐ抜けて南下すると、本法寺。天文八年（一五三九）、綱島に創立され、その後小机の鶴見川沿い（字堂之脇、新横浜公園の西隣り）に移転したが、水害により文政二年（一八一九）に現在地へ移転したという。いつもよく手入れされた庭が見事だ。楼門をくぐると右手に、一石彫りの手水鉢が目につく。名工の誉れ高い内藤慶雲（溝ノ口）と松原祐太郎の作で、横浜市の指定文化財だ。その奥に飯田九一の俳画塚もある。

住吉神社と泉谷寺

さて、小机辻から横浜上麻生線に添って西へ歩き、なだらかな坂を上ると住吉神社。この辺りの高台を字宮原という。住吉神社は上古に小机領総鎮守として創建されたという。大阪の住吉大社より分霊を勧請したというが、それ以前には別の祭神が祀られていたのかも知れない。火災により資料を焼失しているだけに、歴史ロマンに想いがふくらむ。

住吉神社から先程の坂道を戻り、坂の下を右に曲がると、泉谷寺だ。山門を入った左手に観音堂がある。旧小机領三十三所子年観音霊場の一番札所である。ちなみに二番札所は後述の三会寺だ。今年（二〇〇八）は四月一日から五月六日までが開帳となる。一二年に一度の好機だ。

泉谷寺で有名なものに、初代安藤広重が杉戸八枚に描いた大作「板絵著色山桜図」がある。県の重要文化財である。公開はしていないので、山門前の解説版で我慢しよう。山桜図は様々な本でも写真が紹介されているが、杉戸の裏に墨筆（ぼくひつ）されているという松の大木の写真は見たことがない。

尾根道を歩く

泉谷寺と城郷（しろさと）中学校の間にある泉谷寺坂を上り、尾根道を東に進む。尾根の南側は神奈川区になる。小机郷、小机保（こづくえのほ）が南に拡がっていたことや、昭和十四年（一九三九）の港北区成立の時、神奈川区への編入が検討されたことがあるのもうなずけるような景色が広がる。

第三京浜の上を越えるのが土居之谷橋（どいのやばし）である。昭和四十年（一九六五）に建設された第三京浜により、小机城址は二分されてしまった。現代なら、大規模な保存運動がなされ、詳細な発掘調査も行われたであろう。

土居之谷橋の先で山を下りると本法寺（ほんぽうじ）へ出る。この斜面は樹木が鬱蒼（うっそう）としていて、開発が進む以前の小机の風景が残っている。

尾根道をしばらく歩くと、北側に鳥山池公園が見下ろせる。かつて農村地帯だった地域の灌漑（かんがい）を担っていたのが鳥山池だ。田畑も池も無くなったが、見下ろすと小机町、鳥山町の向こうに日産スタジアム、新横浜方面が望める。ここも歴史が見えるお薦めのビュースポットだ。心の目を見開いて、昔の風景も見てほしい。

尾根道が途切れ、階段を下りる。左に折れれば鳥山池公園、右手に道なりに行くと、左側に小さな祠（ほこら）が二つある。少し大きい方が将軍地蔵である。佐々木高綱の守り本尊を祀っている。元は鳥山八幡宮の脇にあったが、戦時中に疎開し、戦後になり現在地へお堂を建立した。北側へ山を越えると鳥山八幡宮へ出る。佐々木高綱は、宇治川の合戦で先陣の功をとったことで『平家物語』にも語られる有名な武将であるが、鳥山八幡宮の西に館を構えていたといわれる。その辺りを字「元屋敷」という。

将軍地蔵から南へ下り、砂田川沿いに山を回り込むと、馬頭観音堂がある。佐々木高綱の名馬いけずき（生唼、池月）は鳥山で飼育され、その遺骸を葬り、馬霊を神として祀ったのが馬頭観音堂（駒形明神）の始まりという。いけずきの誕生地については、全国で四〇ヵ所近くもの伝説があるが、墓所の伝説があるのは当所と他に二ヵ所だけである。

三会寺と雲松院

その佐々木高綱に奉行を命じて、源頼朝が建立させたと伝えるのが三会寺である。三会寺は、弘法大師の再来と称された印融法印が住職をしていたことでも知られる。

三会寺から横浜上麻生線を西へ歩くと小机駅南口に出る。駅の南側に雲松院がある。本堂は宝暦三年（一七五三）建立、山門は安政五年（一八五八）造立で、共に市の文化財に指定されている。臥龍山雲松院は、大永四年（一五二五）に小机城代笠原越前守信為が亡父能登守信隆（法名「乾徳寺雲松道慶」）を追善するために開いた。開基笠原信為の一族は、当初後北条氏の有力な家臣であったが、後北条氏滅亡後、徳川家康に取り立てられ旗本となった。ここに江戸中期までの墓がある。笠原氏の墓と、中国の禅僧の説法集を評釈した『天童小參抄』の現存最古の写本も市の文化財に指定されている。

境内の池には龍が住みついていたという伝説がある。笠原氏墓所を参拝し、振り返ると、池に映るしだれ桜が美しい。

（季刊誌『横濱』Vol.20、二〇〇八年春）

付記　第三京浜道路を跨いでいる「土居之谷橋」は、小机の小字から付けられた名前と思われますが、小字は「土井之谷」であり、漢字も読み方も少し違っています。意図的に変えたのか、間違えたのか、そもそも無関係なのか、筆者にはよく分かりません。

Ⅱ げんこつ和尚と人名辞典

平井　誠二

仕事柄、古老の方に地域の昔のことを聞くことが多い。現在の古老が子供だった頃、つまり戦前から終戦まもなくの頃の話をよく聞く。筆者が横浜市港北区大倉山で仕事をしているためか、古老の方が大倉山にある大綱（おおつな）小学校に通われていた頃の話を伺うことも多い。その中で、何度も話題に出る名物先生がいる。あだ名は「げんこつ和尚」である。恐い先生であったらしいが、子供たちに好かれてもいたらしく、何十年たっても忘れがたい恩師のようだ。

古老の話によると、本名は、伊藤履道（りどう）、港北区新羽町（にっぱちょう）にある西方寺（さいほうじ）の第四十六世住職である。げんこつ和尚とはどのような人物だったのか、その正体を知りたくて、大綱小学校の記念誌を調べた。

『おおつな八十余年の流れ』（大綱小学校、一九八〇年）によると、昭和十一年（一九三六）四月から二十一年（一九四六）三月までの在任であり、同書に掲載されていた当人の回顧談には、洪水や空襲から御真影（ごしんえい）を守った時の思い出が記されていた。新田（にった）小学校の奉安殿（ほうあんでん）を戦後引き取り、西方寺の太子堂とされたのと相通じているようだ。げんこつ和尚（履道上人道海大和上）は、この本が出た翌年（一九八一年二月九日）に八十一歳で遷化（せんげ）された。明治三十二年（一八九九年）十月十三日生まれであった。一度お会いして話を伺いたかった方である。

住職で教員もされていた。これだけでは物足りないと思っていたら、最近興味深い本を見つけた。『自治産業大観』（人事調査所、一九七七年）である。書名からでは、地方自治体や地域企業、地場産業などを紹介する本のようであるが、副題に「郷土を造る人々」とあり、内容は地域で活躍している人物を採り上げた人名辞典である。ここに写真入りで掲載されていた。

伊藤履道（昭和49年撮影）

内容の一部を紹介しよう。「履道氏は大正大学に学び、当山四十六世住職として先師の後を継ぎ、法灯を護ってひたすら仏道に精進、衆生（しゅじょう）の済度（さいど）と宗門の発展に力を注いでいる。傍ら県老人クラブ連合会理事、港北区老人クラブ連合会会長、新田地区老人クラブ連合会会長、新羽町中央老人クラブ会長、老人相談員、全日本仏教単立寺院総務、横浜市仏教会理事の要職を担い福祉活動に取り組んでいる。高潔な人格と地域へ注ぐ温かい心情は広く信望を集め、敬愛も深い。」

趣味は古美術とあるから、この趣味は三男宏見氏に受け継がれているのかもしれない。

履道氏晩年の活動を中心とした記述であり、大綱小学校の教員であったことは全く触れられていないが、高潔な人格や温かい心情は教員時代と通じていると思われる。

誰しも長い人生の中で、様々な活動をし、それぞれの場所に足跡を残しているということであろう。人物の実像に迫るのは難しいが、人柄の一端に触れられると楽しい。

横浜市港北区役所の区民活動支援センター（元生涯学習支援センター）の情報紙『楽・遊・学』に、「シリーズ　わがまち港北」と題して区内の文化や歴史を紹介する原稿を書き始めて十二年目に入った。港北生まれでも、港北区民でもない筆者にとって、見るもの聞くもの何もかもが興味深い。驚いたこと、心惹かれたことをテーマとして、その感動を文章にしてきたが、最近とみに思うのは、地域文化も歴史も、作るのは人間であるということだ。しかし、地域で活躍してきた人物は、文字に記録されることが少なく、関係者の記憶と共に、やがて実在したことすら忘れ去られることもある。郷土を築いてきた先人たちの足跡を、一人でも多く記録し後世に伝えていきたいと考えている。

（短歌雑誌『沙羅』第二〇巻第五号、二〇一〇年五月）

付記　「わがまち港北」第一四三回、一六七回も併せて御覧ください。『創立八十周年誌　新田のあゆみ』（新田小学校、一九七三年）によると、履道氏は昭和二十二年四月から三十五年三月まで新田小学校の教諭を務めており、同書に「新田小の思い出」と題する一文を掲載しています。

Ⅲ　大倉山記念館とドラマロケ

平井　誠二

二〇〇二年一月二十七日、日曜の朝のことである。子供とテレビの「仮面ライダーアギト」最終回を見ていて思わずのけぞった。アンノウン事件から一年後、G３の設計者小沢澄子（藤田瞳子）はイギリスのUNIVERSITY OF WEST LONDONKの教授になっているのだが、その校舎として映っていたのは、なんと横浜市大倉山記念館であった。この衝撃を契機として、大倉山記念館での撮影情報を集め始めた。

世界に一つだけの建築様式

東急東横線大倉山駅を下車、線路沿いに記念館坂を山の上まで五〇〇メートル余り上ると、昭和七年（一九三二）竣工の大倉山記念館がある。この建物の施主は大倉邦彦、紙問屋の社長であり、後に東洋大学学長（一九三七～四三年）も務めた人物である。大倉財閥とは関係無い。設計者は長野宇平治（うへいじ）、日本建築士会の初代会長である。施工業者は竹中工務店。建物の建築費は四五万九三五六円一八銭、全て大倉邦彦の私費であった。

大倉邦彦は、大倉精神文化研究所の本館としてこの建物を造らせたが、彼の死後、一九八一年に研究所は敷地を横浜市に売却し、建物を寄贈した。市は、建物を改修し、一九八四年に大倉山記念館として開館し、敷地は大倉山公園とした。撮影が行われるようになったのは、それ以降のようだ。一九七〇年代は幽霊屋敷とか、化け物屋敷と呼ばれていたので、その頃ならホラー映画の撮影にピッタリだったのではないかと思う。ちょっと残念な気がする。

大倉山記念館は、よくギリシャ神殿風といわれるが、正しくは「プレ・ヘレニック様式」といい、ギリシャ文明より古くに地中海で栄えたクレタやミケーネ文明の建築様式を取り入れた建物である。命名したのは、設計者の長野宇平治である。記念館は単独の建物としては長野の最後の作品であり、後にこの様式を継ぐ者が出なかったために、世界中に、「プレ・ヘレニック様式」を名乗る建物は、横浜市大倉山記念館ただ一つである。

オダギリジョーがそこにいる

記念館坂を上り、最後に四二段の階段を上ると大倉山記念館の正面に出る。昨年（二〇一〇年）春、建物正面右脇に車を止めて、星崎剣三（オダギリジョー）が立っている姿を何度も見かけた。テレビドラマ「熱海の捜査官」の撮影であった。記念館は「永遠の森学園」という名の高校となっていた。

さて、大倉山記念館は、中央館、東館、西館、ホール、ギャラリーの五つのパーツをつないで造られている。

ぱくゆひ君が描いた大倉山記念館と東横線（2013年３月、当時６歳）

正面の中央館を見上げると塔屋がある。映画「帝都物語」では、魔人加藤との決戦に出向く辰宮恵子（原田美枝子）が、塔屋回廊で辰宮洋一郎（石田純一）と別れの言葉を交わすシーンが撮影された。この塔屋は、歌人で第一回文化勲章を受章した佐佐木（ささき）信綱（のぶつな）が、横浜市立大綱（おおつな）小学校の校歌で「大倉山の塔は近し」と詠っている。信綱は校長に作詞を依頼されたのであるが、設計者長野宇平治は信綱の短歌の弟子であり、しかも信綱は大倉邦彦とも交流があったので、建物のことを知っていたようだ。

さて、正面玄関を入ったところがエントランスホール。実はここが二階である。中央に広い階段があり、上ると突き当たりがホール。階段はその手前で左右に分かれて、三階へと続く。この階段はよく写真撮影に使われている。筆者も、研究所附属図書館からエントランスへ出たとたん、ウエディングドレス姿の花嫁と鉢合わせして驚いたことがある。マントを羽織った中村敦夫（あつお）に会ったことや雛形あき子を見かけたこともある。今年一月には、中央階段に高嶋ちさ子とヴァイオリニスト十二人が勢揃いして、デビュー十五周年記念「女神たちの饗宴（きょうえん）」のポスター撮影が行われた。

エントランスから右側に行くと大倉精神文化研究所附属図書館。左側へ行くと集会室がある。第六集会室（元所長室）は、映画「ゼブラーマン」では防衛庁極秘会議室となっていた。三階第五集会室（元応接室）は、館内でもっとも豪華な造りとなっている。この部屋は、野口英世の生涯を描いた映画「遠き落日」で、英世が渡航するアメリカ、ペンシルベニア大学のフレクスナー教授の研究室に使われた。

出勤すると、そこは南洋の軍事施設だった

大倉山記念館は石造りのようであるが、実は鉄骨鉄筋コンクリート三階建てである。ほぼ左右対称なのだが、東館は六層の図書館書庫になっているために、西館に比べて窓が数多く並んでいる。映画「探偵事務所5」では、この窓が百人の探偵の各事務室の窓との設定になっていた。

筆者の勤務する大倉精神文化研究所の入り口も東側にあるが、ある朝出勤したら、入り口に見知らぬ看板

が掛けられていた。なんと、南洋の軍事施設になっていたのだ。関係者の名誉のために名前は明かさないが、テレビドラマの撮影であった。了解無しの出来事であり、この時は事務局長が現場責任者を呼びつけてきつくお灸（きゅう）を据えた。

こうして列挙していくときりがないが、外国の神殿風のおごそかな建物であることから、裁判所（「正義は勝つ」「警視庁捜査一課9係」「帰ってきた時効警察」「ギネ　産婦人科の女たち」など）や美術館・博物館（「恋ノチカラ」「任侠ヘルパー」など）などの設定になることが多い。

大倉山記念館が撮影によく使われるのは、そうした設定に適していることと、東京から近くて交通の便がよい、公共施設であり利用料が安いなどの条件がそろっていることが要因であろう。さらに、山の上の立地と、公園の樹木が大きいことで、窓から外を写しても、あるいは建物周辺で撮影しても、他の家が画面に映り込むことがほとんど無いので、撮影しやすいようである。

大倉山公園には、約二、〇〇〇本の樹木があるが、これらの大半は八〇年ほど前に大倉邦彦や研究所関係者が植林したものである。当初は小さな苗木であり、山の上にそびえ立つ記念館の姿はどこからでもよく見えたが、木々は時と共に成長し、今では記念館の姿をほとんど覆い隠してしまっている。

大倉邦彦は、研究所を設立するために、一九二六年からヨーロッパへ視察旅行に出かけた。各地の学校や教会、文化施設などを見学し、研究所設立の構想が固まり、ドイツへ設計者広瀬を呼び寄せて打ち合わせをした後、帰国の途についた。帰国後、広瀬に研究所本館の設計をさせたが気に入らず、設計者を長野宇平治に変更した。その結果が、「プレ・ヘレニック様式」の横浜市大倉山記念館である。しかし、大倉邦彦は、建物のデザインそのものにはあまり関心がなかったようである。

一九三二年四月九日、建物が竣工し、開所式の席上、挨拶に立った大倉邦彦は、「堂構(どうこう)の美を以て誇りとすべきものではない」と明言し、「形式は信念の具象である」と言い放った。形式とは、建物の形であり、信念とは、施主大倉邦彦が建物を使って何をしたいのか、つまり使用目的である。大倉邦彦は、世界中の人々に、神仏に対して畏敬の念を持つことと、神から与えられた各自の使命を自覚し、それを実践するための強い心を養うことを目的としてこの建物を造らせたのである。開所式に列席していた長野宇平治は、この挨拶をどのように聞いていたのだろうか。

「出没!アド街ック天国」「開運!なんでも鑑定団」「ちい散歩」「空から日本を見てみよう」など、記念館をそのまま紹介した番組はともかく、コスチュームに身を包んだヒーローが怪人たちと戦っている姿などを見たら、大倉邦彦はなんと思うであろうか。夜な夜な図書館書庫に現れると一部で噂される邦彦の霊に聞いてみたい。

（季刊誌『横濱』Vol.32、二〇一一年春）

Ⅳ　大倉山駅誕生クロニクル（物語）

林　宏美

私が働いている大倉精神文化研究所には、宛先が「大倉山精神文化研究所」と書かれた郵便物がよく届きます。そこで働く身としては、「山」の字を見る度にちょっと切なくなりますが、その一方で「大倉山」の名前が、それだけ大きなものになったんだなぁと感慨深い気持ちになったりもして、何だか複雑です。

今や東横線の駅名として、さらには駅周辺の町名として、すっかり定着した「大倉山」ですが、大倉精神文化研究所ができるまで、この地域に「大倉山」という名前は存在しませんでした。大倉山駅も、最初は「大倉山」ではなかったのです。

太尾（ふとお）駅の開業

大倉山駅は、大正十五年（一九二六）二月十四日、東京横浜電鉄（現東京急行電鉄）の丸子多摩川〜神奈川間の開通とともに、「太尾」という駅名で営業を開始しました。太尾は周辺の地名に由来した駅名です。

太尾駅はホームがあるだけの無人駅で、駅舎もなく、改札口は大倉山記念館に向かう坂（現記念館坂）の途中にありました。最近の駅前通りは、不動産広告で「お洒落なショッピングストリート」「洗練された雰囲気の商店街」と謳われていますが、当時の太尾駅前には二、三軒のお店があるだけで、周辺はのどかな田園風景広がる一面の農村地帯、人口は七〇〇人程度でした。駅の利用者も少なく、朝の通勤通学時間帯でも乗客は両手で数えられる程だったそうです。ちなみに、東急電鉄のホームページによると、大倉山駅の二〇一一年度の乗降者数は五一、二三一人、東横線二一駅の中では一〇番目に多く、各駅停車のみの停車駅一〇駅の中では、最も乗降者数の多い駅になっています。時代は変わったなぁという感じです。

大倉精神文化研究所の建設

昭和三年（一九二八）のある日、太尾駅にほど近い小高い丘の上に、二人の男がやってきました。一人は大倉洋紙店（現新生紙パルプ商事）の三代目社長大倉邦彦、もう一人は当時、東急の専務取締役だった五島慶太です。この丘の大部分は東急の所有地で、大倉邦彦は、ここを精神文化研究所の建設予定地として購入することになります。後年、邦彦は五島とのやりとりをこう語りました。「山の頂上に五島氏と二人で立って、持っていたステッキをぐるっと回して大体この位の土地が欲しいといって買ったんだよ。」

大倉精神文化研究所は、大倉邦彦が設立した精神文化の研究所です。大倉邦彦は、明治以降の急速な近代化の中で、日本古来の思想や文化を人々が疎かにするようになり、そのことが原因で社会に様々な問題が起きていると考えていました。そこで、大倉邦彦は日本の伝統的な精神文化を研究して、それを世の中に広め、実社会での生活に役立てることを目的として研究所をつくろうと考えました。邦彦はその研究所にふさわしい場所として、この丘を選んだのです。

そして、昭和四年（一九二九）から研究所の建設が始まります。すると、この丘はやがて「大倉山」と呼ばれるようになりました。

太尾駅から大倉山駅へ

さて、丘の呼び名に過ぎなかった「大倉山」が東横線の駅名となったのは、研究所の建設開始から三年後、東横線の渋谷〜桜木町間が全通する昭和七年（一九三二）三月三十一日のことでした。実は研究所には駅名改称の経緯を語る資料が残されています。ここで太尾駅の改称にあたって、研究所と東急の間でどんなやりとりが交わされたのか、少し見ていきましょう。

そのやりとりは、昭和六年十月頃に東急の運輸課長立花栄吉から研究所へ届けられた手紙に始まります。

五島慶太の研究所視察（昭和６年10月23日撮影）

手紙は新しい駅名について希望を尋ねるものだったようですが、残念ながらその手紙は残っていません。ただ、研究所にはその手紙を受けて、新しい駅名を大倉研究所駅にしたいと立花氏に伝えた回答の控えが残っています。

けれども、研究所側の希望は受け入れられなかったようで、研究所では、改めて立花氏に駅名の候補を伝えています。この時に候補として伝えられた駅名は、大倉文研、研究所前、大倉山の三つでした。研究所では、この中から駅名を選んで欲しいと立花氏に要望します。

これに対する立花氏からの回答は十二月五日付で届きます。その内容は、社内会議の結果、太尾駅を大倉山駅と改称することに決めたというものでした。回答の手紙には肝心の駅名選定理由が書かれていないため、東急の社内会議で一体どのような判断があったのかを知ることはできませんが、『東急電鉄五〇年史』には、「大倉山は、大倉邦彦の当地域に対する貢献により名付けられ、駅名もそれにちなんだ」と書かれています。「駅名もそれにちなんだ」ということから、「大倉山」という呼び名は既にある程度知られたもので、この点が決め手になったのではないかと思われます。

ともあれ、こうしたやりとりを経て、「太尾」に代わる新しい駅名は「大倉山」に決まりました。しかし、大倉山駅への改称に反対がなかった訳ではないようです。元研究所員の岡崎賢次氏の回想によると、関係者からは、目蒲線・大井町線に既に「大岡山」という駅があるので紛らわしいという意見があったといいます。また、地元からは、「太尾」という古くからの名前を残して欲しいという声もありました。

駅名改称の影響と理由

改称後には、ホームしかなかった駅に駅舎が建てられ、駅員も置かれるようになりました。初代駅舎はもともと改札があった記念館坂の中腹に建てられます（口絵写真参照）。三角屋根が特徴的なかわいらしい建

大倉山の中腹から望む大倉山駅（昭和15年、宮田富雄氏撮影）

物で、昭和十一年に現在の駅前通りに面した駅舎が出来た後も、昭和三十年代まで残っていて、行楽シーズン時の臨時駅舎として利用されていました。

ところで、大倉山駅で行楽といえば、今も昔も大倉山公園の観梅、かつては観梅の時期に臨時特急「観梅号」が停車したこともありました。その大倉山公園は昭和六年（一九三一）の開園で、はじめは「太尾公園」といいましたが、駅名が大倉山に変わったことに合わせて、昭和九年に「大倉山公園」となりました。

公園の梅林は、もともと東急が観光地として整備したものです。この頃の東急は、沿線の宅地造成や、学校誘致、観光開発などを積極的に行って、利用客の増加を図っていました。

東急が研究所に駅名の希望を聞いて、太尾駅を改称したのも、研究所の存在を鉄道利用者の獲得につなげようとしたことが理由だと考えられます。実際、昭和五年（一九三〇）十月に発行された東急の沿線案内を見ると、昭和七年四月に完成するはずの大倉精神文化研究所が、説明付きで紹介されていることが、その裏付けになりそうです。

その名は丘を越えて

大倉精神文化研究所を建てた丘が「大倉山」と呼ばれるようになり、その名前は、昭和七年三月三十一日に駅名となって、初めて公のものとなりました。なお、平成二十四年（二〇一二）三月三十一日は、駅名改称八〇周年の記念日でした。その日、駅構内で大倉山駅と周辺地域の歴史をたどるメモリアル写真展や、八〇年前の駅名表示板をイメージしたストラップの販売等が行われていたことを思い出される方もいるでしょう。限定一、〇〇〇個のストラップはわずか数日で売れ切れ、今となっては幻のストラップです。

しかし、八〇年の間に変わったのは駅名だけではありません。その後、大倉山駅を中心とした周辺地域も「大倉山」と呼ばれるようになり、平成十九年から二十一年にかけて行われた住居表示の実施で、駅周辺の「太尾町」という地名も全て「大倉山」に変わってしまいました。ちなみに大倉山駅の住所は「大倉山一丁目一番一号」、駅は名実ともに大倉山の中心です。

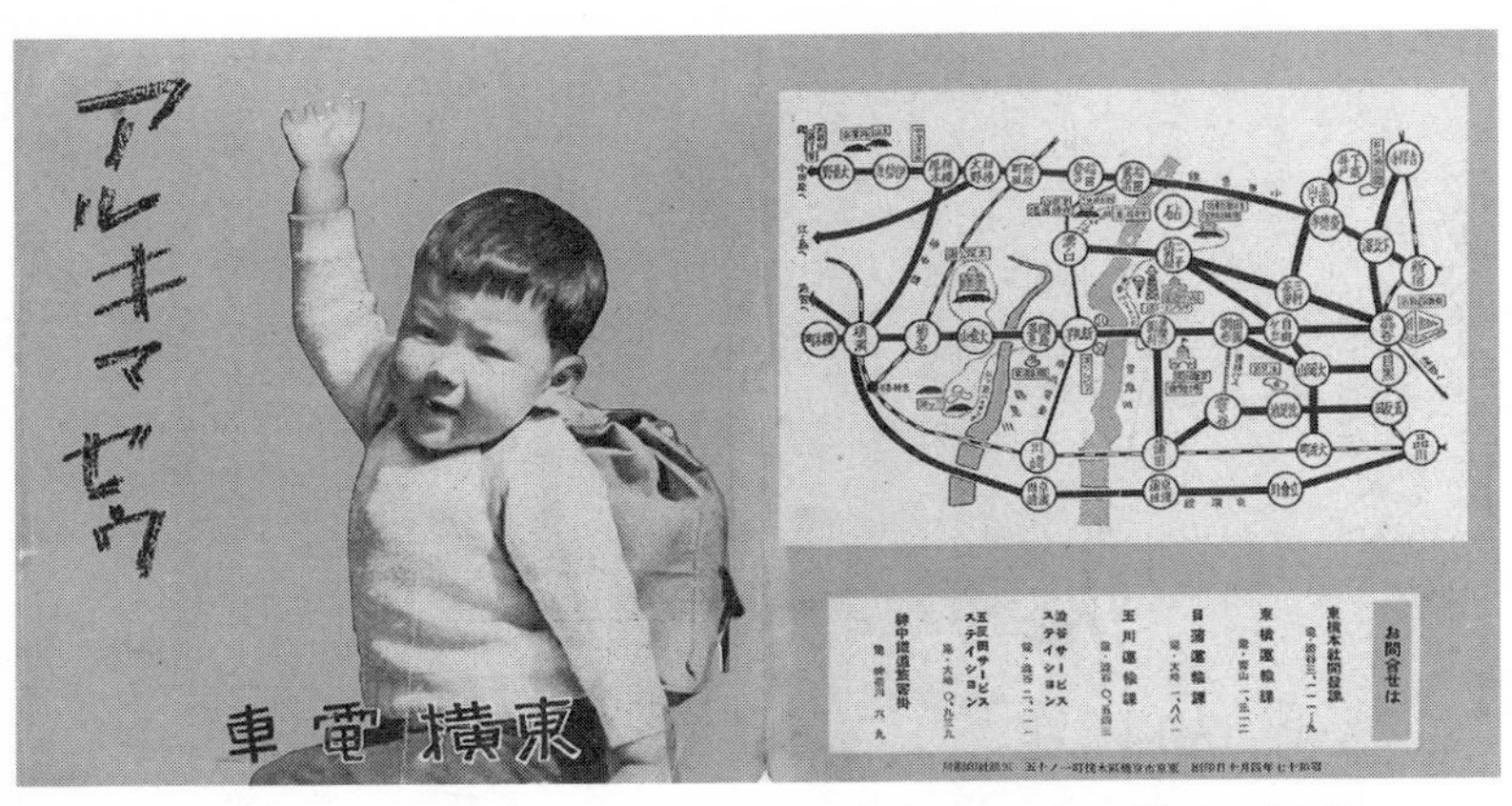

東急沿線の散策案内「アルキマセウ」（昭和17年４月10日印刷）

さて、大倉山記念館は平成二十四年（二〇一二）十一月末に屋根と外壁の改修工事を終えました。屋根は新しい銅板に葺き替えられ、外壁も綺麗に塗り直されて、「白亜の殿堂」は白さが一段と際立つようになりました。その様相は、八〇年前の建物完成時を彷彿とさせるものです。観梅には、まだ少し早いですが、生まれ変わった大倉山記念館見学に、大倉山駅で下車してみるのはいかがでしょうか。

（季刊誌『横濱』Vol.39、二〇一三年春）

Ⅴ　菊名駅の謎は聞くな？

平井　誠二

車掌に駅名尋ぬれば　菊名（聞くな）と答えて妙蓮寺　弁財天は横浜の　七福神のひとつなり

日吉の辻村功さんが昭和五十五年（一九八〇）に作詞（平成十七年改訂）した「東急鉄道唱歌」の一節です。駅名の「菊名」は、地名から名付けたものです。ちなみに、これが横浜線だと、「大口聞くな（菊名）」と言われて、喧嘩になるところでしょうか。

この菊名駅、多くの謎を秘めていますので、聞かれずとも、問わず語りにお話ししましょう。

菊名駅は、実は二つあります。東横線の菊名駅が開業したのは大正十五年（一九二六）二月十四日のこと。横浜線の菊名駅は、その半年後の大正十五年九月一日開業。この、東急とＪＲの二つの駅があることが、多くの謎を生み出したそもそもの原因です。

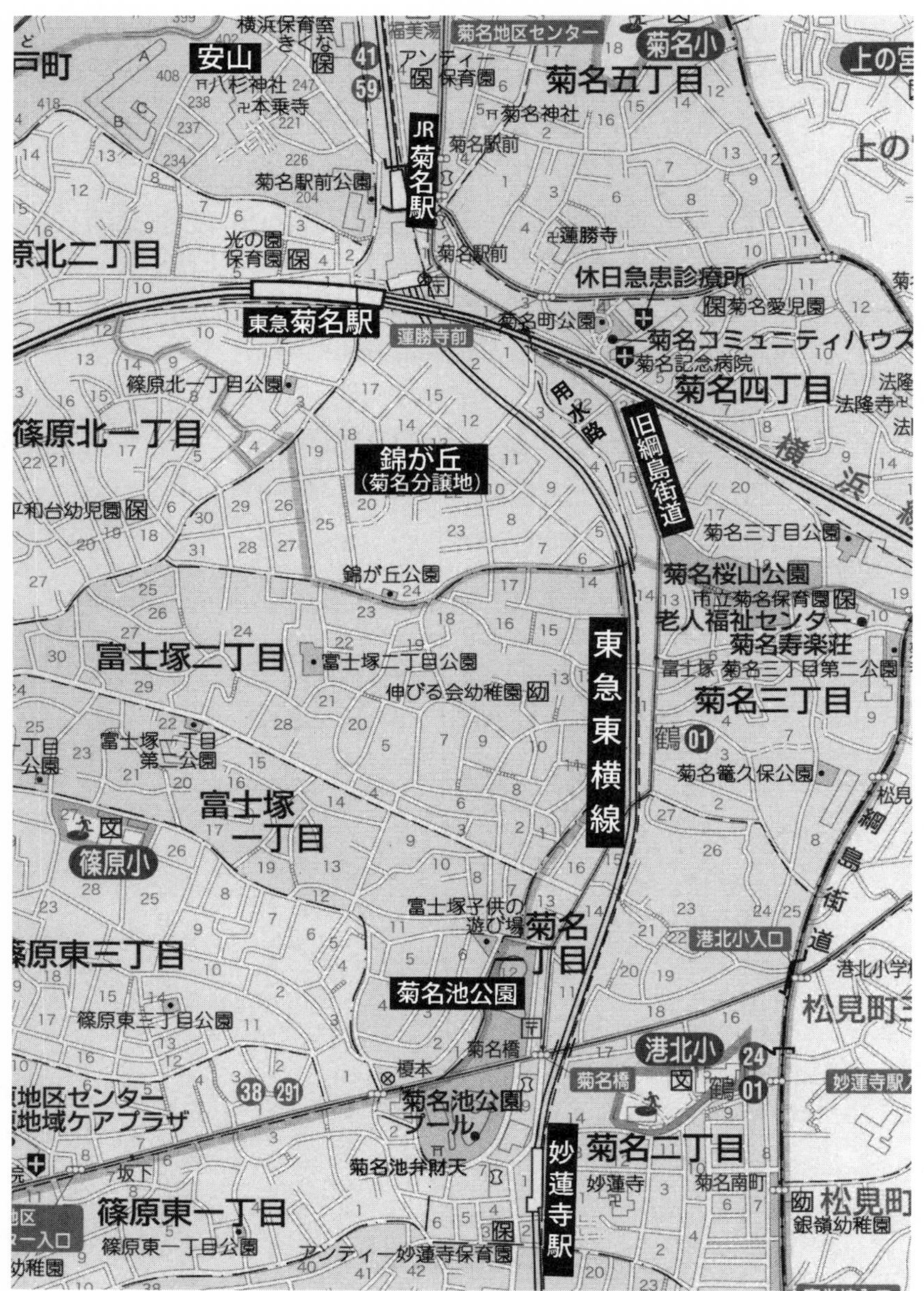

菊名周辺図（平成24年２月発行『港北区区民生活マップ』より）

菊名池の無い菊名駅

開業当初から、菊名駅の謎に惑わされた人たちがいます。東横線が全線開通して間もない昭和十一年（一九三六）四月五日、高浜虚子が主宰した俳句雑誌『ホトトギス』の同人たちが菊名駅に降り立ちました。郊外の景勝地や名所旧跡へ出かけて詩歌を詠むことを「吟行」といいますが、菊名は「大きな池もあれば、木も多い、南傾斜の山を控えたところだ」（『武蔵野探勝』）という話だけを頼りに、菊名池で歌を詠もうと、事前の準備もなくふらりと菊名駅に降り立ったのです。ところが、菊名池はどこにも見あたりません。

菊名の町は南北に細長くて、菊名池もその最寄りである妙蓮寺駅も共に菊名町の中にありますから、間違ってはいませんが、戸惑ってしまいます。

ちなみに、横浜線菊名駅のホームの大半は菊名ではなく、篠原北二丁目にあります。

別の場所に駅が？

吟行に来た一行は、道を尋ねながら、菊名駅から綱島街道の旧道に沿って妙蓮寺駅近くの菊名池まで一キロ余りを歩きました。

記録を担当した安田蚊杖は、菊名は「半ば拓けた分譲地帯」であり、「分譲地に山の切り拓かれてゆくのが見えるのは淋しい」と感想を記しています。分譲地とは、東急が錦が丘一帯を開発していた菊名分譲地のことです。

東急の菊名駅は、元はこの錦が丘のロータリー前に作る計画でした。古老の話によると、横浜線も、寺尾トンネルに近い法隆寺踏切の辺りに菊名駅を作る計画があったとか。それが実現していれば、ＪＲと小田急線が交差する町田駅と同じようになっていたかも。そうなれば、菊名桜山公園の近くが駅前となって、菊名駅が抱える様々な問題は解決していたかも知れません。

菊名駅が水没！

現在地に駅を作るために無理をした結果が、水没問題です。駅周辺を見渡しても、川も池もありませんが、かつての菊名駅は雨が降ると水没してしまい、東横線は、渋谷－菊名間と、桜木町－妙蓮寺間で折り返し運転をしていました。

なぜ水没したのか、二つの問題がありました。

一つは、今でこそ暗渠になっていますが、実は、菊名池を水源として、駅前を通って新横浜方面と大倉山方面へ分流する大豆戸菊名用水路が流れているのです。駅の辺りはちょうどすり鉢の底のような地形をしていて、雨が降ると、この用水路が増水してあふれるのです。今でも、駅前商店街の店は、雨が降ると土嚢を用意しています。

それが分かっていながら、東急電鉄は菊名駅を造る時、地面をさらに約一メートルも掘り下げて、駅を作りました。これは、明治四十一年（一九〇八）に開通した横浜線の線路が先に有り、東横線をその下に通すためには仕方なかったのです。

ですから、ちょっとした雨でも菊名駅はすぐに水没し、電車のモーターが水をかぶり、不通となりました。これが解消されたのは、昭和四十四（一九六九）年のことで、横浜線を一・八メートル高くして、東横線は一メートル地上げして周囲の地面と同じ高さにしてからです。それでも、平成三年（一九九一）までは上り線の渋谷寄りに、折り返し運転用の仮設ホームが残っていました。

二重に開かない踏切

開業当初の東横線沿線は、のどかな田園地帯で、駅を利用する住民はほとんどいませんでした。古老の話

平成３年（1991）に廃止された「大倉山３号踏切」跡（2012年11月撮影）

では、菊名周辺では、朝の通勤通学時間帯でも、一両編成の車内に乗客が一〇名程度だったそうです。東急の打ち出した田園都市構想による分譲地開発は、関東大震災後の郊外転居の波に乗り、どんどん開発が進んでいきました。菊名駅南側の菊名分譲地もその一つです。東横線の利用者は増加し、運行本数も車両編成も増えていきました。やがて開かずの踏切が出現します。

　菊名駅の周囲を歩くと、不思議な光景を目にします。線路に向かって行き止まりの道が何本もあるのです。地図で確認すると、駅や線路で分断されていますが、元はつながった道だったことが分かります。その内の一本には、かつて通称「安山踏切」と呼ばれた踏切がありました。正式名称は「大倉山三号踏切」といいました。

この踏切、ピーク時には一時間に五〇分ぐらい閉まっていたといいます。この「安山踏切」は、二つの意味で開かずの踏切でした。

一つは、運行本数の増加により踏切が開かないことですが、もう一つは、車両数の増えた電車が、ホームの端から踏切に一両はみ出して停車していたために、渋谷寄りの一両はドアが開かなかったのです。「安山踏切」は平成三年（一九九一）に廃止されて、道路は行き止まりとなりました。これって、解決といえるのでしょうか。

菊名問題

東急とＪＲの駅の交差が、東横線の運行を変えてしまったこともあります。

東急は、平成十七年（二〇〇五）七月二十五日から平日の通勤時間帯の特急・急行に女性専用車両を導入しました。ところが、これが大問題になりました。当初は横浜より先頭の八号車に設置したのですが、菊名駅は、ホームへ下りる階段が横浜寄りにしかないために、女性専用車両に駆け込み乗車する男性が後を絶たず、「菊名問題」として新聞にも大きく報道されました。結局、女性専用車両は翌年七月十八日から六両目に変更されてしまいました。

しかし、東急とJRのホームがL字型に交差しているために、今でも運行の遅延等が発生すると、階段規制が必要になるほど混雑します。本当の「菊名問題」はまだ解決していません。

まぼろしの弾丸列車駅

なんといっても菊名駅最大の謎は、新横浜駅構想でしょう。

鉄道ファンならよくご存じの「弾丸列車計画」。昭和十四年（一九三九）から始まったこの計画は、東京・下関間に新ルートで高速の新幹線を建設するというものです。さらには、対馬海峡に海底トンネルを掘り、朝鮮半島から北京へ、そして中央アジアを横断してヨーロッパへと続く大計画まで構想されました。

東京・下関間は全一八駅で、起点となる東京駅の次が、新横浜駅です。『鉄道技術発達史Ⅰ』（日本国有鉄道刊、一九五八年）によると、「横浜線菊名駅付近を選定することにした。築堤式高架駅とし現在線及び東京急行との連携を図り、昭和十五年十一月計画稟申があったが新東京駅との関連があるので保留となった」と記されています。世が世なら、菊名駅の上に弾丸列車の新横浜駅が造られていたかも知れないのです。そうなれば、菊名駅は新横浜駅に改称されていたのでしょうね。

ちなみに、この弾丸列車計画を引き継いで、戦後に建設されたのが東海道新幹線であり、新横浜駅は東横線大倉山駅の上に建設するという案もあったとか。そうなっていれば、大倉山駅が新横浜駅となり、町名も「太尾町（ふとおちょう）」から「新横浜」に改称されたのでしょうか？

ここで、紙面は尽きましたが、まだまだ謎は尽きません。東横線菊名駅には、三番線から六番線までのホームがありますが、一番線と二番線のホームがありません。開業から平成七年（一九九五）まで続いていた駅業務の委託問題、東急と国鉄（ＪＲ）の貨物連絡線と貨物駅の存在、東急とＪＲの連絡通路の謎、朝夕と昼間で各停と急行・特急の停車ホームが逆転することなど…。

平成二十二年（二〇一〇）三月三十一日、ＪＲ構内のエレベータ新設、ホーム上の駅舎新築などの計画が発表されました。駅の改修が進むと、新たな謎が生まれる予感がします。菊名駅から目が話せません。

（季刊誌『横濱』Vol.39、二〇一三年春）

付記　平成二十五年（二〇一三）三月十六日に東横線と東京メトロ副都心線の相互直通運転開始に伴い、女性専用車両は六号車から渋谷寄りの一号車へと変更されました。

わたしのまち港北

わたしのまち港北・小机

今井　和子

私は土曜日の朝、いつも出かけるところがある。それは近所のＪＡの駐車場で開催している野菜の直売会だ。新鮮な野菜を自転車のかごいっぱいに購入する。ここで買った野菜は本当に新鮮でおいしい。冬のホウレンソウやブロッコリーは塩ゆでするだけで甘く、あっという間にたくさん食べてしまう。野菜がこんなにおいしいと気付かされたのは、この直売所と出会ってからかもしれない。毎週買いに行くので、生産者の方と顔見知りになり、ちょっと売り物にできない形の悪い果物や野菜のおまけをいただいたりすることもある。

私の住む町、小机は港北区のはずれにあり、「小机って港北区なの？」とか「駅のホームから畑しか見えないよね」とかよく言われる。確かに同じ港北区でもおしゃれなイメージのある東横沿線や目覚ましい発展をとげた新横浜とは、まったく違う田舎町である。縁があってこの地に二六年住んでいるが、日々の買い物も不便なこの町が何とかならないものかとずっと思っていた。サッカーのワールドカップに合わせて建設した横浜国際総合競技場（現日産スタジアム）が完成しても、駅舎が新しくなっただけで、小机の町は様変わりしなかった。

私がこの古びた町の魅力に気づかされたのは、小机の歴史を知ったことからである。港北区の中で一番初めに電車の駅ができたのは小机である。明治四十一年の横浜線開通の時からあるそうだ。小机の歴史は古く、小机城ができたのは室町時代と言われている。教科書に出てくるような人物と小机が関わりのあることを知ると、この古びた町が歴史の重みを持った町に見えてくるから不思議だ。歴史があるのは城だけではない。安藤広重の杉戸絵がある泉谷寺（せんこくじ）や北条氏とゆかりのある雲松院（うんしょういん）、山門の二階に釣鐘堂がある本法寺（ほんぽうじ）という古いお寺もある。数年前の大みそかに私は本法寺に行き、生まれて初めて除夜の鐘を撞いた。今年も家に居ながらにして、本物の除夜の鐘を聞きながら新年を迎えることができた。

　そしてもう一つの小机の魅力は、自然がまだまだたくさん残されている所だ。自宅近くでも図鑑に載っているような美しい蝶や虫をたくさん見ることができる。春になると鶯の鳴き声でめざめ、桜色に染まった小机城址の山を眺める。夏は蝉の合唱を聞く。そして、まだまだ日中の熱気がさめやらない頃、日が落ちると秋の虫たちが一斉に鳴き始める。秋が深まった頃、小机城址の竹灯籠まつりが幽玄の世界を楽しませてくれる。小机は歴史と自然に囲まれた味わいのある町だ。この町の良さは何年か住んでみないとわからないと産直の野菜を食べながら思う。

　その小机にも、七年後にオリンピックがやってくる。たくさんの国の人が小机駅に降り立ち、スタジアムに向かう。でもその時になっても町の景色はずっとこのままだろう。それがこの町、小机の魅力なのだから。

わたしのまち港北区

金子　郁夫

「ゴォー」という爆音が辺り一面に響き渡る。急いで庭に飛び出てみると、真青な空に米軍の戦闘機が編隊を組んで西の方向へ飛び去る所だった。下向きに雪を頂いた富士山が陣取り、更にその下に目を転じると港北区内の何処にでも見かける典型的な里山の風景。左向きに慶応大野球部のグランド。わがまち下田町の眺めである。私が四、五歳（昭和二十年代中程）の頃、戦争はまだ隣りの国で続いており、駐留軍が近くに居座っていたし、田んぼには焼夷弾の残骸が彼方こちら（あちら）に埋り、農家の裏山には防空壕が存在していた。子供の頃の私には全てがめずらしく毎日毎日が冒険の日々、兎（と）に角（かく）遊ぶのには事欠かなかった。そんな港北区の小さな町も時代の大きな波に動かされ始め、「港北区」という大きな風呂桶に経済・産業・文化という大量の湯水が流し入れられ、次第に町の姿を変えてゆくのである。

家の前の山は崩され、土地が分譲され、前の田んぼ、畑も同様の憂き目に。デコボコ道の農道にはボンネットバスが走り始め、狭くて細い道は自動車がやっとの事で交差している。ＴＶ放送が始まり、公団住宅が建ち、一般の家にも少しずつ電化製品が増え始め文化や経済の恩恵を感じ始める頃だった。昭和三十年前後、分譲住宅の現地見学場所からは、毎日、その頃流行ったドリス・デーの「ケセラセラ」がスピーカーから大音量で流れていた。

♪ケーセラーセラーなるようになるわ～さきの事など～解からない～。

東京オリンピックが決まり、（昭和）高度経済成長が加速され始め、下田町もその例に洩れず、増々どこにでもある何んにも特長の無い住宅地へと姿を変えていくのである。私といえば、自分の町には興味が無くなり、首都東京・東京へと自分の興味の対象が向かい始め、自宅にはただ寝に帰るようになってしまった。

時折、母から、私の出た中学校が今、すごく荒廃しているとか、一年だけ通った円形校舎下田分校はとうに無くなっているとか、松の川を埋め立てて下水をその下に流すとか（現在は緑道）…。様々な話を聞いたが…、「あ～そう」程度位しか気にも止めなくなってしまった。それから何十年？ 我家の囲りは家だらけ、小さな山の上にも少しあった畑も家又家。この場所で生まれ育った私でも、目かくしされて、置きざりにされたら、その場所がどの辺か解らずまいごになってしまうであろう。港北区という「風呂桶」は、余りにも多くの湯水を入れたため箍（たが）が外れ壊れてしまったのか？ 今は、幾つものユニットバス（都筑・緑・青葉）に分け、まだ湯水を入れ続けている。始めた物は必ず終りが来る。きちんと終りを認めて、又始めればよいが……。在った物を無くしてしまうと、もうその物は再生出来ない。失った物は余りにも大きい。その失った物とは、一体？

私と港北区

倉見　志津江

四十年以上前のこと、中学校の担任が「僕の乗っている横浜線はね、チョコレート色で、電車が斜めに走っているんだよ。中にはだるまストーブがあって、石炭で火を焚いているんだよ」と言っていたのを覚えています。すごく昔の電車が走っている所だと思ったものです。

時は移って、バブル時代に新横浜駅前を通るときに、畑に大きなキャベツが見事に生っているのを見て、当時は土地の売買価格が上ってきているときだったので、あのキャベツは一ついくらなのだろう、きっと八百万円位だろうと思ってみたものでした。

一九八九年には市政一〇〇周年・開港一三〇周年を迎え、横浜博覧会など多彩な記念事業が実施され、横浜アリーナもこの記念事業の一環として建設されました。

横浜アリーナは、今では、全国一参加人数の多い成人式として毎年テレビ局が取材に来ますが、それまでは横浜文化体育館で行われていました。横浜アリーナでは、有名なミュージシャンたちがコンサートをするので、その同じ場所に立ちたいという成人でいっぱいになります。成人式のお手伝いをして、窓口に入場券を忘れた新成人を相手に受付をした思い出もあります。

一九九八年には、かながわ・ゆめ国体が神奈川県で開催されました。当時は横浜市国体室という部署で働いていましたので、横浜アリーナを会場とする体操・新体操の大会運営に携わっていました。神奈川県体操協会の方たちと、鉄棒・あん馬・吊り輪・新体操など各種の競技の準備、練習会場、全国から集まった選手の宿泊場所からの動線確認、応援の小中学生を案内、協賛企業からのお菓子やバナナを選手へ提供、役員、選手たちへ食事を手配するなど主担当として目の回る忙しさでした。数々の思い出がよみがえってきます。

また岸根公園では、米軍から返還された後に木下大サーカスが開催されたのを記憶しています。

日産スタジアムの思い出も数多くあります。かながわ・ゆめ国体の開会式。二〇〇二年のサッカーワールドカップの日本対ロシア戦を家族で観戦し、稲本選手のゴールを見たのも昨日のことのようです。

子供のころ、母の実家が篠原町だったので訪ねていくと、ヤギのお乳を飲ませてもらったことも。水道道では、昭和の終りの頃でも牛を飼っているおうちがあって驚きました。

さて、私がこの三月まで九年間働いた港北区役所は、長男の保育園申請に来たときには今の港北図書館の建物にありました。それから三十年経ってここで働くとは何かのご縁ですね。生涯学習に携わることになり、社会教育主事の資格も取り、そのまま九年間、区民の皆様の学習や区民活動を支援する仕事が続けられ、本当に楽しい、生きがいのある月日でした。一緒にお仕事をしていただいた指導員さんも、今井さん、中野さん、坂元さんと三人三様に、私の足りないところを十分補っていただいたり、逆に教えていただいたりと本当に感謝いたします。

地域デビューのマップを作ったり、畑っこ学級を立ち上げたり、ポケット学級を増やしたり、港北ボランティアガイドを養成したり、思い出に残ることはたくさんありすぎて、今振り返ると港北区民の底力に助けていただいたことばかりでした。人口が多いだけでなく、意欲も才能も行動力も一番な「区」だと感じています。

これからもどんどん進化する港北区を応援していきたいと思います。

わたしのまち港北
～だーいす木～

中野　保子

わたしは木が好きです。傍にいるだけで心が落ち着き癒されます。夫の転勤で誰も知らないこのまちに引っ越して来てからも、暮らしの中で木を意識してきました。そこで今日は、新しく港北区の住民になられた方々に、とっておきの「わたしのだーいす木」をご紹介します。

一月、師岡熊野神社の梛（ナギ）。初詣でにぎわうこの神社のご神木。我がふるさと和歌山との繋がりを感じます。古人は熊野に詣でた帰り、旅の安全を祈ってその葉を笠につけたとか。

二月、新羽西方寺の蝋梅（ロウバイ）。本堂の見事なカヤブキ屋根に蝋梅の黄色い花が映えます。この木は、元旦に横浜七福神巡りでお参りした時に見つけました。

三月、大倉山梅林の梅（ウメ）「おもいのまま」。一本の木に赤と白の花を咲かせます。その自由自在な感じがなんともうらやましいかぎりです。

四月、綱島小学校の糸杉（イトスギ）。四階建校舎よりも高く伸び、新入生を迎えます。わたしと同い年。

五月、大倉山公園の朴（ホオ）。葉は、朴葉焼で有名です。あなたは食べたことがありますか？　出会いは、ゴールデンウィーク。大倉山公園に出かけてみると、蓮と見紛うばかりの大きな花が咲いていました。

この時ほど、鳥の目で空から朴の花を愛でてみたいと思った事はありません。

六月、環状二号線沿いの百合の木（ユリノキ）。遅刻しそうになって慌てて走っている姿を、この木に何百回も目撃されました。葉は半纏、花はチューリップに似ています。

七月、日吉地区センターの欅（ケヤキ）。仕事で家庭教育学級どんぐりを担当していた頃、毎週のように日吉地区センターに通っていました。さあこれからがんばるぞという朝に、欅は涼やかな風を送り、心地よい木陰を作ってくれました。のびやかな美しい枝ぶりから元気をもらっていました。

九月、大倉山記念館の榧（カヤ）。ある秋の夕暮れ、どこからともなくグレープフルーツのような香がただよってきました。なんだろうと見上げると大木、足元は土。きょろきょろしても果物はありません。今度は目をつむって全神経をその香に集中します。土の上でみつけた香の主は、熟して落ちた榧の実でありました。大倉山記念館正面に向かって左側の木です。

十月、小机城址市民の森の竹（タケ）。今年こそ行きます、竹灯籠まつり。

十一月、探しています、桂（カツラ）の大木。メープルシロップのように甘く香る落葉。

十二月、慶應義塾大学日吉キャンパスの銀杏（イチョウ）。大病した後、昨年十年ぶりに電車に乗ることが出来た母と、一緒に見た銀杏。黄金色に輝いて、彼女の年賀状を彩りました。

いかがでしたか。さあ、今度はあなたの番です。是非このまちで『だーいす木』を見つけてください。お気に入りの一本があると、どんな時でもしあわせな気持ちでいられます。

わたしのまち港北

―仲手原に港北トンネル―

野田　久代

妙蓮寺駅近くの仲手原に住んで三十年です。丘陵と谷戸（やと）の地形なので、住宅地はひな壇のように広がっていて、どこの家にも長い自然土手があり、土手の綺麗な町だなあと思ったものです。

今は各家の土手はコンクリートで土留（どどめ）され、空に突き出して見上げるようです。それでも僅かに残る自然土手には、ここが篠原村だった頃を偲ばせる篠笹や野山の草花が四季折々に咲き、ホッとしますし、愛（いと）おしい気持ちになります。武相の丘は昔のままの自然が残り、藪の中に何本か山桜の木があります。丘に上がると、南にベイブリッジやみなと未来、西に富士山、北に新横浜のプリンスホテルが見えます。空が広くて、ここは町の人にとって、気分転換の場所です。

自然が残る武相の丘の地下には、ＪＲの貨物線（戸塚～羽沢～鶴見）が通っています。

港北区域を通るのは岸根公園の北側から仲手原の町の中央を東西に抜ける二・五キロメートルですが、なんと「港北トンネル」と名が付いています。出口は大口の松見町集会所近くで、神の木公園の丘から生麦に抜けるもう一つの「生見尾（うみお）トンネル」入口までは、静かな住宅地の上やＪＲ横浜線の上を横切り高架になっています。騒音が外に漏れないように防音壁で囲まれて、シェルターのような構造物が五百メートルほど異様な光景で見られます。

今は亡き隣家の岡田さんのご主人が、開通当時の事を話してくれました。

「あの時はこの町の住民が皆で団結し、赤ん坊を背負った若い主婦も炊き出しなどをし、昼間会社で働いた人は夜に交代して座り込み、必死で反対運動をしました。」

この貨物線は、昭和四十一年に計画が決定されてから昭和五十五年秋に開通するまで、十四年もかかっています。当時学生や運動家を入れずに住民だけで争った日本で初めての反対運動だと報道され、開通式には当時の国鉄総裁も出席されたようです。「負けましたが、こうして静かで健康地として残った訳ですなあ―」緑の丘と広い空に目を向けて、ゆっくりと話された表情や話しぶりが三十年経た今でも忘れられません。

その後、Ｙ銀行に置かれている写真集　神奈川新聞社発行『かながわの記憶―報道写真に見る戦後史―』でＪＲ大口駅近くの錦台の大勢の住民が、ヘルメットを被りプラカードを掲げて猛烈な反対をしている写真を見ました。この事を書いた宮崎省吾著『いま公共性を撃つ』を読んで、大変衝撃を受けました。

このＪＲ貨物線、今は〝おはようライナー新宿〟も走っているようです。鉄道が大好きで、羽沢の貨物駅を見に行ったことがある孫と、「春休みには必ず乗ってみようね。」と話しています。

この仲手原の町にもいろいろな歴史があり、暮らしも文化もここに住む人たちが力を合わせて、築いていくのですね。縁あって一緒にこの町に住む皆が、心豊かに暮らせる住みよい町にしていきたいものです。

あとがき

まずはじめに、この本をお読み頂いた皆様、そして執筆・編集にお力添え頂いた皆様に心よりお礼申し上げます。

私は平成二十一年（二〇〇九）四月から大倉精神文化研究所で働き始めました。一冊目の『わがまち港北』の刊行は同じ年の七月七日でしたので、その三ヵ月前のことです。その頃、最初の仕事として行ったことの一つが、前作『わがまち港北』の付録「横浜市港北区関係の参考文献一覧」の入力・編集作業でした。当時は言われるままに作業をしていたので、私自身それが『わがまち港北』の編集作業の一部であるという認識はほとんどなかったように思います。けれどその後、平井先生から出来上がったばかりの本を頂き、参考文献一覧の凡例の最後に、協力者として自分の名前が書かれているのを見て喜んでいたのが、つい昨日のことのように思い出されます。それから五年後、二冊目の出版に際して、まさか著者の一人として、自分も名前を連ねさせて頂くことになるとは思いもしませんでした。

私が「シリーズわがまち港北」の原稿を初めて書いたのは、『楽・遊・学』二〇一二年八月号の第一六四回です。平井先生には、その少し前から「自分の興味があるところで何か書いてみない？」と言われたことがありました。研究所で毎日休む暇なく動き回っている平井先生を間近で見ていて、自分が分担できる仕事があればお手伝いしたいと思う一方、「わがまち港北」はその時点で約一三年、平井先生が一回も休まず執筆されてきたものだということは大きなプレッシャーでした。執筆途中で平井先生には何度も何度も原稿を見て頂いて、結果として余計に時間を奪うことになってしまったかも知れません（その状況は今もあまり変わりませんが）。ただ、『楽・遊・学』に掲載された原稿を実際に読まれた方から「最後に執筆者名と付記を読むまで、平井先生の文章だと思ったよ」と言われた時にはすごくホッとしたことを覚えています。本来であればそれはあまりいいことではないと思いますが、その時の自分にとっては不安を打ち消してくれる最高の褒め言葉でした。最近ではテーマも文章も自分の思うままに書いているつもりですが、読み手に対する細やかな気配りをしつつも、調査に基づいてきちんと資料的な裏付けが取られている平井先生の文章は、これまでもこれからも自分のお手本であることに変わりありません。平井先生が前作のあとがきで、執筆に際して気をつけていることとして述べられている点は、私も大切にしていきたいと思います。

私は自分の職場である研究所が大好きです。そのことがきっかけとなって、研究所がある大倉山が好きになり、さらには大倉山が位置する港北区が好きになりと、どんどん気持ちは広がっていきました。私は生まれも育ちも神奈川県ですが、研究所で働き始めるまでの港北区との接点は、好きな歌手のコンサートで横浜アリーナへ数回来た程度でした。しかも横浜アリーナが港北区に位置する施設だと認識するようになったのは、研究所に来てからのことです。そして、大倉山と研究所に関する部分以外で港北区について自ら調べるようになったのも、「シリーズわがまち港北」の原稿を書くようになってからです。それから約二年が経ちますが、恥ずかしながら今でも区内にはまだ足を踏み入れたことがない地域がありますし、昔のことも今のことも、初めて知ること、教わることばかりです。まだまだ港北区見習い、勉強の日々は続きます。けれど、知らないことを知ること、行ったことがない場所を歩いてみることは新たな発見と喜びに満ちた非常に楽しいものです。港北区には、長い歴史があり、にぎやかな街があり、豊かな自然があり、さまざまな鉄道が走り、たくさんの人が暮らしている、知れば知るほど本当にたくさんの魅力があることに気づかされて、私自身がますます港北区のファンになっていきます。

『わがまち港北 2』が「港北区のよさが詰まった宝物」であるならば、それは港北区そのものがよさが詰まった宝物であるということです。この本を通して、一人でも多くの方にその事を実感して頂けたら嬉しい限りです。

平成二十六年三月

林　宏美

あとがき

『わがまち港北 2』をお届けします。手にしてくださった皆様に御礼申し上げます。

前作の『わがまち港北』は、出版グループの皆さんが発議して、筆者のために作って下さった本でした。情報紙『楽・遊・学』に一度書いた原稿ですから、当時の筆者は本にするつもりはありませんでした。しかし、『わがまち港北』の出版によって、筆者の人生は少し変わった気がします。ありがとうございます。

『わがまち港北 2』は、筆者から出版グループの皆さんへ、その返礼として作らせていただいた本です。返礼と言いながら、出版グループの皆さんには、「わたしのまち港北」の原稿執筆を無理矢理お願いしてしまいました。ご迷惑をおかけしましたが、小生には書くことが出来ない、興味深い文章を寄せていただきました。小生が、一番最初の読者として、存分に堪能させていただきました。その中で、編集の都合上、中野保子さんの原稿だけは一部割愛せざるを得ませんでした。済みません。ここに掲載させていただきます。

八月、菊名桜山公園（カーボン山）の八重桜（ヤエザクラ）。五月に花が終わった後も、楽しみは続きます。真夏の夜のコンサートでは、ジャズの音色と響き合い、ビールも美味しくいただけます。

この本が完成したら、みんなで〝まめどSPACE結〟に集まって、ビールで乾杯です！

『わがまち港北』は一〇年間にわたる連載の成果でした。ですから、当初は『わがまち港北 2』の出版は、一〇年後にしようと考えていました。その計画を二つのことが変えました。

一つは、「わがまち港北」出版グループ代表の大崎春哉さんが、前作を〝港北の百科事典〟と評されたことです。過分な言葉で、筆者はとても嬉しかったのですが、その一言がすっと気になっていました。百科事典とは何かと考えた時、百科事典の名に恥じない様にするには、せめて五〇音順で項目を検索出来るくらいのことは必要だろう！　その想いが強くありました。

自分の興味関心の赴くままに、行当りばったり、港北に関することは何でも記事にしてきました。ですから、確かにいろんな事を書きましたが、どこに何を書いたのか？　自分でもよく分からなくなって、探すのがしだいに大変になってきました（年のせいかもしれませんが）。

『わがまち港北』の一番コアな読者はきっと筆者自身です。以前書いた記事を探して、毎日のように読み返しています。一番不満を持っているのもきっと筆者自身です。早く索引を作りたい！　その想いが次第に強くなりました。

もう一つの切っ掛けは、平成二十三年（二〇一一）三月十一日の東日本大震災です。この地震で、筆者は人生観が少し変わった気がします。自分はいつまで生きているのか、自分は生きている間に社会に対して何が出来るのか、歴史家として何をすべきか。残りの人生を如何に生きるべきかを、以前よりも真剣に考えるようになりました。そう考えたとき、十年後よりもう少し早く二冊目を作りたいと思いました。

さて、本書は、前作『わがまち港北』と比べて、変わったことが二つあります。皆さんお気づきでしょうか。前作を出版した後、筆者は老眼が進み、小さな字が読みづらくなりました。さらに白内障がひどくなって仕事にも支障が出るようになり、両目をまとめて手術しました。（自分のためにも）高齢者にも少しは優しい本にしたいとの想いから、行間を広めにしました。少しは読みやすくなりましたでしょうか？

もう一つは、付録の参考文献です。前回は、参考文献を出版年順にしました。今回は、十進分類（NDC）順にしました。前回も考えていたのですが、時間切れで実現出来なかったので、想いを果たせました。読者の皆さまにとって、本書が、第一冊目よりも楽しい本になっていれば、そして役立つ本になっていれば幸いです。

細かいところでは、今回もやり残したことがいくつもあります。それは、『わがまち港北 3』への宿題にしたいと思います。

原稿執筆にかける想いは、五年前の編集後記に記したのと同じですから、そちらをお読み下さい。港北には、楽しいこと、不思議なこと、興味深いことが、まだまだたくさん有ります。十五年間調べ続けてきて、調べるほどに、知らないこと、分からないことが増えていきます。一度調べて書いたことも、しばらくすると新たな発見があったり、変化があったりします。この十五年間、一番楽しんだのは、読者の皆さんではなくて、絶対に筆者です。筆者の楽しみにお付き合いいただき、有り難うございます。

一つだけ、自慢出来るのは、十五年間一度も休載しなかったことです。職場環境が大きく変わり責任も仕事量も増しました。父親が亡くなり、敬愛する恩師の先生が亡くなり、自分も一度入院しました。ある本の出版で一年間缶詰状態になったこともあります。それでも連載は欠かさずに来られました。運も良かったのですが、仕事嫌いで、怠け者の筆者にしては、上出来です。自画自賛です。

後半、若い林宏美さんにずいぶん助けてもらいました。表舞台で原稿も書いてもらっていますが、それ以前から、原稿校正でお世話になっています。ここ数年の原稿は、誤りが少なくなっています。感謝です。

「シリーズ　わがまち港北」の連載は、『楽・遊・学』が続く限り、区役所の担当者さんから断られない限り、まだまだ続きます。これは私一人の仕事ではありません。前回も書きましたように、大倉精神文化研究所でお引き受けしています。原稿執筆を、少しずつ若い人たちにシフトさせながら続けていければ、そして、収集した資料を次の世代に引き継げるなら、こんなに幸せなことはありません。

平成二十六年三月八日、大倉山観梅会の日に記す。

平井　誠二

わがまち港北 2

2014（平成26）年4月9日　初版発行
2020（令和2）年11月27日　再販売（価格改定・発行元連絡先変更）

著者：平井誠二（ひらいせいじ）　林 宏美（はやしひろみ）
発行・販売：『わがまち港北』出版グループ
（事務局）
一般社団法人　地域インターネット新聞社
〒223-0051
神奈川県横浜市港北区箕輪町2丁目7-60 ACTO日吉2C
電話：045-564-9038
Eメール：wagamachi@chiiki.club

印刷製本　藤原印刷株式会社
〒390-0865 長野県松本市新橋 7-21
電話：0263-33-5092

この本をつくった人たち

著　者

平井誠二（ひらい　せいじ）

1956年、岡山県生まれの歴史家。専門は日本史。

現職は大倉精神文化研究所研究部長。

18歳まで育った倉敷よりも、18年間住んだ東京よりも、転居から20年余になる横浜市緑区よりも、港北区域の文化や歴史に詳しくなってしまった。

大倉山記念館の塔の上に登って写真を撮ったのが自慢。

記念館坂から見える富士山が好き。

林 宏美（はやし ひろみ）

1982年、神奈川県生まれ。大倉精神文化研究所研究員。
研究所の創立者である大倉邦彦さんと誕生日がピッタリ100年違いという奇跡の巡り合わせにより、研究所の仕事に運命を感じている。
冬の青空の下で見る大倉山記念館と、梅の時期の大倉山の賑わいが好き。体力に物を言わせ、港北区内を歩き回っている。

表紙・デザイン

金子郁夫（かねこ いくお）

生まれ（1947）も育ちも横浜市港北区下田町。

学生時代から始めた音楽（フリージャズ）と絵との「2足のわらじ」で仕事をし、50代よりイラスト専門で、教科書、雑誌、新聞等で活動している。

また「港北まちの先生」でもある。

出版グループ代表

大崎春哉（おおさき はるや）

1926年、愛知県生まれ。

中日新聞（東京新聞）社友で、菊名新聞の元編集長。

執筆活動でも人生でも凄い大先輩。困ったとき、分からないことなど、何でも教えてくれるスーパーマン。

かつては、菊名の街をマウンテンバイクで走り廻り取材をしていたが、2010年に愛媛県へ転居し、松山の街を走り廻っている。

野田久代（のだひさよ）　今井和子（いまいかずこ）　倉見志津江（くらみしづえ）　中野保子（なかのやすこ）

付録1　索　引

凡　例

1、この索引は、『わがまち港北』と『わがまち港北　2』の索引です。
2、港北区に関連した語句を中心に採録しました。
3、明朝斜体の数字 *123* は『わがまち港北』の該当ページ数、ゴシック体の数字 **123** は『わがまち港北　2』の該当ページ数を表しています。

[あ]

[い]

[う]

[え]

[お]

[か]

[こ]

[さ]

[し]

［す］

［せ］

[ち]

[つ]

[て]

[と]

[な]

[に]

[ひ]

付録2　横浜市港北区関係の参考文献一覧

凡　　例

1、この目録は、情報紙『楽・遊・学』に連載中の「シリーズ　わがまち港北」執筆のために調査・収集した文献の一覧です。
2、リストは、日本十進分類法（ＮＤＣ）により配列しました。
3、表記は、主に横浜市中央図書館の目録データに準拠しました。
4、各文献の記述は、資料名、編著者、発行者、刊行年月日の順に記載しました。
5、『神奈川県史』『横浜市史』など、広範域を対象としたものは原則として省略しました。

01　図書館．図書館学

010　**『神奈川県図書館沿革略譜稿　1872～1978』**　神奈川県図書館協会　神奈川県図書館協会　1978年10月31日
013　**『こうほく　横浜市港北図書館報　創刊号～第11号』**　横浜市港北図書館　1981年3月31日～1987年3月25日
015.6　**『読書のたのしみ20年のあゆみ』**　港北文庫のつどい運営委員会　港北文庫のつどい　1985年10月1日
015.6　**『読書のたのしみ30年のあゆみ』**　港北文庫のつどい運営委員会　港北文庫のつどい　2004年10月1日
016.2　**『横浜市に図書館をつくる住民運動連絡会会報　第1号～第25号』**　横浜市に図書館をつくる住民運動連絡会　1977年9月～1981年4月
016.2　**『30年のあゆみ　港北区青少年図書館30周年記念誌』**　横浜市港北区青少年図書館　1998年11月1日
016.2　**『横浜市の図書館　2000（横浜市立図書館概要）』**　横浜市中央図書館　横浜市中央図書館　2000年7月10日

02　図書．書誌学

023.7　**『石井光太郎著作目録』**　相澤雅雄／横浜開港資料館　横浜開港資料館　2006年8月2日
025.8　**『郷土資料解題目録　1987　増補改訂版』**　横浜市港北図書館　横浜市港北図書館　1988年3月31日
025.8　**『郷土資料解題目録（1988～93年、6冊）』**　横浜市港北図書館　横浜市港北図書館　1989年3月31日～1994年1月31日
025.8　**『かながわ資料室所蔵地図目録　絵図・地形図・区分地図　地域資料目録・主題別シリーズ 5』**　神奈川県立図書館　神奈川県立図書館　2001年3月20日
025.8　**『神奈川県立図書館地域資料目録 2000年版』**　神奈川県立図書館　神奈川県立図書館　2001年12月25日

029.9 **『文化資料館資料目録　古文書の部　第1集（飯田家寄託資料）』** 神奈川県立文化資料館　神奈川県立文化資料館　1974年3月30日

029.9 **『飯田九一文庫目録　地域資料・主題別解説目録』** 神奈川県立図書館調査部地域資料課　神奈川県立図書館　2010年3月

04　一般論文集．一般講演集

041 **『素顔の港北を知る　（昭和59年度港北区自主研修）』** 港北区自主研修グループ　1985年

049 **『文明期の綱島橋を再現する』** 大山淳　大山淳　出版年不明

05　逐次刊行物

051 **『とうよこ沿線　第1号～第74号』** 東横沿線を語る会　1980年7月7日～2000年7月

06　団体

061.3 **『港北の文化団体　1990』** 港北区役所市民課地域文化振興担当　港北区役所市民課地域文化振興担当　1990年3月

061.3 **『港北の文化団体　1992』** 港北区役所福祉部市民課　港北区役所福祉部市民課　1992年3月

07　ジャーナリズム．新聞

071 **『菊名新聞縮刷版 平成5年の創刊号から平成18年の50号まで』** 菊名北町町内会　菊名北町町内会　2007年4月11日

09　貴重書．郷土資料．その他の特別コレクション

091.1 **『都筑の丘の万葉歌碑』** 戸倉英太郎　戸倉英太郎　1958月9月

15　倫理学．道徳

157.2 **『金次郎MAP　神奈川県二宮金次郎像特集 神奈川県内に二宮金次郎像はいったいいくつあるのか』** 神奈川県土地家屋調査士会　神奈川県土地家屋調査士会　2010年9月23日

17　神道

175 **『都筑郡神社写真帳』** 神奈川県神職会都筑郡支部　神奈川県神職会都筑郡支部　1921年1月25日

175 **『杉山神社考（さつき叢書5）』** 戸倉英太郎　さつき　1956年5月

175 **「式内社杉山神社はどこか」（『県央史談』第16号）** 鈴村茂　県央史談会　1977年11月

175 **『杉山神社考』** 戸倉英太郎　緑区郷土史研究会　緑区郷土史研究会　1978年9月25日

175 **「杉山神社についての一考察」（『地域研究論文集』法政大学第二高等学校）** 法政大学第二高等学校歴史研究部　法政大学第二高等学校歴史研究部　1981年3月3日

175 **『港北区神社誌』** 港北区氏子総代会　港北区氏子総代会　1987年7月30日

175 **『新吉田杉山神社を訪ねて　第一回こうほく探検ピクニックより』** 前田浩志　こうほく住民倶楽部　1987年8月25日

175 **『横浜市文化財調査報告書　第21輯の1』** 横浜市文化財総合調査会　横浜市教育委員会　1991年3月

175 **『杉山神社の記録　横浜市緑区三保町鎮座』** 相澤雅雄　相澤雅雄　2002年5月16日

175 **『蛇幸都神社物語　うけがた記』** 蛇幸都神社再建委員会　蛇幸都神社再建委員会　2004年3月6日

175 **『私説杉山神社考』** 飯田俊郎　飯田俊郎？　2009年8月12日

175.9 **『武蔵の古社　歴史と風土 7』** 菱沼勇　有峰書店　1972年3月10日

175.9 **『神奈川県神社誌』** 神奈川県神社庁　神奈川県神社庁　1981年6月20日

175.9 **『大棚中川杉山神社 社殿改築御遷宮記念』** 大棚・中川杉山神社建設委員会　1995年10月15日

175.9 **『牛久保総鎮守天照皇大神』** 記念誌編集委員会　天照皇大神建設委員会　1999年2月20日

175.9 **『平成の大修造　師岡熊野神社御造営記念誌』** 石川正人　師岡熊野神社御造営奉賛会　2006年12月20日

175.93 **『菊名神社社殿改修記念事業』** 菊名神社　2012年

18　仏教

182 **『港北区歴史散策　菊名方面、不動尊、菊名神社、連勝寺、本乗寺』** 出版年不明

184.9 **『菩提樹の樹陰』** 平等通照　印度学研究所　1980年11月15日

185 **『小机三十三霊場納経帖』** 森雄三　旧小机領三十三所霊場会　1972年3月10日

185 **『小机三十三霊場納経帖』** 森雄幸　旧小机領三十三所霊場会　2008年3月10日

185.8 **『天童小参抄 下（二冊ノ内）』** 横浜市教育委員会　横浜市教育委員会 1993年3月31日

185.9 **『神奈川の古寺社―心の散歩道―』** 大澤巌　暁印書館　1978年10月25日

185.9 **『全国七福神めぐり　七難をさけて七福を得る』** 工藤寛正・みわ明　東京堂出版　2002年11月30日

185.9 **『都筑橘樹酉歳地蔵菩薩霊場　第七番札所　神隠地蔵堂縁起』** 相澤雅雄　相澤雅雄　神隠地蔵堂　2005年8月

186 **『子歳観音霊場巡りガイドブック　旧小机領三十三所観音霊場』** 鹿野融照・大田要三（CASEU）・川上美和（CASEU）　旧小机領三十三所子歳観音霊場奉賛会　2008年3月31日

186 **『旧小机領三十三所観音霊場』** 子年観音巡り運営委員会　2008年4月

186.9 **『武南十二薬師霊場納経帖』** 武南十二薬師霊場会　1986年4月

186.9 **『子年観音旧小机領三十三所霊場巡拝詳細地図』** 旧小机領三十三所観音霊場会　1996年3月10日

186.9 **『旧小机領三十三所霊場　イラストガイドマップ』** 中川智祐／文、悟東あすか／絵　旧小机領三十三所観音霊場奉賛会　1996年4月
186.9 **『全国霊場巡拝事典』** 大法輪閣編集部　大法輪閣　1997年6月10日
188 **『泉谷寺史』** 玉山成元　泉谷寺　1974年11月24日
188 **『鐘は鳴っている　ある門徒寺の住職の記録』** 平等通照　印度学研究所　1989年9月23日
188.4 **『全寿院法華寺縁起考』** 吉川英男　吉川英男　2008年10月25日
188.5 **『釈興然と釈尊正風会』** 野口復堂／述　三会寺　1920年6月30日
188.5 **『中世よこはまの学僧印融　特別展　戦国に生きた真言密教僧の足跡』** 横浜市歴史博物館　横浜市歴史博物館　1997年10月25日
188.5 **『岩船念仏と岩船地蔵尊 横浜市緑区西八朔町に伝わる念仏講から　都筑叢書1』** 村田勇　新田惣社　1998年8月15日
188.5 **『西方寺本堂修復落慶記念誌』** 西方寺　西方寺　2008年5月17日
188.7 **『海見山長延寺 遷山二十周年・第十六世住職継職奉告記念』** 記念誌編集委員会　海見山長延寺　1987年10月18日
188.8 **『小机城址と雲松院』** 臥龍山雲松院　1987年12月7日
188.8 **『大乗禅寺』** 和田久寿　大乗寺　1998年4月1日

20　歴史

201.2 **『郷土研究家名簿』** 大西伍一　農村教育研究会　1930年1月1日
205 **『史学　第80巻第2・3号』** 三田史学会　三田史学会　2011年6月30日

21　日本史

210.0 **「大田南畝の多摩川巡視―「調布日記」を中心に―」（『三浦古文化』第3号）** 村上直　三浦古文化研究会　1967年10月1日
210.0 **「川崎宿の富士講」（『三浦古文化』第19号）** 三輪修三　三浦古文化研究会　1976年5月1日
210 **『港北ニュータウン地域内歴史民俗調査報告　昭和53年度（大棚根本考紀録）』** 港北ニュータウン歴史民俗調査団　横浜市都市整備局　1979年7月1日
210.0 **「横浜三会寺の歴史と本尊及什宝類」（『三浦古文化』第32号）** 山田泰弘・緒方啓介　三浦古文化研究会　1982年11月1日
210.0 **『神奈川の力石』** 高島愼助　岩田書院　2004年11月1日
210.02 **『大場磐雄著作集　第1巻　先史文化論考　上』** 大場磐雄　雄山閣出版　1975年3月25日
210.02 **『大場磐雄著作集　第2巻　先史文化論考　下』** 大場磐雄　雄山閣出版　1975年1月10日
210.1 **『鶴見川歴史散歩』** 瀬田秀人　230クラブ新聞社　1998年6月1日
210.2 **『横浜市域北部埋蔵文化財調査報告書 昭和42年度』** 横浜市域北部埋蔵文化財調査委員会調査団　横浜市域北部埋蔵文化財調査委員会　1968年3月31日
210.2 **『横浜市埋蔵文化財遺跡台帳 昭和45年11月30日現在』** 横浜市教育委員会　横浜市教育委員会　1971年3月10日
210.2 **『横浜市埋蔵文化財調査報告書 昭和45年度』** 横浜市埋蔵文化財調査

委員会調査団　横浜市埋蔵文化財調査委員会　1971年3月31日
210.2　**『横浜市埋蔵文化財調査報告書 昭和46年度』**　横浜市埋蔵文化財調査委員会調査団　横浜市埋蔵文化財調査委員会　1972年3月31日
210.2　**『大場磐雄著作集　第6巻　記録―考古学史　楽石雑筆　上』**　大場磐雄　雄山閣出版　1975年7月15日
210.2　**『大場磐雄著作集　第7巻　記録―考古学史　楽石雑筆　中』**　大場磐雄　雄山閣出版　1976年1月15日
210.2　**『古代の都筑をまなぶ』**　緑区郷土史研究会考古部会　緑区郷土史研究会考古部会　1981年4月15日
210.2　**『文化財年報 昭和57年度 埋蔵文化財 文化財シリーズ』**　横浜市教育委員会社会教育部文化財課　横浜市教育委員会社会教育部文化財課　1983年3月31日
210.2　**『文化財年報 昭和58年度 埋蔵文化財 文化財シリーズ』**　横浜市教育委員会社会教育部文化財課　横浜市教育委員会社会教育部文化財課　1984年3月31日
210.2　**『文化財年報 昭和59年度 埋蔵文化財 文化財シリーズ』**　横浜市教育委員会事務局社会教育部文化財課　横浜市教育委員会事務局社会教育部文化財課　1985年3月31日
210.2　**『横浜市港北区小机町・住吉神社遺跡　相武考古学研究所調査報告 第2集』**　坂口滋皓　相武考古学研究所　1987年9月30日
210.2　**『寺谷戸遺跡発掘調査報告 新田中学校第2方面校建設に伴う埋蔵文化財調査報告書』**　横浜市埋蔵文化財調査委員会　横浜市埋蔵文化財調査委員会　1988年3月31日
210.2　**『文化財年報 昭和62年度 埋蔵文化財』**　横浜市教育委員会事務局社会教育部文化財課　横浜市教育委員会事務局社会教育部文化財課　1988年7月31日
210.2　**『横浜市埋蔵文化財センター年報 1』**　横浜市埋蔵文化財センター　横浜市埋蔵文化財センター　1991年4月30日
210.2　**『調査研究集録 第8冊』**　横浜市埋蔵文化財センター　横浜市埋蔵文化財センター　1991年11月30日
210.2　**『港北の遺跡をたずねて　案内は石仏さん』**　港北の遺跡をたずねて編集委員会　横浜市港北区役所　1992年3月31日
210.2　**『横浜市埋蔵文化財センター年報 2』**　横浜市埋蔵文化財センター　横浜市埋蔵文化財センター　1992年8月28日
210.2　**『埋蔵文化財センター年報 3』**　横浜市ふるさと歴史財団埋蔵文化財センター　横浜市ふるさと歴史財団　1993年8月31日
210.2　**『埋蔵文化財センター年報 4』**　横浜市ふるさと歴史財団埋蔵文化財センター　横浜市ふるさと歴史財団　1994年7月29日
210.2　**『横浜市三殿台考古館館報No.19　よこはまの遺跡―5―　鶴見区・港北区・緑区』**　横浜市三殿台考古館　横浜市ふるさと歴史財団　1994年7月31日
210.2　**『神奈川の古墳散歩』**　相原精次・藤城憲児　彩流社　2000年8月15日
210.2　**『縄文のムラでみつけたよ！　特別展「発見！巨大集落」ガイドブッ**

ク』 横浜市歴史博物館／横浜市ふるさと歴史財団埋蔵文化財センター　横浜市歴史博物館／横浜市ふるさと歴史財団埋蔵文化財センター　2000年10月7日

210.2 **『発見！巨大集落　特別展　大熊仲町遺跡と縄文中期の世界』** 横浜市歴史博物館／横浜市ふるさと歴史財団埋蔵文化財センター　横浜市歴史博物館／横浜市ふるさと歴史財団埋蔵文化財センター　2000年10月7日

210.2 **『牢尻台遺跡発掘調査報告　太尾見晴らしの丘公園建設事業に伴う埋蔵文化財調査報告』** 横浜市ふるさと歴史財団埋蔵文化財センター　横浜市緑政局　2001年3月31日

210.2 **『甦る大環濠集落　大塚・歳勝土遺跡公園開園5周年記念特別展　吉野ケ里から大塚まで』** 横浜市歴史博物館／横浜市ふるさと歴史財団埋蔵文化財センター　横浜市歴史博物館／横浜市ふるさと歴史財団埋蔵文化財センター　2001年7月20日

210.2 **『鶴見川流域の考古学　最古の縄文土器やなぞの中世城館にいどむ』** 坂本彰　百水社　2005年1月20日

210.2 **『篠原城址発掘調査報告書　株式会社博通報告書第46集』** 株式会社博通　株式会社博通　2011年5月13日

210.2 **『『港北の遺跡をたずねて』の調査原稿（新吉田・新羽・小机・鳥山）』** 出版年不明

210.3 **『神奈川宿組合村むらの研究』** 横浜市教育委員会　横浜市教育委員会　1974年3月31日

210.3 **『東へ西へ　律令国家を支えた古代東国の人々』** 横浜市歴史博物館・横浜市ふるさと歴史財団　横浜市歴史博物館　2002年4月6日

210.4 **「後北条氏小机領における篠原城山城の位置」（『中世城郭研究』第20号）** 伊藤慎二　中世城郭研究会　2006年7月30日

210.4 **『港北今昔物語「まぼろしの篠原城」 再発見！奇跡的に残された中世の城址』** ワークショップ・ピリオド（企画／制作）　ワークショップ・ピリオド（企画／制作）　2009年

210.5 **『武州都筑郡小机郷新羽村　望月家文書 第2輯』** 横浜市港北図書館、港北古文書を読む会　横浜市港北図書館　1985年3月

210.6 **『関東大震災下の朝鮮人虐殺～神奈川県では～』** 神奈川県関東大震災朝鮮人犠牲者追悼碑建立推進委員会　1996年8月15日

210.7 **『昭和史発掘5』** 松本清張　文藝春秋　1967年

210.7 **『昭和史発掘9』** 松本清張　文藝春秋　1971年

210.7 **『二・二六事件秘録3』** 林茂（編者代表）　小学館　1971年9月10日

210.7 **『二・二六事件秘録　別巻』** 林茂（編者代表）　小学館　1972年2月26日

210.7 **『悲い思出二・二六事件　栗原勇遺稿』** 栗原勇　栗原重厚　1973年

210.7 **『二・二六事件研究資料Ⅰ』** 松本清張　文藝春秋　1976年3月1日

210.7 **『二・二六事件研究資料Ⅱ』** 松本清張・藤井康栄　文藝春秋　1986年2月25日

210.7 **『二・二六事件研究資料Ⅲ』** 松本清張・藤井康栄　文藝春秋　1993年

2月25日
210.7 **『駒場の二・二六事件』** 小池泰子 語りつぐ昭和の会 1993年12月
210.7 **『新版 大空襲5月29日 第二次大戦と横浜』** 今井清一 有隣堂 1995年9月15日
210.7 **『戦争を歩く・みる・ふれる ピースロード多摩丘陵』** 横浜・川崎平和のための戦争展実行委員会 教育史料出版会 2001年7月30日
210.7 **『アジア太平洋戦争下の大学と軍隊』** 白井厚・松村高夫 横浜・川崎平和のための戦争展実行委員会 横浜・川崎平和のための戦争展実行委員会 2001年8月1日
210.7 **『フィールドワーク日吉・帝国海軍大地下壕 学び・調べ・考えよう』** 白井厚［監修］／日吉台地下壕保存の会 平和文化 2006年8月15日
210.7 **『フィールドワーク日吉・帝国海軍大地下壕 学び・調べ・考えよう』** 白井厚［監修］／日吉台地下壕保存の会 平和文化 2011年3月3日
210.7 **『第14回戦争遺跡保存全国シンポジウム 南風原大会「開催要項」』** 戦争遺跡保存全国ネットワーク 2010年6月19日
210.7 **『第15回戦争遺跡保存全国シンポジウム神奈川県横浜大会』** 第15回戦争遺跡保存全国シンポジウム神奈川県横浜大会実行委員会 第15回戦争遺跡保存全国シンポジウム神奈川県横浜大会実行委員会 2011年8月6日
210.7 **『本土決戦の虚像と実像 一度は訪ねてみたい戦争遺跡』** 日吉台地下壕保存の会［編］／山田朗［監修］ 高文研 2011年8月15日
210.7 **『伝えたい 街が燃えた日々を―戦時下横浜市域の生活と空襲―』** 横浜の空襲を記録する会 横浜の空襲を記録する会 2012年8月10日
210.75 **『戦争遺跡が語る太平洋戦争―現在も残る太平洋戦争の痕跡を訪ねて―』** 太平洋戦争研究会 日本文芸社 2006年4月30日
213 **『吉田誌 1』** 藤沢三郎 藤沢三郎 1910年9月
213 **『吉田誌 2』** 藤沢三郎 藤沢三郎 1910年
213 **『吉田誌 3』** 藤沢三郎 藤沢三郎 1910年
213 **『吉田誌 4』** 藤沢三郎 藤沢三郎 1910年
213 **『橘樹郡大綱村郷土誌』** 高等大綱小学校長石井政五郎他3名 〔出版者不明〕 1913年8月31日
213 **『城郷青年団史 附城郷村誌』** 城郷青年団 城郷青年団 1934年9月24日
213 **『武蔵戦記 第1号』** 栗原勇 尊皇尚武赤誠会本部 1935年10月25日
213 **『小机の歴史』** 佐藤靖夫 小机タイムス 1956年7月
213 **「都筑の歴史1」（『郷土よこはま』第2号）** 戸倉英太郎 横浜市図書館郷土資料室 1957年5月15日
213 **「都筑の歴史2」（『郷土よこはま』第4号）** 戸倉英太郎 横浜市図書館郷土資料室 1957年9月15日
213 **「南関東農村における豪農経営の展開と挫折―武州橘樹郡飯田家を素材にして―」（『神奈川県史研究』第40号）** 斎藤康彦 神奈川県史編集委員会 神奈川県県民部県史編集室 1979年9月25日
213 **『都筑雑記 1号～5号（1980.3～1983.8）』** 「都筑雑記」刊行委員会 「都

筑雑記」刊行委員会　1980年3月28日～1983年8月31日

213 **『わたしたちの大綱　創立80周年記念誌』** 横浜市立大綱小学校創立80周年記念事業実委員会　1980年11月1日

213 **『地方史探訪―第一輯　村況―　大曽根・樽・太尾村古文書集』** 竜澤富昭・鈴木辰夫・小坂部隆男〔竜澤富昭・鈴木辰夫・小坂部隆男〕1982年

213 **『太尾町の歴史　前編（太古～戦国時代）』** 神奈川県立港北高校地理歴史研究部　神奈川県立港北高等学校　1984年2月20日

213 **『太尾町の歴史　後編（江戸時代～現代）』** 神奈川県立港北高校社会科研究部　神奈川県立港北高等学校　1984年10月27日

213 **『菅田今昔写真集』** 菅田東町自治会　1984年3月1日

213 **『新田物語　創刊号～第18号』** 新田惣社　1984年7月10日～1990年4月23日

213 **『小机城関係資料抜刷』** 横浜市港北図書館　横浜市港北図書館　1984年

213 **「横浜市港北区富士塚遺跡の発掘調査　縄文・弥生遺跡」（『武相学誌7』）** 佐々木博昭　武相学園　1985年1月31日

213 **『漂泊・浅き夢見し新羽の谷戸　港北歴史教室』** 横浜市港北区役所市民課社会教育係　1985年5月25日

213 **『港北歴史教室　寂寥・先人の轍踏みにし大倉山』**〔横浜市〕港北区役所市民課社会教育係　横浜市港北区役所市民課社会教育係　1986年11月12日

213 **『港北区役所周辺の主要遺跡』** 港北区役所福祉課地域福祉係中谷俊吾　港北区役所総務課庶務係　1987年9月

213 **『廻国・しずのふせや・駒林　港北歴史教室』** 港北区役所市民課社会教育係　港北区役所市民課社会教育係　1987年10月29日

213 **『遥かなる戦の傷を負いし岸根の丘　港北歴史教室』**〔横浜市〕港北区役所市民課社会教育係　港北区役所市民課社会教育係　1989年10月15日

213 **『港北歴史教室　温泉に憩うるも今は夢桃源郷』** 港北区役所市民課社会教育係　横浜市港北区役所市民課社会教育係　1990年4月15日

213 **『沈黙の半世紀日吉の足下戦さの跡　港北歴史教室』** 横浜市港北区役所市民課社会教育係　1991年4月14日

213 **『下田の自然と歴史』**〔横浜市立下田小学校〕横浜市立下田小学校　1993年5月吉日

213 **『箕輪のあゆみ』** 小嶋英祐　小嶋英祐　1997年7月1日

213 **「加藤憲一家文書目録（吉田村「銀行」）」（『横浜開港資料館紀要　第18号』）** 横浜開港資料館　横浜開港資料館　2000年3月31日

213 **『戦争遺跡を歩く　日吉』** 日吉台地下壕保存の会運営委員会　日吉台地下壕保存の会　2006年1月28日

213 **『戦争遺跡を歩く　日吉』** 日吉台地下壕保存の会運営委員会　日吉台地下壕保存の会　2010年3月31日

213 **『郷土誌』** 尋常高田小学校　尋常高田小学校　出版年不明

213 **『椎橋忠男家文書目録』** 横浜開港資料館　出版年不明

213.61 **『東京今昔物語　企業と東京』** 東京都不動産鑑定士協会　東京都不

動産鑑定士協会　2009年1月
213.7 **『神奈川県郷土史読本』** 石野瑛　武相考古会　1934年3月13日
213.7 **『神奈川県郷土史読本』** 石野瑛　刀江書院　1937年4月8日
213.7 **『神奈川県大観 2 横浜・川崎』** 石野瑛　武相出版社　1953年1月1日
213.7 **『都筑の丘に拾う（さつき叢書3）』** 戸倉英太郎　さつき　1955年2月
213.7 **『都筑の丘に拾う　続編（さつき叢書4）』** 戸倉英太郎　さつき　1955年12月
213.7 **「橘樹郡用地理史談」（『神奈川県郷土資料集成　第1輯　地誌篇』）** 神奈川県図書館協会郷土資料編纂委員会　神奈川県図書館協会　1957年2月1日
213.7 **『横浜今昔』** 毎日新聞横浜支局　毎日新聞横浜支局　1957年11月15日
213.7 **「横浜農村明細帳」（『横浜市史』第1巻付表）** 横浜市　1958年3月31日
213.7 **『横浜開港百年と港北区』** 伊藤宗彦、原勇　横浜市港北区　1958年5月15日
213.7 **『あゆみ　学区資料』** 横浜市立大綱小学校社会科研究部　1969年3月1日
213.7 **『大綱今昔　社会科指導資料1』** 田中祥彦　田中祥彦　横浜市立大綱小学校　1971年3月25日
213.7 **「横浜の趣味団体「尚趣会」（上）（中）」**（『郷土よこはま』第77・78号）　秋山佳史　横浜市図書館　1977年1月31日、1978年3月31日
213.7 **『大正昭和激変の庶民生活史　長津田のあゆみ』** 長津田を語る会　大明堂　1978年6月10日
213.7 **『横浜思い出のアルバム』** 横浜市市民局市民活動部広報課広報センター　横浜市制90周年・開港120周年記念事業実行委員会　1979年6月2日
213.7 **『わが郷土　駒岡』** 横浜市立駒岡小学校郷土誌編集委員会　横浜市立駒岡小学校　1981年10月24日
213.7 **『都筑文化　2』** 鈴鹿正和　緑区郷土史研究会　緑区郷土史研究会　1982年2月
213.7 **『都筑文化　3』** 緑区郷土史研究会　緑区郷土史研究会　1983年3月25日
213.7 **『神奈川県震災誌』** 神奈川県　神奈川新聞社出版局　1983年8月25日
213.7 **『吉田沿革史』** 港北ニュータウン郷土誌編纂委員会　港北ニュータウン郷土誌編纂委員会　1983年9月20日
213.7 **『都筑文化　4』** 緑区郷土史研究会　緑区郷土史研究会　1984年5月25日
213.7 **「橘樹郡地誌」（『神奈川県郷土資料集成　第11輯　地誌篇　明治読本神奈川地誌』）** 神奈川県図書館協会郷土資料編纂委員会　神奈川県図書館協会　1984年8月30日
213.7 **『大曽根の歴史』** 横浜市立大曽根小学校　横浜市立大曽根小学校　1984年10月6日
213.7 **『古の思いが石の庚申塔　港北歴史教室』**〔横浜市〕港北区役所市民課社会教育係　港北区役所市民課社会教育係　1985年4月9日

213.7 **『愁思・雅楽の韻律・高田　港北歴史教室』**〔横浜市〕港北区役所〔市民課〕社会教育係　港北区役所市民課社会教育係　1985年11月10日
213.7 **『愁思・雅楽の韻律・高田（別冊）　港北歴史教室』**〔横浜市〕港北区役所〔市民課〕社会教育係　港北区役所市民課社会教育係　1985年11月10日
213.7 **『都筑文化　5』**緑区郷土史研究会　緑区郷土史研究会　1985年11月30日
213.7 **『史話・私の横浜地図　よこれき双書 第6巻』**内田四方蔵　横浜歴史研究普及会　1986年3月30日
213.7 **「池谷光朗家文書目録（南綱島村）」（『横浜市史料所在目録 第11集 補遺編』）**横浜市総務局　横浜市総務局　1986年3月31日
213.7 **『港北区史』**港北区郷土史編さん刊行委員会　港北区郷土史編さん刊行委員会　1986年3月31日
213.7 **『小中学生のための港北の歴史（上）』**横浜市港北図書館　横浜市港北図書館　1986年3月31日
213.7 **『生唼の息吹猛しき鳥山の獅子　港北歴史教室』**〔横浜市〕港北区役所市民課社会教育係　港北区役所市民課社会教育係　1988年9月15日
213.7 **『ねむる財八景いずこ城山の秋の月　港北歴史教室』**〔横浜市〕港北区市民課社会教育係　横浜市港北区市民課社会教育係　1990年10月28日
213.7 **『時移り代へだたりぬれば幻の式内社〔1〕』**〔横浜市〕港北区役所市民課社会教育係　横浜市港北区役所市民課社会教育係　1991年10月27日
213.7 **『時移り代へだたりぬれば幻の式内社〔2〕』**〔横浜市〕港北区役所市民課社会教育係　横浜市港北区役所市民課社会教育係　1991年10月27日
213.7 **『都筑の丘物語　創刊号』**新田惣社　1991年11月1日
213.7 **『都筑の丘物語　2』**新田惣社　1992年5月1日
213.7 **『わたしたちのやがみ』**横浜市立矢上小学校創立二十周年記念事業実行委員会　横浜市立矢上小学校　1993年11月20日
213.7 **『都筑の丘物語　3』**新田惣社　1993年12月1日
213.7 **『横浜の歴史　平成6年度版　中学生用』**横浜市教育委員会学校教育部指導第一課　横浜市教育委員会学校教育部指導第一課　1994年4月1日
213.7 **『港北区篠原地区歴史教室』**大塚文夫　港北区役所　1995年3月5日
213.7 **『港北区大倉山を巡る　太尾・大曽根地区　歴史探訪』**大塚文夫／講師　横浜市港北区役所地域振興課社会教育係　1996年2月26日
213.7 **『横浜市歴史博物館資料集　第2集』**横浜市ふるさと歴史財団　1996年3月31日
213.7 **『港北ニュータウン地域の暮らし　企画展』**横浜市歴史博物館・横浜市ふるさと歴史財団　横浜市歴史博物館　1996年4月27日
213.7 **『菊名あのころ』**菊名北町町内会　1996年9月15日

213.7 **『山内のあゆみ　石川編』** 横溝潔　音羽書房　1996年11月1日
213.7 **『港北区綱島地区　地域探訪』** 大塚文夫／講師　綱島地区センター　1997年7月10日
213.7 **『地域探訪　港北区大曽根地区』** 大塚文夫／講師　港北区綱島地区センター　1997年11月6日
213.7 **『都筑の丘物語　4』** 新田惣社　1998年1月15日
213.7 **『兵の時代 展示案内　特別展　古代末期の東国社会』** 横浜市歴史博物館・横浜市ふるさと歴史財団埋蔵文化財センター　横浜市歴史博物館　1998年10月10日
213.7 **『港北区綱島地区　地域探訪』** 大塚文夫／講師　湘南史跡めぐりの会　1998年11月7日
213.7 **『民家園と鉢形城を巡る地域探訪』** 武相文化協会　港北区生涯学習支援センター　2000年4月23日
213.7 **『港北　大豆戸・篠原地区　歴史散策』** 大塚文夫／講師　下田町自治会文親会　2000年6月17日
213.7 **『横浜新発見散歩　旅の森』** 昭文社　2001年1月
213.7 **『神奈川県自治体史内容目録　地域資料目録・主題別シリーズ 6』** 神奈川県立図書館　神奈川県立図書館　2001年12月25日
213.7 **『目で見る横浜の100年 上巻』** 横浜郷土研究会（編集協力）　株式会社郷土出版社　2002年4月27日
213.7 **『目で見る横浜の100年 下巻』** 横浜郷土研究会（編集協力）　株式会社郷土出版社　2002年4月27日
213.7 **『横浜近郊の近代史　橘樹郡にみる都市化・工業化』** 横浜近代史研究会・横浜開港資料館　日本経済評論社　2002年7月20日
213.7 **『歴史散策　港北　大豆戸・篠原地区』** 大塚文夫／講師　横浜市綱島地区センター　2003年3月2日
213.7 **『目でみる「都市横浜」のあゆみ　THE URBAN HISTORY OF YOKOHAMA』** 横浜市ふるさと歴史財団　横浜都市発展記念館　2003年3月15日
213.7 **「加藤勝太郎家文書目録（篠原村「植木や」）」（『横浜開港資料館紀要第21号』）** 横浜開港資料館　横浜開港資料館　2003年3月31日
213.7 **『江戸近郊農村と地方巧者』** 村上直　大河書房　2004年1月10日
213.7 **『新羽史』** 新羽史編集委員会　230クラブ　2004年3月5日
213.7 **『神奈河戦国史稿』** 前田右勝　前田右勝　2006年8月8日
213.7 **『都筑閑話　3』** 横溝潔　音羽書房鶴見書店　2007年1月30日
213.7 **『昭和30年代の神奈川写真帖 上巻 横浜・川崎・横須賀・鎌倉・藤沢・逗子・三浦』** 西潟正人／文　アーカイブス出版編集部　アーカイブス出版株式会社　2007年6月5日
213.7 **『青葉の村々と矢倉沢往還　江戸時代のよこはま 企画展』** 横浜市歴史博物館　横浜市歴史博物館　2008年1月25日
213.7 **『神奈川の近代～宿から町、そして区へ～　東海道神奈川宿　神奈川宿遊学セミナー連続講座』** 神奈川宿遊学セミナー・横浜開港資料館　神奈川宿遊学セミナー　〔2008年〕

213.7 **『写真集　昭和の横浜』** 横浜市史資料室［編］／髙村直助［監修］ 横浜市史資料室　2009年6月2日

213.7 **『港北区の境域と記憶―区制70周年記念誌　1939～2009―』** 内海孝 内海孝　横浜市港北区役所／区制70周年・横浜開港150周年記念事業実行委員会　2009年9月13日

213.7 **『青葉のあゆみ　青葉区制15周年・横浜開港150周年記念』** 郷土の歴史を未来に生かす事業実行委員会　郷土の歴史を未来に生かす事業実行委員会　2009年10月1日

213.7 **『かながわの記憶　報道写真でたどる戦後史』** 神奈川新聞編集局　神奈川新聞編集局　神奈川新聞社　2010年2月1日

213.7 **『金子出雲と薬師如来』** 真言宗大覚寺派　本願山　長福寺　真言宗大覚寺派　本願山　長福寺　2010年10月16日

213.7 **『写真アルバム　横浜市の昭和』** いき出版［企画・制作］／しなのき書房［編］ いき出版　2012年3月20日

213.7 **『横浜の戦国武士たち　有隣新書』** 下山治久　有隣堂　2012年8月10日

213.7 **『都筑・橘樹地域史研究』** 都筑・橘樹研究会　都筑・橘樹研究会 2012年9月

213.7 **『関東大震災と横浜―廃墟から復興まで―　関東大震災90周年』** 横浜市都市発展記念館・横浜開港資料館［編集］／横浜市史資料室［協力］ 横浜市ふるさと歴史財団　2013年7月13日

28　伝記

281.0 **『横浜紳士録　昭和9年』** 帝国人事興信所　帝国人事興信所　1934年12月30日

281 **『横浜文化名鑑』** 横浜市教育委員会社会教育課　横浜市教育委員会 1953年3月30日

281 **『自治行政大観　町村合併完成記念』** 奥原文二　地方自治調査会　1958年1月1日

281 **『横浜紳士録 1960年版』** 横浜紳士録編纂委員会　横浜紳士録編纂委員会　1960年10月

281 **『自治行政大観　新日本人文録』** 地方自治調査会　地方自治調査会 1966年12月10日

281 **『自治行政大観―郷土を造る人々―完結版』** 地方自治調査会　人事調査所　1967年7月25日

281.0 **『自治団体沿革　自治制八十年記念　郷土を造る人々』** 地方自治調査会　地方自治調査会　1972年3月20日

281.3 **『自治団体之沿革　神奈川県名誉録』** 篠田皇民　東京人事調査所 1927年3月1日

281.3 **『自治団体之沿革　神奈川県名誉録』** 篠田皇民　東京人事調査所 1927年3月1日（上記と別本）

281.3 **『神奈川県紳士録　附事業発達史』** 横浜市史編纂所　横浜市史編纂所 1930年8月8日

281.3 **『明治大正昭和横浜人名録』** 日本図書センター　1989年10月5日
281.3 **『よこはま人物伝―歴史を彩った50人』** 横浜開港資料館　神奈川新聞社　1995年3月31日
288 **『飯田家三代の俤』** 品川貞一　品川貞一　1941年4月25日
288 **『度会久志本の奥栫（さつき叢書1）』** 戸倉英太郎　さつき　1953年10月2日
288 **『神奈川青木の城主（さつき叢書7）』** 戸倉英太郎　さつき　1958年2月
288 **『篠原表谷戸金子一族の研究』** 中村国政　出版年不明
288.3 **『武蔵国都筑の丘に立つ　小机城代笠原一族』** 森谷欽一　森谷欽一　2008年5月20日
289 **『畠山重忠』** 栗原勇　日本戦史研究会　1929年6月22日
289 **『武士の亀鑑人格の権化畠山重忠公』** 栗原勇　［栗原勇］　1935年
289 **「泉谷寺の恵頓」（『武相研究印象記　石野瑛氏還暦記念誌（武相文化第3輯）』）** 大橋俊雄　武相文化協会　1949年9月1日
289 **『畠山重忠物語』** 下山つとむ　埼玉県立文化会館　1957年3月25日
289 **『鈍根運　天野修一自伝』** 天野修一　天野特殊機械　1963年1月31日
289 **『わが人生　磯野庸幸（全20回）』** 神奈川新聞社　1976年7月4日～11月
289 **『我が人生』** 磯野庸幸　神奈川新聞社　1978年1月30日
289 **『我が家の日泰通信 愛は死を越えて』** 平等通照、平等幸枝　印度学研究所　1979年12月8日
289 **『戸倉英太郎さんを偲ぶ会』** 「戸倉さんを偲ぶ会」実行委員会 「戸倉さんを偲ぶ会」実行委員会　1981年
289 **『「戸倉英太郎さん生誕百年を記念する会」記念誌　早渕の流れは永遠に』** 「戸倉英太郎さん生誕百年を記念する会」実行委員会 「戸倉英太郎さん生誕百年を記念する会」実行委員会　1982年11月3日
289 **『晩年の白瀬中尉夫妻　きらめく愛知の人間愛』** 渡部誠一郎　白瀬南極探検隊記念館　1994年7月12日
289 **『椎橋仁助伝』** 椎橋忠男　椎橋忠男　2002年
289 **『花ぞろい正藤流　創作舞踊家元ひとり語り』** 正藤勘扇　正藤後援会　2009年1月1日
289 **『陰徳積めば陽報あり～地域と共に歩む～』** 田邊泰孝　田邊泰孝　2011年7月
289 **「わが人生　安西篤子」（『神奈川新聞』平成24年3月1日～4月30日連載）** 神奈川新聞社　2012年3月1日～4月30日
289 **『特別展　畠山重忠　横浜・二俣川に散った武蔵武士―』** 横浜市歴史博物館　横浜市ふるさと歴史財団　2012年10月13日
289 **「わが人生　藤木久三」（『神奈川新聞』平成25年9月3日～11月30日連載）** 神奈川新聞社　2013年9月3日～11月30日
289 **『武士の亀鑑人格の権化畠山重忠』** 栗原勇／述　日本戦史研究会　出版年不明
289.1 **『こども曼陀羅を天国の父へ―金蔵寺幼稚園とともに―』** 高嶋幸子　2008年

29 地理．地誌．紀行

290.1 **『橘樹郡史談・橘樹郡用地理史談』** 岡野欣之助/木曽義比　木曽書店　1896年4月22日

291 **『東京南郊景勝』** 黒田寿太郎　黒田寿太郎　1927年7月15日

291 **『猿渡盛章紀行文集　府中市郷土資料集 4』** 府中市立郷土館　府中市教育委員会　1980年11月5日

291 **『明治前期民情調査報告『偵察録』／『偵察録』について—明治前期民情調査報告『偵察録』解題—』** 陸軍参謀本部　柏書房　1986年4月

291 **『わたしたちの町新吉田　創立十周年記念資料集』** 創立十周年記念資料集編成委員会　横浜市立新吉田第二小学校　1987年11月10日

291 **『ふれ合いを深めるわたしたちの郷土（創立20周年記念）』** 横浜市立日吉南小学校二十周年記念誌委員会　横浜市立日吉南小学校　1988年10月

291 **『神奈川YOU楽帖』**（1989年1.2月号Vol.5）　神奈川図書　神奈川図書　1989年1月1日

291 **『神奈川県住宅地図目録　地域資料目録・主題別シリーズ 4』** 神奈川県立図書館　神奈川県立図書館　2000年3月31日

291 **『散歩の達人　2010年11月号』** 交通新聞社　2010年10月21日

291 **『私と「ふるさと」記録集』** 横浜港北地名と文化の会　編集委員会　横浜港北地名と文化の会　編集委員会　2013年10月

291.1 **『日吉誌考』** 佐相政雄　佐相政雄　1973年6月24日

291.3 **『自治沿革史　昭和風土記』** 篠田皇民　地方自治調査会　1931年6月30日

291.3 **『自治沿革史　昭和風土記』** 篠田皇民　地方自治調査会　1931年11月1日

291.3 **『小机城趾と雲松院及び泉谷寺』** 石野瑛　横浜市小机町内会　1932年4月17日

291.3 **『横浜百景』** 山本禾口（文）／小島一谿（画）　横浜貿易新報社出版部　1934年3月30日

291.3 **『神奈川区誌』** 福永忠光・横浜市神奈川区役所　横浜市神奈川区役所　1937年10月1日

291.3 **『われらの港北　15年の歩みと現勢』** 横浜港北新報社　横浜港北新報社　1954年4月8日

291.3 **『川崎研究 第1集 大川崎発展のあと』** 川崎郷土研究会　川崎郷土研究会　1956年11月17日

291.3 **『権現堂山（さつき叢書8）』** 戸倉英太郎　さつき　1961年2月

291.3 **『われらの港北　30年の歩み』** 斉藤増次郎・横浜港北新報社　横浜港北新報社　1967年11月25日

291.3 **『目でみる郷土 1969』** 横浜市社会科研究会港北支部　港北区教育研究会　1969年4月10日

291.3 **『港北の歴史散歩　変ぼうする港北区・緑区を探る』** 横浜郷土研究会　横浜郷土研究会　1970年5月

291.3 **『江戸地誌叢書　巻7　郊遊漫録』** 長沢規矩也・財部建志・前島康彦　有峰書店　1974年6月30日

291.3 **『横浜の坂』** 小寺篤　経済地図社　1976年1月15日
291.3 **『鎌倉街道 1 歴史編』** 栗原仲道　有峰書店新社　1976年1月20日
291.3 **『港北百話―古老の話から―』**「古老を囲んで港北を語る」編集委員会　港北区老人クラブ連合会・港北区役所　1976年3月25日
291.3 **「港北百話」(『横浜緑港北新報』昭和51年4月15日～昭和52年9月15日連載)** 横浜港北新報社　横浜港北新報社　1976年4月15日～1977年9月15日
291.3 **『横浜市町名変遷概要図　横浜郷土双書 第4編』** 横浜市図書館　1976年3月31日
291.3 **『空から見た横浜鎌倉　航空写真地図3 (交通公社のMOOK)』** 監修：西村蹊二　解説：伊倉退蔵ほか　日本交通公社出版事業局　1980年5月1日
291.3 **『御大典記念都田村誌』** 都筑郡都田村役場　『都田村誌』復刊委員会　1981年1月3日
291.3 **『上末吉・梶山・駒岡のうつりかわり』** 横浜市立上末吉小学校　1981年5月20日
291.3 **『横浜の町名 (昭和57年度版)』** 横浜市役所市民局住居表示課　横浜市市民局住居表示課　1982年3月31日
291.3 **『都筑の皇国地誌草稿と字地書上』** 緑区郷土史研究会　緑区郷土史研究会　1982年4月30日
291.3 **『わたしたちのまち　樽・師岡』** 横浜市立師岡小学校　横浜市立師岡小学校　1982年11月6日
291.3 **『皇国地誌　横浜市港北区』** 横浜市港北図書館・港北古文書を読む会　横浜市港北図書館　1984年3月
291.3 **『わたしたちのまち　高田』** 横浜市立高田東小学校創立10周年記念事業委員会　1984年6月23日
291.3 **『横浜百景』** 中村博（文・画）　佐藤信夫　佐藤信夫　1986年3月
291.3 **『かみはし　創立百周年記念社会科資料集』** 創立百周年記念誌社会科資料集編集部会　創立百周年記念事業実行委員会　1986年7月19日
291.3 **『神奈川県橘樹郡案内記』** 横浜市港北図書館・港北古文書を読む会　横浜市港北図書館　1987年3月
291.3 **『新羽・吉田の地名　神奈川県都筑郡新田村』** 吉野孝三郎　吉野孝三郎　1987年
291.3 **『横浜の古道 資料編』** 横浜市文化財総合調査会　横浜市教育委員会　1989年3月31日
291.3 **『ヨコハマ散歩道（プロムナード）ガイド　水と緑と歴史のプロムナード』** 横浜市都市計画局企画課　横浜市都市計画局企画課　1991年4月
291.3 **『港北ワンダーロード探検隊 ぼくとわたしのワンダーロード』** 港北ワンダーロード探検隊本部［企画・編集］　港北ワンダーロード探検隊本部　1991年7月
291.3 **『横浜北辺を拓く』** 蕪木勉　蕪木勉　1991年11月
291.3 **『歴史の舞台を歩く　横浜・緑区』** 相澤雅雄　昭和書院　1991年11月

10日

291.3 **『鶴見川・境川　流域文化考』** 小寺篤　230クラブ新聞社　1994年11月15日

291.3 **『つるみ川流域ウォーキングガイド』** 鶴見川流域ネットワーキング「つるみ川流域ウォーキングガイド」編集実行委員会　1995年5月14日

291.3 **『ハマ線物語 vol.7　ウォーキングガイドⅠ　横浜線･根岸線』** 230クラブ新聞社　1995年6月15日

291.3 **『ハマ線物語 vol.8　ウォーキングガイドⅡ　横浜線･根岸線』** 230クラブ新聞社　1995年10月

291.3 **『わたしたちの太尾』** 横浜市立太尾小学校　1995年10月21日

291.3 **『ハマ線物語 vol.9　多摩・三浦丘陵　川と市民のネットワーク』** 230クラブ新聞社　1996年3月

291.3 **『横浜の古道（増補改訂版)』** 横浜市教育委員会社会教育部文化財課　横浜市教育委員会文化財課　1996年3月31日

291.3 **『わたしたちの横浜―港北区・平成8年度版―』** 横浜市教育委員会　1996年4月1日

291.3 **『新編武蔵風土記稿第三巻』** 蘆田伊人校訂、根本誠二補訂　雄山閣　1996年6月20日

291.3 **『新編武蔵風土記稿第四巻』** 蘆田伊人校訂、根本誠二補訂　雄山閣　1996年6月20日

291.3 **『ハマ線地名あれこれ［横浜編]』** 相澤雅雄　230クラブ新聞社　1996年7月15日

291.3 **『地図で見る横浜の変遷　明治・大正・昭和・平成の4代120余年の歴史が読める』** 日本地図センター　1996年7月20日

291.3 **『横浜の町名』** 横浜市市民局総務部住居表示課　横浜市市民局総務部住居表示課　1996年12月

291.3 **『わたしたちの郷土（創立30周年記念)』** 横浜市立日吉南小学校30周年副読本委員会　横浜市立日吉南小学校　1997年10月

291.3 **『北つな　創立20周年記念資料集』** 創立20周年記念事業資料委員会　横浜市立北綱島小学校　1998年10月17日

291.3 **『空に一番近い町・高田町　WE LOVE　こうほく 第12回』** 大塚文夫／講師　WELOVEこうほく実行委員会／港北区役所地域振興課　WELOVEこうほく実行委員会　1999年4月25日

291.3 **『横浜市営地下鉄各駅散歩　横浜再発見はこの一冊で』** 津田芳夫　230クラブ　1999年10月15日

291.3 **『神奈川道（小机周辺）を歩く［増補版一］　別冊古道通信6』** 勝田五郎　勝田五郎　1999年10月31日

291.3 **『横浜歴史散歩 第34回　鶴見・川と丘を探る』** 横浜郷土研究会　横浜郷土研究会　1999年11月28日

291.3 **『わが町の昔と今　港北区編　『とうよこ沿線』20周年記念』** 岩田忠利　とうよこ沿線編集室　2000年3月1日

291.3 **『てくてくこう歩く　港北区制60周年記念』** 港北ウォーキングガイドブック　港北区60周年ウォーキングガイド編集委員会　横浜市港北区

役所総務部地域振興課　2000年3月
291.3 **『横浜徘徊』** 堀内ぶりる　東洋出版　2000年5月11日
291.3 **『かながわの温泉　かもめ文庫　かながわ・ふるさとシリーズ60』** 禅間三郎　神奈川新聞社　2000年11月1日
291.3 **『横浜散歩だいすき　市バス・地下鉄沿線イラストマップおすすめ48エリア』** 横浜市交通局総務部総務課／監修　人文社　2001年1月
291.3 **『わたしたちの横浜—港北区・平成13年度版—』** 横浜市教育委員会　2001年4月1日
291.3 **『わが町の昔と今 4 都筑区と城郷編 『とうよこ沿線』20周年記念写真集』** 岩田忠利　とうよこ沿線編集室　2001年11月15日
291.3 **『歴史散歩余録　れきしさんぽのこぼればなし』** 出原孝夫　出原孝夫　2001年12月1日
291.3 **『港北タウンガイドブック』** 柳沢美郎　YANプランニング（タウンガイド刊行会）　2001年
291.3 **『旧鎌倉街道下道を歩く　鎌倉から品川へ（付　小机巡り） 別冊古道通信13』** 勝田五郎　古道研究会　2002年1月29日
291.3 **『旧鎌倉街道下道を歩く　朝比奈切通し出口から皇居へダイジェスト別冊古道通信14』** 勝田五郎　古道研究会　2002年3月3日
291.3 **『横浜散歩道』** 「横浜散歩道」編集委員会　横浜学連絡会議　2002年5月20日
291.3 **『鶴見川沿い歴史散歩』** 金子勤　金子勤　2002年9月10日
291.3 **『十の年輪』** 特定非営利活動法人「横浜シティガイド協会」 特定非営利活動法人「横浜シティガイド協会」 2003年3月1日
291.3 **『港北の歴史散策』** 大倉精神文化研究所　大倉精神文化研究所　2003年3月10日
291.3 **『大倉山から新羽へ』** 日吉自分史の会　日吉自分史の会　2003年
291.3 **『Very街こうほく　港北の街いいトコみつけちゃいました』** 横浜市港北区役所元気な港北プロジェクト事務局　横浜市港北区役所総務部総務課　2004年3月
291.3 **『わたしたちの横浜　よこはまの歴史　港北区・平成16年度版』** 横浜市教育委員会学校教育部指導課　横浜市教育委員会学校教育部指導課　2004年4月1日
291.3 **『わが町の昔と今　8　港北区続編　激動の20世紀を残す写真集』** 岩田忠利　とうよこ沿線編集室　とうよこ沿線編集室　2004年4月25日
291.3 **『港北・新横浜タウンガイド vol.2』** YANプランニング　2005年5月1日
291.3 **『てくてくこう歩く　足をのばしてさあ！　港北ウォーキングガイド』** TEAMてくてく（港北区役所地域振興課内） 横浜市港北区役所地域振興課　2006年3月
291.3 **『わたしたちの横浜　よこはまの歴史　港北区・平成18年度版』** 横浜市教育委員会学校教育部小中学校教育課　横浜市教育委員会学校教育部小中学校教育課　2006年4月
291.3 **『横浜港北の自然と文化』** 大倉精神文化研究所　大倉精神文化研究所

2006年5月16日

291.3 **『日吉キャンパスとその周辺水と緑と歴史の散策ガイド　2007年版（第2版）』** 岸由二（監修）／慶應大学・日吉丸の会（制作）　慶應大学・日吉丸の会　2006年11月23日

291.3 **『菊名「川」物語』** 2007年5月17日

291.3 **『港北・都筑散策ひとり旅』** 黒塚武夫　草隆社　2008年5月25日

291.3 **『歴史散歩余録 続　れきしさんぽのこぼればなし』** 出原孝夫　出原孝夫　2008年10月1日

291.3 **『大倉山散歩道の手帖　平成20年新住居表示（大倉山）施行記念発行』** 小澤　武　2008年10月20日

291.3 **『てくてくこう歩く　足をのばしてさあ！　港北ウォーキングガイド（2009年改訂）』** 横浜市港北区役所地域振興課生涯学習支援係　2009年3月

291.3 **『横浜港北の地名と文化』** 大倉精神文化研究所　大倉精神文化研究所　2009年3月24日

291.3 **『横浜18物語』** 横浜商工会議所／制作　横浜商工会議所　2009年5月

291.3 **『わかるヨコハマ　自然・歴史・社会　横浜開港百五十周年記念』** 横浜市教育委員会／かながわ検定協議会　神奈川新聞社　2009年6月2日

291.3 **『わがまち港北』** 平井誠二　『わがまち港北』出版グループ　2009年7月7日

291.3 **『もっと知りたい横浜市緑区のツボ　区制40周年を迎えた緑区の魅力に迫る。　横浜市緑区制40周年記念誌』** 横浜市緑区役所区政推進課　タウンニュース社緑区編集室　横浜市緑区役所　2009年12月

291.3 **『ぶらりハマ歩き』** 横浜シティガイド協会（編/著）　横浜シティガイド協会（編/著）　神奈川新聞社　2010年4月25日

291.3 **『わたしたちの横浜　横浜市立小学校用副読本　2010年度版』** 横浜市教育委員会　横浜市教育委員会　2010年6月2日

291.3 **『これでいいのか神奈川県横浜市 2 ぶっ壊して発展するのが横浜流』** 小森雅人・川野輪真彦・藤江孝次　マイクロマガジン社　2011年2月22日

291.3 **『ファミリーWalker　2011年春号』** 角川マーケティング　2011年3月31日

291.3 **『Actiz　mi-ru-to［みると］2011年　横浜市港北区　保存版』** Actiz編集部［企画・編集］　株式会社ゼンリン　2011年4月

291.3 **『わたしたちの横浜　横浜市立小学校用副読本　2011年度版』** 横浜市教育委員会　横浜市教育委員会　2011年6月2日

291.3 **『横浜ウォーカー YOKOHAMAWalker 第348号（2011年№20）』** 角川マガジンズ　2011年10月18日

291.3 **『横浜ウォーカー YOKOHAMAWalker 第349号（2011年№21）』** 角川マガジンズ　2011年11月1日

291.3 **『未来に伝えるなかはらの歩み―中原区区政40周年記念写真集―』** 中原区区制40周年記念写真集編集委員会　川崎市中原区役所　2012年3月

291.3 『港北都筑Walker 2012』 角川マガジンズ 2012年3月22日
291.3 『俳風 鶴見川歴史紀行』 小松崎勇 横浜市歴史博物館・「民俗に親しむ会」[編集協力] 小松崎勇 2012年6月15日
291.3 『横浜ウォーカー YOKOHAMAWalker 第369号（2012年№17）』 角川マガジンズ 2012年9月18日
291.3 『Actiz mi-ru-to［みると］ 2012年 横浜市港北区』 Actiz編集課［企画・編集］ 株式会社ゼンリン 2012年9月
291.3 『はまれぽ．com』 はまれぽ．com編集部 はまれぽ．com編集部 文芸社 2013年1月15日
291.3 『かながわ100選私の散歩道 上 （『朝日新聞』2002年2月14日～11月7日連載）』 朝日新聞社 朝日新聞社横浜支局 出版年不明
291.3 『かながわ100選私の散歩道 中 （『朝日新聞』2002年11月14日～2003年7月10日連載）』 朝日新聞社 朝日新聞社横浜支局 出版年不明
291.3 『かながわ100選私の散歩道 下 （『朝日新聞』2003年8月7日～2004年5月27日連載）』 朝日新聞横浜総局 朝日新聞横浜総局 出版年不明
291.3 『「菊名に川が流れてたんだって！」菊名川物語 第1章』 ワークショップ ピリオド（主催・企画・問合わせ先） 出版年不明
291.3 『新編武蔵風土記稿（献上本・港北区分）』 間宮士信 出版年不明
291.3 『港北区「子どもと親のハイキング」』 横浜市港北区 出版年未詳
291.3 『鶴見川流域ウォーキングマップ』 ふれあって鶴見川実行委員会 国土交通省関東地方整備局京浜工事事務所 出版年未詳
291.37 『大倉山さんぽみち探検手帳』 横浜市港北区役所区政推進課 横浜市港北区役所区政推進課 1989年7月
292 『古道のほとり（さつき叢書6 都筑の丘に拾う 第四編）』 戸倉英太郎 さつき 1957年2月
292 『ヨコハマ散歩（昭和37年・44年・48年、3冊）』 森篤男・横浜市観光協会 1962年3月16日・1969年6月1日・1973年9月24日

31 政治

317 『あゆみ 港北消防団60周年記念誌』 神奈川新聞社［制作・印刷］ 横浜市港北消防団 2008年3月22日
318 『自治行政大観 町村合併完成記念』 地方自治調査会 地方自治調査会 1957年6月20日
318 『自治行政大観 町村合併完成記念』 地方自治調査会 地方自治調査会 1958年11月20日
318 『自治行政大観 明治百年記念 郷土を造る人々』 篠田豊実 地方自治調査会 1969年11月25日
318 『港北都市化の波の中で』 横浜市港北区 横浜市港北区 1971年11月25日
318 『わたしたちの港北区』 横浜市港北区役所 横浜市港北区役所 1976年9月
318 『自治産業大観 郷土を造る人々』 篠田豊実 地方自治調査会 1977年12月15日

318 **『わたしの便利帳　港北区』** 横浜市港北区役所区政部区政推進課　横浜市港北区役所区政部区勢推進課　1982年4月
318 **『港北50＆TODAY　港北区制50周年記念誌』** 横浜市港北区役所総務課　横浜市港北区総務課　1989年3月
318 **『総会資料別冊 昭和53年度 （港北区の水防体制．昭和51年9月台風17号の記録．昭和52年9月台風9号の記録ほか）』** 港北区水防協議会　港北区水防協議会　出版年不明
318.1 **『自治行政大観　永世之宝典　新日本人文録』** 篠田豊実　地方自治調査会　1963年9月20日
318.1 **『横浜国際港都建設事業新横浜駅北部地区土地区画整理事業の換地処分に伴う地番変更調書』** 横浜市都市開発局開発事業部清算課　横浜市都市開発局開発事業部清算課　1975年
318.2 **『わたしたちの港北区　みんなで築く明日の港北　横浜市新5か年指標』** 横浜市企画調整局，港北区役所　横浜市企画調整局　1977年
318.2 **『新・港北物語　いま・むかし・みらい　新港北区誕生・区制55周年記念誌』** 横浜市港北区役所区政推進課　横浜市港北区役所　1994年11月
318.5 **『［神奈川県橘樹郡］郡制有終記念帖』** ［橘樹郡］［橘樹郡］ 1923年3月
318.5 **『港北（港北区新総合庁舎落成記念）』** 横浜市港北区役所　横浜市港北区役所　1978年11月12日
318.7 **『日本列島その現実1　巨大都市』** 野口雄一郎・奥田義雄・西川大二郎　勁草書房　1972年9月30日
318.7 **『よこはま21世紀プラン 港北区区別計画』** 横浜市企画調整局、横浜市港北区役所　横浜市企画調整局　1981年12月
318.7 **『横浜市文化基本構想』** 横浜市　1985年5月
318.7 **『未来都市コーホク　港北まちづくり白書』** 横浜市港北区役所区政推進課　横浜市港北区役所区政推進課　1987年8月3日
318.7 **『よこはま21世紀プラン 港北区計画』** 横浜市企画財政局、港北区役所　横浜市企画財政局　1989年11月
318.8 **『地域まちづくり白書 2009』** 横浜市都市整備局都市づくり部地域まちづくり課　横浜市都市整備局都市づくり部地域まちづくり課　2009年12月

32　法律

326.5 **『明るい社会―港北の更生保護のあゆみ―　横浜市港北区更生保護60周年記念』** 港北の更生保護60周年記念誌編集委員会　港北の更生保護60周年記念誌編集委員会　2011年3月31日

34　財政

343 **『横浜市内米軍接収地の現況と接収解除対策』** 横浜市渉外部　横浜市渉外部　1964年3月
343 **『横浜市分接収建物調書』** 接収解除対策本部　接収解除対策本部　出版年不明

35　統計

351　**『横浜市港北区勢要覧　1949』**　港北区役所調査課　横浜市港北区役所　1949年11月1日

351　**『横浜市港北区勢要覧　1950』**　横浜市港北区役所総務課統計係　横浜市港北区役所　1951年2月1日

351　**『横浜市港北区勢要覧　1951』**　港北区役所総務課統計係　横浜市港北区役所　1951年12月15日

351　**『港北区勢要覧　1953』**　港北区役所戸籍統計課　横浜市港北区役所　1953年4月15日

351　**『港北区勢概要　1954（区制施行15周年記念版）』**　港北区役所戸籍統計課　横浜市港北区役所　1954年4月5日

351　**『区勢要覧港北　昭和31年』**　港北区役所戸籍統計課　港北区役所　1956年8月5日

351　**『港北　昭和35年（区制20周年総合庁舎落成記念）』**　港北区役所戸籍統計課　港北区々制20周年並港北区総合庁舎落成祝典委員会　1960年10月20日

351　**『区政概要　昭和38年度』**　横浜市総務局市民課区政係　横浜市役所　1963年6月1日

351　**『［港北］区勢概要　1964（区制施行25周年記念）』**　横浜市港北区役所庶務課　横浜市港北区役所　1964年4月1日

351　**『［港北］区勢概要　1968』**　横浜市港北区　横浜市港北区役所　1968年3月20日

351　**『港北区勢概要　1969（区制施行30周年記念）』**　横浜市港北区　横浜市港北区役所　1969年8月

351　**『区政概要　昭和56年版』**　横浜市総務局行政部区連絡調整課　横浜市総務局行政部区連絡調整課　1981年10月8日

351.2　**『港北グラフィック　平成6年度』**　横浜市港北区役所総務課統計選挙係　横浜市港北区役所総務課統計選挙係　1995年4月

351.2　**『港北グラフィック　1996』**　横浜市港北区役所総務課統計選挙係　横浜市港北区役所総務課統計選挙係　1996年3月

351.2　**『港北グラフィック　1997』**　横浜市港北区役所総務課統計選挙係　横浜市港北区役所総務課統計選挙係　1997年3月

351.2　**『港北グラフィック　1998』**　横浜市港北区役所総務課統計選挙係　横浜市港北区役所総務課統計選挙係　1998年3月

351.2　**『港北グラフィック　1999（港北区制60周年）』**　横浜市港北区役所総務課統計選挙係　横浜市港北区役所総務課統計選挙係　1999年3月

351.2　**『港北グラフィック　2001』**　横浜市港北区役所総務課統計選挙係　横浜市港北区役所総務課統計選挙係　2001年3月

351.2　**『港北グラフィック　2002』**　横浜市港北区役所総務部総務課統計選挙係　横浜市港北区役所総務部総務課統計選挙係　2002年1月

351.2　**『港北グラフィック　2003　平成14年度統計便覧』**　横浜市港北区役所総務部総務課統計選挙係　横浜市港北区役所総務部総務課統計選挙係　2003年2月

351.2 **『港北グラフィック　2004　平成15年度統計便覧』** 横浜市港北区役所総務部総務課　横浜市港北区役所総務部総務課統計選挙係　2004年3月
351.2 **『港北グラフィック　平成16年度　港北白書』** 横浜市港北区　横浜市港北区役所総務課統計選挙係・区政推進課企画調整係　2005年1月
351.2 **『港北グラフィック　平成17年度　港北白書』** 横浜市港北区役所総務部総務課統計選挙係・横浜市区政部区政推進課企画調整係　横浜市港北区役所総務部総務課統計選挙係・横浜市区政部区政推進課企画調整係　2006年1月
351.2 **『港北グラフィック　平成18年度　港北白書』** 横浜市港北区役所総務部総務課　横浜市港北区役所総務部総務課統計選挙係　2007年1月
351.2 **『港北グラフィック　平成19年度』** 横浜市港北区役所　横浜市港北区役所総務課統計選挙係　2008年1月
351.2 **『港北グラフィック 平成20年度』** 横浜市港北区役所　横浜市港北区役所　2009年2月
351.3 **『神奈川区勢要覧　第1・2回』** 横浜市神奈川区役所　横浜市神奈川区役所　1930年5月・1932年4月
351.3 **『神奈川区勢要覧　第3回』** 横浜市神奈川区役所　横浜市神奈川区役所　1934年5月19日
351.3 **『港北統計便覧　1974』** 横浜市港北区役所　横浜市港北区役所　1974年3月31日
351.3 **『港北統計便覧　1975』** 横浜市港北区役所　横浜市港北区役所　1975年3月31日
351.3 **『港北統計便覧　1976』** 横浜市港北区役所　横浜市港北区役所　1976年4月
351.3 **『港北統計便覧　1977』** 横浜市港北区役所　横浜市港北区役所　1977年3月31日
351.3 **『港北区　'78　目でみる統計』** 横浜市港北区役所　横浜市港北区　1978年2月
351.3 **『港北統計便覧　1980』** 横浜市港北区役所　横浜市港北区役所　1980年3月15日
351.3 **『港北統計便覧　1981』** 横浜市港北区役所区政部総務課統計選挙係　横浜市港北区役所区政部総務課統計選挙係　1981年7月
351.3 **『港北統計便覧　1982』** 横浜市港北区役所　横浜市港北区役所　1983年
351.3 **『港北統計便覧　1983』** 横浜市港北区役所　横浜市港北区役所　1984年
351.3 **『港北統計便覧　1984』** 横浜市港北区役所港北区役所区政部総務課統計選挙係　横浜市港北区役所港北区役所区政部総務課統計選挙係　1985年3月
351.3 **『港北統計便覧　1985』** 横浜市港北区役所総務課　横浜市港北区役所総務課　1985年10月
351.3 **『港北　1986　港北区区勢概要』** 横浜市港北区役所総務部総務課　横

浜市港北区役所総務部総務課　1987年3月
351.3 **『港北　1987　港北区区勢概要』** 横浜市港北区役所総務部総務課　横浜市港北区役所総務部総務課　1988年3月
351.3 **『港北　平成元年版　港北区区勢概要』** 横浜市港北区役所総務課　横浜市港北区役所総務課　1990年3月
351.3 **『港北　平成2年版　港北区区勢概要』** 横浜市港北区役所総務課　横浜市港北区役所総務課　1991年2月
351.3 **『港北　平成3年版　港北区区勢概要』** 横浜市港北区役所総務課　横浜市港北区役所総務課　1992年1月
351.3 **『港北　1992　港北区区勢概要』** 横浜市港北区役所総務課　横浜市港北区役所総務課　1993年1月
351.3 **『港北区区勢概要　平成5年版』** 横浜市港北区役所総務課　横浜市港北区役所総務課　1994年2月
351.3 **『港北区　地域わかりマス　分野別シート・地区別シート』** 横浜市港北区総務部地域力推進担当　横浜市港北区総務部地域力推進担当　2009年12月
351.3 **『港北グラフィック　平成21年度』** 横浜市港北区役所総務課　横浜市港北区役所総務課　2010年3月
351.3 **『港北グラフィック　平成22年度』** 横浜市港北区役所総務課　横浜市港北区役所総務課　2011年2月
351.3 **『港北グラフィック　平成24年』** 横浜市港北区役所総務課　横浜市港北区役所総務課　2012年2月
351.3 **『港北グラフィック　平成25年』** 横浜市港北区役所総務課　横浜市港北区役所総務課　2013年3月
351.3 **『地域わかりマス　数字でまるわかり　港北のすがた　2013　August』** 横浜市港北区地域振興課地域力推進担当　横浜市港北区地域振興課地域力推進担当　2013年8月

36　社会

361.7 **『地域活性化のための都市マネジメント強化の必要性に関する調査研究—東急東横線沿線「大倉山地域」の場合—（2006年度調査研究レポート）』** 黒川淳　2006年
366.8 **『特別展　よこはま・職人点描　建築にたずさわる職人たち』** 財団法人横浜市勤労福祉財団　財団法人横浜市勤労福祉財団　1993年11月25日
369.1 **『ひっとプラン港北　港北区地域福祉保健計画・港北区地域福祉活動計画　平成24年度』** 港北区福祉保健センター／横浜市港北区社会福祉協議会　横浜市港北区　2012年
369.2 **『四区創立三十周年記念ろう者大会記念誌』** 緑・青葉区聴力障害者協会　1998年6月28日
369.3 **『生きているだけで平和の』** 神奈川県戦災障害者の会　1997年7月15日
369.42 **『おやこの広場びーのびーの　親たちが立ち上げた！　子育て支援**

NPO』 NPO法人びーのびーの　ミネルヴァ書房　2003年7月10日

37　教育

370.3 **『私立学校の特色　日本私立中学高等学校連合会創立四十周年記念誌』** 日本私立中学校高等学校連合会　日本私立中学校高等学校連合会　1987年11月27日

372 **『神奈川の寺子屋地図』** 高田稔　神奈川新聞社　1993年1月16日

372.1 **『横浜市の学童集団疎開　よこれき双書 第5巻』** 山本健次郎　横浜歴史研究普及会　1985年3月10日

372.1 **『横浜市の学童疎開　それは子どもたちのたたかいであった』** 横浜市の学童疎開五十周年を記念する会　横浜市教育委員会　1996年3月

375 **『わたしたちの港北区』** 港北区小学校社会科研究会　横浜市港北区教育研究会　1964年4月10日

375 **『わたしたちの港北区 1969』** 港北区小学校社会科研究会　横浜市港北区教育研究会　1969年4月10日

375 **『わたしたちの港北区』** 横浜市港北区小学校社会科研究会　横浜市港北区教育研究会　1972年4月1日

375 **『木を植えた子供たち　ドングリコロジー』** 篠原小学校30周年記念事業委員会　篠原小学校30周年記念事業委員会　1992年6月

375.1 **「武蔵国橘樹郡篠原村宗旨人別相改帳に就て」(『法政二高歴史研究』第4号)** 芥川竜男　法政大学第二高等学校歴史研究部　1954年10月10日

375.3 **『研究集録 第11・12集　大曽根・樽・太尾村の研究』** 横浜市社会科資料研究会　横浜市社会科資料研究会　1978年3月31日

375.9 **『小学社会　文部科学省検定済教科書・小学校社会科用 17　教出　社会』** 有田和正／〔ほか〕 教育出版　2010年

376 **『しらさぎ』** 横浜市立新田中学校　横浜市立新田中学校　1968年3月1日

376 **『横浜市立菊名小学校校舎復興記念誌』** 校舎復興記念誌編集委員会　横浜市立菊名小学校PTA　1968年3月1日

376 **『開校一年　新しい校風をめざして』** 横浜市立篠原西小学校　横浜市立篠原西小学校　1970年7月

376 **『創立70周年・PTA発足22周年記念誌』** 横浜市立城郷小学校　横浜市立城郷小学校　1970年10月30日

376 **『[日本大学中・高等学校]四十年の歩み』** 『四十年の歩み』編集委員会　日本大学中・高等学校　1971年3月5日

376 **『新田のあゆみ　創立八十周年誌』** 横浜市立新田小学校　1973年5月2日

376 **『おおそね　創立10周年記念誌』** 横浜市立大曽根小学校　横浜市立大曽根小学校　1974年

376 **『[日本大学中・高等学校]五十年誌』** 「五十年誌」編集委員　日本大学中・高等学校　1980年2月5日

376 **『きくな　創立30周年記念誌』** 横浜市立菊名小学校　横浜市立菊名小学校　1981年9月20日

376 **『しのはら　創立10周年記念誌』** 横浜市立篠原中学校　1981年

376 **『横浜市立下田小学校創立二十周年記念誌』** 横浜市立下田小学校 横浜市立下田小学校 1982年
376 **『横浜市立新羽中学校創立五周年記念誌』** 横浜市立新羽中学校創立五周年記念事業実行委員会 横浜市立新羽中学校 1982年
376 **『健やかな心と体を育てよう —青少年をとりまく環境調査報告書—』** 樽中学校PTA会 1985年6月30日
376 **『太尾の歴史 創立十周年記念誌』** 横浜市立太尾小学校 横浜市立太尾小学校 1985年10月26日
376 **『この丘この風—創立十周年記念誌—』** 横浜市立新羽中学校 横浜市立新羽中学校 1987年11月6日
376 **『[横浜市立北綱島小学校]創立十周年記念誌』** 横浜市立北綱島小学校十周年記念行事委員会 横浜市立北綱島小学校十周年記念行事委員会 1988年6月1日
376 **『[横浜市立大豆戸小学校]創立十周年記念誌』** 横浜市立大豆戸小学校 横浜市立大豆戸小学校 1989年5月
376 **『まめど 私たちのまち・私たちの学校』** 横浜市立大豆戸小学校 横浜市立大豆戸小学校 1989年5月
376 **『城郷 しろさと』** 副読本編集委員会 横浜市立城郷小学校 1990年3月31日
376 **『きくな 創立四十年記念学校文集』** 横浜市立菊名小学校 横浜市立菊名小学校 1991年
376 **『わたしたちの新田 横浜市立新田小学校百周年記念資料集』** 横浜市立新田小学校創立百周年記念資料編集部会 横浜市立新田小学校創立百周年記念資料編集部会 1992年11月8日
376 **『新田のあゆみ 創立百周年誌』** 横浜市立新田小学校創立百周年記念事業実行委員会 横浜市立新田小学校 1992年11月8日
376 **『[横浜市立下田小学校]創立三十周年記念誌』** 横浜市立下田小学校 横浜市立下田小学校 1993年5月
376 **『横浜市立駒林小学校創立二十周年記念誌』** 横浜市立駒林小学校創立二十周年実行委員会 横浜市立駒林小学校創立二十周年実行委員会 1993年6月26日
376.1 **『びーのびーの幼稚園+保育園ガイド 2012年度入園版』** びーのびーの企画室 特定非営利活動法人(NPO)びーのびーの 2011年5月
376.2 **『創立十周年記念誌』** 港北小学校(横浜市立) 横浜市立港北小学校 1959年11月2日
376.2 **『横浜市立神橋小学校創立80周年記念誌』** 神橋小学校創立八十周年記念委員会 1966年5月
376.2 **『高田小学』** 横浜市立高田小学校 横浜市立高田小学校 1970年2月10日
376.2 **『開校までの歩み』** 横浜市立篠原西小学校 横浜市立篠原西小学校 1970年6月15日
376.2 **『二十年のあゆみ』** 横浜市立菊名小学校 横浜市立菊名小学校 1971年9月20日

376.2 **『創立百周年記念誌』** 記念誌編集委員会　横浜市立日吉台小学校　1973年6月10日
376.2 **『日吉台小学校百年の歩み』** ［横浜市立日吉台小学校］　横浜市立日吉台小学校　1973年
376.2 **『綱島の移り変わり（『いとすぎ』特集号）』** 横浜市立綱島小学校P.T．A　横浜市立綱島小学校PTA　1974年3月9日
376.2 **『百年のあゆみ』** 横浜市立高田小学校　横浜市立高田小学校　1975年2月10日
376.2 **『やがみ　創立5周年記念誌』** 横浜市立矢上小学校　横浜市立矢上小学校　1977年6月20日
376.2 **『しのはら西　創立10周年』** 横浜市立篠原西小学校創立10周年記念事業実行委員会　横浜市立篠原西小学校創立10周年記念事業実行委員会　1978年6月24日
376.2 **『おおつな八十余年の流れ　創立八十周年記念誌』** 横浜市立大綱小学校　横浜市立大綱小学校　1980年11月1日
376.2 **『創立30年のあゆみ』** 横浜市立綱島小学校　1981年3月7日
376.2 **『わたしたちのまち神大寺』** 横浜市立神大寺小学校　横浜市立神大寺小学校　1981年10月20日
376.2 **『ひがし　創立十周年記念誌』** 横浜市立綱島東小学校　1981年
376.2 **『やがみ　創立10周年記念誌』** 横浜市立矢上小学校　横浜市立矢上小学校　1983年3月31日
376.2 **『北つなしま　創立五周年記念誌』** 横浜市立北綱島小学校5周年記念事業委員会　横浜市立北綱島小学校　1983年6月
376.2 **『わたしたちの町日吉　110周年記念誌』** 横浜市立日吉台小学校　横浜市立日吉台小学校　1983年10月25日
376.2 **『創立二十周年記念誌』** 記念誌委員会　横浜市立大曽根小学校創立二十周年記念実行委員会　1984年10月
376.2 **『神橋百年　神橋小学校創立百年記念誌』** 創立百年記念誌編集部会　横浜市立神橋小学校創立百周年記念事業実行　1986年5月17日
376.2 **『私たちの新羽　創立十周年記念』** 横浜市立新羽小学校　1987年3月2日
376.2 **『こづくえ　創立五周年記念誌』** 横浜市立小机小学校　1988年2月20日
376.2 **『公孫樹　［横浜市立日吉南小学校］創立20周年記念誌』** 横浜市立日吉南小学校　横浜市立日吉南小学校　1988年11月5日
376.2 **『創立90周年記念誌』** 記念誌編集委員会　横浜市立城郷小学校　1990年10月30日
376.2 **『記念誌　大綱小学校開校117周年 大綱高等小学校開校90周年』** 横浜市立大綱小学校記念誌部会　横浜市立大綱小学校開校記念行事実行委員会　1990年11月24日
376.2 **『新吉田　創立20周年記念誌』** 二十周年記念誌編集委員会　横浜市立新吉田小学校　1991年9月25日
376.2 **『綱島東　創立二十周年記念誌』** 横浜市立綱島東小学校創立二十周年

記念誌委員会　横浜市立綱島東小学校創立二十周年記念事業実行委員会　1991年10月5日

376.2 **『しのはら　創立30周年記念誌』** 横浜市立篠原小学校創立30周年記念事業委員会　横浜市立篠原小学校　1991年11月30日

376.2 **『こづくえ　創立十周年記念誌』** 横浜市立小机小学校　1992年11月

376.2 **『わたしたちの小机　創立十周年記念資料集』** 創立十周年記念資料集編集委員会　横浜市立小机小学校　1992年11月28日

376.2 **『矢上　創立20周年記念誌』** 横浜市立矢上小学校創立二十周年記念事業委員会　横浜市立矢上小学校　1993年11月

376.2 **『わたしたちの日吉台　創立120周年記念』** 日吉台小学校120周年記念実行委員会　1993年11月6日

376.2 **『文化の鐘はひびくなり　創立120周年記念誌』** 創立120周年記念誌委員会　横浜市立日吉台小学校創立120周年記念事業実行委員会　1993年11月6日

376.2 **『創立20周年記念誌　太尾』** 横浜市立太尾小学校 ［創立20周年記念事業実行委員会］ 1995年10月21日

376.2 **『わたしたちのおおそね　創立30周年記念　学習資料集』** 横浜市立大曽根小学校　1995年10月

376.2 **『おおそね　創立30周年記念誌』** 横浜市立大曽根小学校　1995年

376.2 **『新羽　創立20周年記念誌』** 横浜市立新羽小学校記念誌委員会　横浜市立新羽小学校創立20周年記念事業実行委員会　1996年6月1日

376.2 **『神橋　神橋小学校創立百十年記念誌』** 創立百十年記念誌編集部会　横浜市立神橋小学校創立百十周年記念事業実行委員会　1996年11月2日

376.2 **『日吉南　創立30周年記念誌』** 横浜市立日吉南小学校　1997年10月18日

376.2 **『若木のむれ　創立20周年記念誌』** 横浜市立新吉田第二小学校創立20周年記念　1997年11月1日

376.2 **『たかたの丘　創立百125周年記念誌』** 記念誌委員会　横浜市立高田小学校創立125周年記念事業実行委員会　1999年11月20日

376.2 **『わたしのしのはら物語　創立40周年記念誌』** 篠原小学校40周年記念誌編集委員会　横浜市立篠原小学校　2000年12月2日

376.2 **『きくな　創立50周年記念誌』** 横浜市立菊名小学校創立50周年記念事業実行委員会記念誌部会　横浜市立菊名小学校　2001年11月

376.2 **『わたしたちのまちきくな　創立50周年記念資料集』** 横浜市立菊名小学校創立50周年記念資料集編集委員会　横浜市立菊名小学校　2001年11月17日

376.2 **『えがおがいっぱい　創立30周年記念誌』** 横浜市立駒林小学校創立30周年記念誌事業委員会　横浜市立駒林小学校創立30周年記念誌事業委員会　2003年11月15日

376.2 **『矢上　創立三十周年記念誌』** 記念誌委員会　横浜市立矢上小学校創立30周年記念事業実行委員会　2004年6月

376.2 **『はばたけ太尾　創立30周年記念副読本』** 横浜市立太尾小学校　横浜

市立太尾小学校　2005年11月12日
376.2 **『神橋　創立120周年記念誌』** 横浜市立神橋小学校創立百二十周年記念事業実行委員会　横浜市立神橋小学校創立百二十周年記念事業実行委員会　2006年11月
376.2 **『三十周年おめでとう―わたしたちの学校―　創立三十周年記念誌』** 横浜市立新羽小学校　新羽小学校PTA　2006年11月11日
376.2 **『私たちの新羽　創立30周年記念資料集』** 横浜市立新羽小学校　2006年11月11日
376.2 **『私たちの新羽　創立30周年記念資料集　別冊　新羽の工場編』** 横浜市立新羽小学校　2006年
376.2 **『わたしたちがかがやき　みんながかがやく　新羽の子ども（創立30周年記念誌）』** 横浜市立新羽小学校　2006年
376.2 **『大豆戸小学校［創立30周年記念誌］』**［大豆戸小学校創立30周年記念事業実行委員会］記念誌グループ　横浜市立大豆戸小学校創立30周年記念事業実行委員会　2009年11月7日
376.2 **『篠原小学校　祝・創立50周年』** 横浜市立篠原小学校創立50周年記念事業実行委員会　横浜市立篠原小学校創立50周年記念事業実行委員会　2010年11月
376.2 **『私たちの新羽　創立35周年記念資料集』** 横浜市立新羽小学校　2011年11月15日
376.3 **『創立30年記念誌　日吉　目で見る日吉のあゆみ』** 横浜市立日吉台中学校創設30年記念誌委員会　横浜市立日吉台中学校　1980年10月23日
376.3 **『新田』** 横浜市立新田中学校　1987年5月4日
376.3 **『育ちいく大綱中40年　創立40周年記念誌』** 横浜市立大綱中学校　1989年3月3日
376.3 **『篠原』** 横浜市立篠原中学校　1991年11月
376.3 **『創立50周年記念誌』** 横浜市立日吉台中学校50周年記念実行委員　1996年11月
376.3 **『創立50周年記念誌　雄飛―半世紀のあゆみ、そして未来―』** 横浜市立城郷中学校創立50周年記念誌編集委員会　横浜市立城郷中学校　1997年10月21日
376.3 **『高田　創立十周年記念誌』** 横浜市立高田中学校十周年記念事業実行委員会　1997年11月1日
376.3 **『この丘この風―創立20周年記念誌―』** 横浜市立新羽中学校二十周年記念実行委員会　1997年11月
376.3 **『創立20周年記念誌』** 横浜市立日吉台西中学校20周年記念誌委員会　横浜市立日吉台西中学校　1997年11月
376.3 **『創立五十周年記念誌　横浜市立大綱中学校』** 五十周年記念誌編集委員会　横浜市立大綱中学校　1999年11月20日
376.3 **『欅　創立三十周年記念誌』** 三十周年記念誌編集委員会　横浜市立篠原中学校　2001年11月17日
376.3 **『創立30周年記念誌』** 横浜市立新羽中学校　2007年11月
376.3 **『新田中学校』** 新田中学校創立60周年記念実行委員会／作成　横浜市

立新田中学校　出版年不明

376.4 **『港北高校の歩み　創立十周年記念』** 神奈川県立港北高等学校　神奈川県立港北高等学校　1979年5月15日

376.4 **『ひとすじに　創立八十周年記念誌』** 高木学園　1988年10月21日

376.4 **『港北高校の二十年』** 神奈川県立港北高等学校　神奈川県立港北高等学校　1990年1月11日

376.4 **『岸根　創立10周年記念誌』** 神奈川県立岸根高等学校　神奈川県立岸根高等学校　1992年11月28日

376.4 **『新羽　創立30周年記念誌』** 神奈川県立新羽高等学校　2007年10月26日

376.4 **『大倉山五十年史　1957年3月～2008年4月』** 平成17―19年度三ヶ年教育推進委員会　東横学園大倉山高等学校　2008年3月31日

376.4 **『遥かなる道　高木学園創立百周年記念誌』** 高木学園百周年記念誌編集委員会　高木学園　2008年9月27日

377.0 **『自由研究論文集　20周年記念』** 小野静枝　横浜市大公開ゼミOB会論文編集委員会　横浜市大公開ゼミOB会　2004年4月

377.2 **『太平洋戦争と慶應義塾』** 日吉台地下壕保存の会　日吉台地下壕保存の会　1997年8月28日

377.3 **『東横学園二十年史』** 東横学園二十年史編集委員会　五島育英会　1959年11月10日

377.6 **『タゴールの学園　我等のサンチニケタン』** 平等通昭　印度学研究所　1972年4月30日

379 **『わだち　第6号』** 横浜市社会教育指導員会　横浜市教育委員会社会教育課　1991年5月31日

379 **『港北区グループ・団体ガイド 平成22年度』** 港北区区民活動支援センター　港北区区民活動支援センター　2010年3月

379 **『港北区「まちの先生」ガイドブック 平成22年度』** 港北区区民活動支援センター　港北区区民活動支援センター　2010年4月

379 **『港北区グループ・団体ガイド 平成23年度』** 港北区区民活動支援センター　港北区区民活動支援センター　2011年3月

379 **『港北区「まちの先生」ガイドブック 平成23年度』** 港北区区民活動支援センター　港北区区民活動支援センター　2011年4月

379 **『港北区「まちの先生」ガイドブック 平成24年度』** 港北区区民活動支援センター　港北区区民活動支援センター　2012年5月

379.1 **『多様な生き方が尊重される社会の実現をめざして　横浜市生涯学習推進指針　縦・横の学びを紡ぐ生涯学習』** 横浜市教育委員会生涯学習部生涯学習課　横浜市教育委員会生涯学習部生涯学習課　2006年3月

379.1 **『横浜市生涯学習事務事業概要 平成18年度』** 横浜市教育委員会生涯学習課　横浜市教育委員会生涯学習部生涯学習課　2006年8月

379.1 **『横浜市生涯学習事務事業概要 平成19年度』** 横浜市教育委員会　横浜市教育委員会　2007年8月

379.2 **『菊名地区センターのあゆみ（港北センターのあゆみ）昭和56年度～』**

横浜市港北図書館／横浜市菊名地区センター　横浜市港北センター／横浜市菊名地区センター　1982年～
379.2 **『開館10周年記念誌』** 新田地区センター　横浜市新田地区センター委員会　1991年11月3日
379.2 **『楽・遊・学　第1号～』** 港北区役所総務部地域振興課区民活動支援センター（生涯学習支援センター）　港北区役所総務部地域振興課区民活動支援センター（生涯学習支援センター）　1995年4月1日～
379.2 **『横浜市新田地区センター開館20周年記念誌』** 開館20周年記念事業実行委員会　横浜市新田地区センター　2001年11月3日
379.2 **『あゆみ　開館30周年記念誌』** 開館30周年記念誌編集委員会　横浜市菊名地区センター　2010年10月
379.6 **『30年のあゆみ』**「生涯学習グループ大地」運営委員　生涯学習グループ大地　2012年9月28日

38　風俗習慣．民俗学．民族学

382.1 **『富士講と富士塚 東京・神奈川　日本常民文化研究所調査報告 第2集』** 神奈川大学日本常民文化研究所　平凡社　1993年8月20日
382.1 **『富士講と富士塚 東京・埼玉・千葉・神奈川　日本常民文化研究所調査報告 第4集』** 神奈川大学日本常民文化研究所　平凡社　1993年8月20日
382.1 **『都筑の民俗　横浜市・港北ニュータウン郷土誌』** 港北ニュータウン郷土誌編纂委員会　港北ニュータウン郷土誌編纂委員会　1998年5月15日
386.1 **『新横浜パフォーマンス'91　プログラム』** 1991年10月3・4日
386.1 **『新横浜パフォーマンス'92』** 1992年10月23・24日
386.1 **『新横浜パフォーマンス'93』** 1993年10月22・23日
386.1 **『新横浜パフォーマンス'94』** 1994年10月21・22日
386.1 **『新横浜パフォーマンス'95』** 1995年10月20・21日
386.1 **『新横浜パフォーマンス'96』** 1996年10月25・26日
386.1 **『新横浜パフォーマンス'97』** 1997年10月24・25日
386.1 **『新横浜パフォーマンス'98』** 1998年10月16・17日
386.1 **『WORLD FOOD FESTA & BIG FREE MARKET 2000』** 新横浜ウォーキング　新横浜パフォーマンス2000実行委員会　2000年5月26～28日
386.1 **『新横浜パフォーマンス2001　SHINYOKOHAMA PERFORMANCE 2001 Official Program』** 新横浜パフォーマンス2001イベント事務局　新横浜パフォーマンス2001実行委員会　2001年5月25～27日
386.1 **『新横浜パフォーマンス2002　SHINYOKOHAMA PERFORMANCE 2002 Official Program』** 新横浜パフォーマンス2002イベント事務局　新横浜パフォーマンス2002実行委員会　2002年5月11・12日
386.1 **『新横浜パフォーマンス2003　ご協賛のご案内』** 2003年
386.1 **『新横浜パフォーマンス2003　SHINYOKOHAMA PERFORMANCE 2003 Official Program』** 新横浜パフォーマンス2003イベント事務局

新横浜パフォーマンス2003実行委員会　2003年8月2・3日

386.1 **『新横浜パフォーマンス2004　SHINYOKOHAMA PERFORMANCE 2004 Official Program』** 新横浜パフォーマンス2004イベント事務局　新横浜パフォーマンス2004実行委員会　2004年10月2・3日

386.1 **『新横浜パフォーマンス2005　ご協賛のご案内　SHINYOKOHAMA PERFORMANCE 2005 Official seat』** 新横浜パフォーマンス2005実行委員会イベント事務局　2005年

386.1 **『新横浜パフォーマンス2005　SHINYOKOHAMA PERFORMANCE 2005 Official Program』** 新横浜パフォーマンス2005イベント事務局　新横浜パフォーマンス2005実行委員会　2005年11月26・27日

386.1 **『新横浜パフォーマンス2006　SHINYOKOHAMA PERFORMANCE 2006 Official Program』** 新横浜パフォーマンス2006イベント事務局　新横浜パフォーマンス2006実行委員会　2006年11月25・26日

386.1 **『新横浜パフォーマンス2007　ご協賛のご案内　SHINYOKOHAMA PERFORMANCE 2007 Official Sheets』** 新横浜パフォーマンス2007実行委員会イベント事務局　2007年

386.1 **『新横浜パフォーマンス2007　SHINYOKOHAMA PERFORMANCE 2007 Official Program』** 新横浜パフォーマンス2007イベント事務局　新横浜パフォーマンス2007実行委員会　2007年11月23・24日

386.1 **『新横浜パフォーマンス2008　ご協賛のご案内　SHINYOKOHAMA PERFORMANCE 2008 Official Sheets』** 新横浜パフォーマンス2008実行委員会イベント事務局　2008年

386.1 **『新横浜パフォーマンス2008　SHINYOKOHAMA PERFORMANCE 2008 Official Program』** 新横浜パフォーマンス2008イベント事務局　新横浜パフォーマンス2008実行委員会　2008年11月29・30日

386.1 **『新横浜パフォーマンス2009　イベント概要　SHINYOKOHAMA PERFORMANCE 2009 Official Event Plan』** 新横浜パフォーマンス2009実行委員会イベント事務局　2009年

386.1 **『新横浜パフォーマンス2009　ご協賛のご案内　SHINYOKOHAMA PERFORMANCE 2009 Official Sheets』** 新横浜パフォーマンス2009実行委員会イベント事務局　2009年

386.1 **『新横浜パフォーマンス2009　SHINYOKOHAMA PERFORMANCE 2009 Official Program』** 新横浜パフォーマンス2009イベント事務局　新横浜パフォーマンス2009実行委員会　2009年10月17・18日

386.1 **『新横浜パフォーマンス2010　イベント概要、ご協賛のご案内』** 新横浜パフォーマンス2010実行委員会イベント事務局　2010年

386.1 **『新横浜パフォーマンス2010　取材、及び取り扱いのお願い』** 新横浜パフォーマンス2010実行委員会イベント事務局　2010年

386.1 **『新横浜パフォーマンス2010　SHINYOKOHAMA PERFORMANCE 2010 Official Program』** 新横浜パフォーマンス2010イベント事務局　新横浜パフォーマンス2010実行委員会　2010年10月16・17日

386.1 **『新横浜パフォーマンス2011　ご協賛のご案内　SHINYOKOHAMA PERFORMANCE 2011 Official Sheets』** 新横浜パフォーマンス2011

実行委員会イベント事務局　2011年
386.1 **『新横浜パフォーマンス2011　ご協賛のご案内にあたり』** 新横浜パフォーマンス2011実行委員会　2011年
386.1 **『新横浜パフォーマンス2011　Special Version　SHINYOKOHAMA PERFORMANCE 2011 Special Version Official Program』** 新横浜パフォーマンス2010イベント事務局　新横浜パフォーマンス2010実行委員会　2011年9月23・24日
386.1 **『新横浜パフォーマンス　2012　20th　のぞみ叶う街しんよこはま』** 新横浜パフォーマンス2012イベント事務局　新横浜パフォーマンス2012実行委員会　〔2012年9月〕
386.8 **『横浜の民俗芸能』** 横浜市教育委員会社会教育部文化財課　横浜市教育委員会社会教育部文化財課　1986年3月31日
386.8 **『横浜の神代神楽　神楽師たちの近世・近代　企画展』** 横浜市歴史博物館　横浜市歴史博物館・横浜市ふるさと歴史財団　2007年3月3日
387 **『神奈川の富士講　神奈川県民俗シリーズ11』** 大谷忠雄　神奈川県教育庁社会教育部文化財保護課　神奈川県教育委員会　1974年3月30日
387 **『横浜七福神』** 内田大寛　横浜七福神会　1978年9月
387 **『私の中の道祖神…よこはま』** 土方充　土方充　1988年2月
387 **『横浜七福神　かながわ七福神めぐり—まるごとガイド・シリーズ』** 永井恒男　サンケイプランニング産業交流研究会　1997年12月
388 **『横浜の伝説と口碑　神奈川区・鶴見区・程ケ谷区　横浜叢書』** 横浜郷土史研究会　1930年11月3日
388 **『神奈川の伝説』** 相模民俗学会　日本標準　1980年10月20日
388.1 **『よこはまの民話　神奈川の民話1』** 萩坂昇　むさしの児童文化の会　1981年6月25日
388.1 **『かながわの伝説散歩』** 萩坂昇　暁印書館　1998年9月30日
388.1 **『読みがたり　神奈川のむかし話』** 相模民俗学会　日本標準　2004年6月25日
388.1 **『神奈川県の民話と伝説　上』** 萩坂昇　有峰書店　1975年4月10日
388.1 **『神奈川県の民話と伝説　下』** 萩坂昇　有峰書店　1975年7月30日

39　国防．軍事

390 **『城郷地区つわもの回想録』** 夏草会　夏草会　1981年
391.2 **『日本戦史集　第1輯』** 栗原勇・世良田勝　教育研究会　1926年4月19日
391.2 **『日本戦史集　第2輯』** 栗原勇・世良田勝　教育研究会　1926年7月18日
391.4 **『接収解除のはなし』** 横浜市市民局相談部勤労市民室　横浜市市民局相談部勤労市民室　［1969年］
391.4 **『接収解除の歩み』** 横浜市総務局渉外部　横浜市総務局渉外部　1997年11月
395 **『横浜市における接収解除の経緯と現況』** 〔横浜市〕総務局渉外部　1969年6月

395 **『横浜市と米軍基地（昭和45年）』** 横浜市総務局　1970年6月
395 **『横浜市と米軍基地（昭和46年）』** 横浜市総務局　1971年6月
395 **『横浜市と米軍基地（昭和47年）』** 横浜市総務局　1972年6月
395 **『横浜市と米軍基地（昭和48年）』** 横浜市総務局　1973年6月
395 **『横浜市と米軍基地 平成元年』** 横浜市総務局渉外部　横浜市総務局渉外部　1989年6月
395 **『横浜市と米軍基地 平成2年6月』** 横浜市総務局渉外部　横浜市総務局渉外部　1990年6月

40　自然科学

402.9 **『港北の自然とわたくしたち　生きている鶴見川』**「港北の自然とわたくしたち　生きている鶴見川」編集委員会　横浜市港北区役所　1989年6月5日
402.9 **『新羽中付近の自然』** 横浜市立新羽中学校自然科学部　横浜市立新羽中学校自然科学部　2007年6月

45　地球科学．地学

453.9 **『神奈川県温泉誌（神奈川県温泉地学研究所報告　第14巻第4号）』** 神奈川県温泉地学研究所　神奈川県温泉地学研究所　1983年3月

46　生物科学．一般生物学

460.7 **『会下谷の雑木林の生物相とその季節変化（横浜の旧市街に残る小雑木林）公害研究資料№43』** 菅野徹　横浜市公害研究所　1982年12月31日
462.1 **『港北フィールド・ガイド 1　港北区南部編』** フィールド・ガイド編集委員会　横浜市港北区　1990年3月31日
462.1 **『港北フィールド・ガイド 2　中部編』** フィールド・ガイド編集委員会　横浜市港北区福祉部市民課社会教育係　1991年3月31日
462.1 **『港北フィールド・ガイド 3 港北区北部編』** フィールド・ガイド編集委員会　横浜市港北区　1992年3月31日
462.1 **『横浜市港北区域の鶴見川生物相調査報告書』** 後藤好正　鶴見川流域自然環境調査会　1994年10月30日
462.1 **『町なかの花ごよみ鳥ごよみ』** 菅野徹　草思社　2002年3月29日
462.1 **『日吉の森　野鳥紀行　2001-2003』** 岸由二／監修　慶應義塾大学野鳥の会・日吉丸の会　2003年12月12日
462.1 **『水と緑の学校生きもの図鑑　港北区制70周年記念』** 横浜市港北区区政推進課　港北区役所総務部区政推進課　2009年3月3日

47　植物学

472.1 **『ヨコハマ植物散歩　―市民の森と身近な自然―』** 横浜植物会　神奈川新聞社　1995年11月24日

48　動物学

480 **『鶴見川流域生きものガイドブック』** 岸由二（監修）/流域自然研究会

（製作）　流域自然研究会　2007年9月22日
485.3 **『鶴見川流域エビカニ図鑑』** 流域自然研究会　2004年7月7日
487 **『よこはまの川の魚たち　改訂版』** 横浜市環境保全局水質課　横浜市環境保全局水質課　2000年3月
487.5 **『鶴見川流域おさかな図鑑』** 岸由二／監修　流域自然研究会　2003年6月10日
488 **『新横浜鳥物語―横浜国際競技場周辺に生息していた鳥たちの記録―』** 臼井義幸　ウェルパス　2001年5月4日
488.2 **『鶴見川流域水辺の鳥図鑑』** 岸由二／監修　流域自然研究会　2004年11月22日
489.59 **『タマちゃんノート―朝日新聞神奈川版連載―』** 朝日新聞社　朝日新聞社　2003年

49　医学．薬学
490.2 **『神奈川県北東の医史跡めぐり』** 杉田暉道・井出研・中西淳朗　日本医史学会神奈川地方会　1999年2月1日
490.4 **『読みぐすり33』** 八木康之　八木康之　2007年2月
490.4 **『読みぐすり33』** 改訂版　八木康之　八木康之　2012年4月

50　技術．工学
509 **『新羽町の工業』** 神奈川県立港北高校社会科研究部　神奈川県立港北高等学校　1985年11月20日

51　建設工学．土木工事
514.2 **『愛称道路』** 横浜市道路局　横浜市道路局　1978年12月・1983年4月
515 **『よこはまの橋・人・風土』** 小寺篤　秋山書房　1983年10月8日
515.3 **『鶴見川の橋』** 千葉富太（撮影・編）　千葉富太　1992年10月10日
516 **『鉄道技術発達史 1 第1篇総説』** 日本国有鉄道　クレス出版　1990年5月25日
516 **『鉄道メカニズム探究　エンジニアが鉄道の技術をわかりやすく綴る』** 辻村功　JTBパブリッシング　2012年1月1日
516.1 **『いま、「公共性」を撃つ　「ドキュメント」横浜新貨物線反対運動　復刻・シリーズ1960　70年代の住民運動』** 宮崎省吾　創土社　2005年11月10日
516.7 **『新幹線アルバム』** 東京幹線工事局　1964年10月1日
517 **『鶴見川誌』** 竹内治利　神奈川文庫　1970年10月21日
517 **『鶴見川流域浸水実績図』** 鶴見川流域総合治水対策協議会　鶴見川流域総合治水対策協議会　1981年
517 **『暴れ川の記憶』** 国土交通省関東地方整備局　京浜河川事務所／制作、tvk／協力　2007年3月
517.0 **『鶴見川水系河川整備計画用語集』**〔国土交通省関東地方整備局〕〔国土交通省関東地方整備局〕〔2007年3月〕
517 **『暴れ川の記憶』** 国土交通省関東地方整備局京浜河川事務所　国土交通省関東地方整備局京浜河川事務所　〔2007年?〕

517 **『TRネット通信・合本1　Vol.1～Vol.54』** 鶴見川流域ネットワーキング　鶴見川流域センター応援団　2011年5月29日
517 **『彷徨える鳥山川』** 大山淳　出版年不明
517.2 **『鶴見川と人々のくらし　自然・歴史・民俗』** 鶴見歴史の会　1983年
517.2 **『鶴見川大規模浚渫工事誌』** 建設省関東地方建設局京浜工事事務所［企画・編集］ 建設省関東地方建設局京浜工事事務所　1992年3月
517.2 **『横浜の川』** 横浜市下水道局　横浜市下水道局　1995年3月
517.2 **『鶴見川　流色・流識・流式』** 横浜市下水道局河川計画課　横浜市下水道局河川計画課　1995年7月
517.2 **『きれいになーれ鶴見川—鶴見川の水質—』** TRネット水質チーム　TRネット水質チーム　2001年3月
517.2 **『図説鶴見川　幕末から昭和初期まで　リバーサイドヒストリー』** 横浜開港資料館　横浜開港資料館　2004年11月
517.2 **『自転車で源流探索　横浜の川　2011—2012年』** 平田和彦　平田和彦　2012年12月
517.2 **『鶴見川かいしゅうの今と昔』** 鶴見川改修研究会　鶴見川改修研究会　山口建　出版年未詳
517.5 **『鶴見川水害予防組合史—組合設立五十周年記念—』** 鶴見川水害予防組合　鶴見川水害予防組合　1984年3月31日
518 **『港北地区カルテ　1981（昭和五十六年）』** 横浜市港北区役所　横浜市港北区役所　1981年
518.8 **『港北ニュータウン基本計画（案）昭和48年』** 横浜市　1973年
518.8 **『港北ニュータウン［1979年5月］』** 横浜市・日本住宅公団　1979年5月
518.8 **『港北区太尾堤排水路跡地整備計画』** 横浜市緑政局　横浜市緑政局　1986年12月
518.8 **『（仮称）大倉山プロムナード整備基本計画策定調査報告書　サイン計画からまちづくりへ』** 横浜市港北区／横浜市都市計画局／環境デザイン研究所　横浜市港北区役所区政部区政推進課　1987年3月
518.8 **『港北区まちづくり方針　横浜市都市計画マスタープラン・港北区プラン　白黒コピー版』** 横浜市港北区役所·都市計画局　横浜市港北区役所　1999年2月
518.8 **『港北区まちづくり方針 原案　横浜市都市計画マスタープラン・港北区プラン』** 横浜市港北区役所·都市計画局　横浜市港北区役所　1999年10月
518.8 **『横浜・川崎計画地図　ビジネス発想の大ヒント集』** 横浜・川崎都市政策研究会　かんき出版　2006年7月20日
518.8 **『港北区歴史を生かしたまちづくりプロジェクト　活動報告　平成23年度港北コロンブス』** 港北ヘリテイジ（港北区区政推進課） 港北ヘリテイジ（港北区区政推進課） 2012年
519 **『港北の自然環境を考える「港北区の緑と水辺を考える会」の活動を通じて』** 原田敏樹・浅見昭雄・加藤真知子・木村敬三　横浜市企画財政局都市科学研究室　1984年

519.8 **『里山創生　神奈川・横浜の挑戦』** 佐土原聡／小池文人／嘉田良平／佐藤裕一　創森社　2011年11月25日

52　建築学

520.2 **『横浜建築家列伝　開港150周年記念』** 横浜都市発展記念館　横浜都市発展記念館　2009年4月25日

520.2 **『ハマ発NEWSLETTER　第12号』** 横浜都市発展記念館　横浜都市発展記念館　2009年7月1日

520.8 **『City memories importamt historical structures in Yokohama』** Cultural Properties Division, Board of Education, City of Yokohama（編集）Yokohama Historical Property Inspection Committee　2002年6月

520.8 **『都市の記憶　横浜の主要歴史的建造物』** 横浜市教育委員会文化財課／企画・編集　横浜市歴史的資産調査会　2002年6月

521 **『かながわの建築物100選　写真集』** 神奈川県都市部建築指導課　1991年3月

521.6 **『洋館付き住宅の魅力がわかる本』** よこはま洋館付き住宅を考える会　よこはま洋館付き住宅を考える会　2004年12月25日

521.8 **『飯田家表門（長屋門）解体修理工事報告書』** 横浜市指定有形文化財　飯田助知　1996年8月26日

521.8 **『関東の名城を歩く 南関東編（埼玉・千葉・東京・神奈川）』** 峰岸純夫／齋藤慎一　吉川弘文館　2011年10月10日

523.1 **『横浜・港・近代建築　（大倉山記念館・慶応日吉校舎）』** 横浜市教育委員会事務局社会教育部　横浜市教育委員会事務局社会教育部　1984年3月31日

523.1 **『ハマの建物探検』** 横浜シティガイド協会　神奈川新聞社　2002年6月26日

525.5 **『足跡』** 川上三宝　川上三宝　2003年2月16日

525.5 **『あしあと』** 川上三宝　川上三宝　2007年4月25日

527.9 **『寄宿舎と日吉キャンパスの近代建築』** 慶応義塾大学アート・センター慶応義塾の建築プロジェクト　2012年12月8日

527.9 **『谷口吉郎と日吉寄宿舎　慶応義塾の建築プロジェクト』** 渡部葉子、本間友　慶応義塾大学アート・センター　2013年2月18日

53　機械工学．原子力工学

530.6 **『独創への歩み　アマノ40年史』** アマノ　1972年10月

530.6 **『アマノ50年史　時間と空気50年の成熟』** アマノ　1982年6月30日

530.6 **『アマノ創業70周年記念誌　「アマノ　これからの10年」』** アマノ創業70周年記念事業実行委員会　アマノ株式会社　2001年12月1日

530.6 **『天野修一（アマノ株式会社社長）SCRAP　BOOK』** 出版年不明

530.6 **『アマノ株式会社創業60周年記念誌　「RENAISSANCE　1981～1991　最近10年の歩み」』** アマノ株式会社　出版年未詳

532.0 **『創立五〇周年記念誌　（五〇年の歩み）』** 岡本工作機械製作所　岡本工作機械製作所　1985年6月

535 **『天野特殊機械株式会社30年史』** 天野特殊機械株式会社　天野特殊機械　1960年11月3日

54 電気工学．電子工学

540.6 **『アルプス30年のあゆみ』** 30周年実行委員会　アルプス電気株式会社　1978年11月1日

540.6 **『アルプス50年のあゆみ』** アルプス電気株式会社　アルプス電気株式会社　1998年12月10日

547 **『安立電気株式会社創立30年史』** 安立電気株式会社社史編纂委員会　安立電気株式会社　1964年6月30日

547 **『安立電気五十年史』** 安立電気株式会社社史編纂委員会　安立電気株式会社　1982年10月25日

547.0 **『アンリツ100年の歩み』** アンリツ株式会社社史編纂委員会　アンリツ　2001年6月

58 製造工業

582 **『創造する企業天野特殊機械』** 津和幾夫　ダイヤモンド社　1965年11月12日

584.7 **『大塚製靴百年史』** 大塚製靴株式会社　大塚製靴　1976年1月1日

584.7 **『大塚製靴百年史資料』** 大塚製靴株式会社　大塚製靴　1976年3月15日

589.2 **『大塚製靴株式会社五十年　老舗の近代化』** 日本経営史研究所　大塚製靴　2003年8月15日

59 家政学．生活科学

590 **『田園都市生活 vol.16　田園都市線沿線のライフスタイルマガジン』** 枻出版社　2005年5月10日

590 **『田園都市生活 vol.28　田園都市線沿線のライフスタイルマガジン』** 枻出版社　2007年5月10日

590 **『田園都市生活 vol.42　東急沿線のライフスタイルマガジン』** 枻出版社　2011年10月10日

596.3 **『メイキング・オブ・新横浜ラーメン博物館』** グラフィクスアンドデザイニング　みくに出版　1995年8月7日

61 農業

611 **『農業概要　1962』** 横浜市港北区役所農政課　横浜市港北区役所農政課　1962年3月1日

611 **『港北区農業概要 1965』** 横浜市港北区役所　横浜市港北区役所　1965年3月

611.6 **『神奈川県農協の三十年　写真集』** 神奈川県農業協同組合中央会　神奈川県農業協同組合中央会　1980年9月1日

62 園芸

629 **『公園緑地　第五巻第四・五合併号』** 公園緑地協会　1941年5月20日

629 **『公園緑地　第五巻第五号』** 公園緑地協会　1941年6月20日
629 **『熊野神社市民の森』** 横浜市北部農政事務所　横浜市北部農政事務所　1991年3月
629.4 **『横浜市小机城址市民の森』** 横浜市北部農政事務所　横浜市北部農政事務所　1987年3月

65　林業

653 **『名木古木指定樹木一覧』** 横浜市緑政局　横浜市緑政局　1982年3月

67　商業

672 **『Anniversary The50th』** 綱島商店街協同組合／監修　綱島商店街協同組合　2010年9月
673 **『らくらくこうほく25年　この町でともにらくらくと生きていこう らくらく市二五周年記念誌』** らくらく市実行委員会　らくらく市実行委員会　2012年3月31日
673.9 **『かながわの銭湯　かもめ文庫』** 高橋誠一　神奈川新聞社　1998年3月31日

68　運輸．交通

683.2 **『鶴見川に和舟を浮かべました！～夢見た仲間の50ヶ月の活動軌跡～鶴見川舟運叢書第2集』** 鶴見川舟運復活プロジェクト　鶴見川舟運復活プロジェクト　2011年9月13日
686 **『横浜線と其電化』** 東京鉄道局　東京鉄道局　1932年10月1日
686 **『東京横浜電鉄沿革史』** 杉本寛一　東京急行電鉄　1943年3月25日
686 **『線路図　南武線・鶴見線・横浜線』** 東京鉄道管理局運転部　東京鉄道管理局運転部　1961年7月
686 **『横浜線複線化の概要』** 相模原市鉄道輸送力増強促進協議会　相模原市鉄道輸送力増強促進協議会　1972年3月
686.0 **『東京急行電鉄50年史』** 東京急行電鉄株式会社社史編纂事務局　東京急行電鉄株式会社社史編纂委員会　1973年4月18日
686 **『週刊歴史でめぐる鉄道全路線　国鉄・JR no. 40　横須賀線／京浜東北・根岸線／横浜線／相模線　週刊朝日百科』** 朝日新聞出版　朝日新聞出版　2010年4月25日
686.2 **「横浜線物語」(『毎日新聞』　1978年9月20日～1979年6月6日連載)** 毎日新聞社　1978年9月20日～1979年6月6日
686.2 **『横浜線物語　明治41年から、電化に33年、複線化に80年毎日通勤ごくろうさま！』** サトウマコト　230クラブ新聞社　1995年5月15日
686.2 **『回想の東京急行 1』** 荻原二郎・宮田道一・関田克孝　大正出版　2001年5月15日
686.2 **『街と駅80年の情景　東急電鉄記録写真 東横線・池上線・大井町線80周年記念フォトブック』** 関田克孝／監修　東急エージェンシー　2008年5月2日
686.2 **『東急の駅今昔・昭和の面影　80余年に存在した120駅を徹底紹介(キャンブックス　鉄道 89)』** 宮田道一　JTBパブリッシング　2008

年9月1日
686.2 **『横浜線百年　明治41年～電化に33年、複線化に80年』** サトウマコト　230クラブ　2008年9月23日
686.2 **『週刊歴史でめぐる鉄道全路線　大手私鉄 no. 06　東京急行電鉄1　週刊朝日百科』** 曽根悟／監修　朝日新聞出版　2010年9月19日
686.2 **『日本の私鉄東京急行電鉄』** 広岡友紀　毎日新聞社　2011年1月30日
686.2 **『東急電鉄の世界　身近な鉄路の"本格派"雑学 トラベルMOOK』** 交通新聞社　2013年4月25日
686.2 **『三号線誕生と思出 『市営地下鉄3号線グリーンライン誕生』』** 長澤茂　港北区生涯学習支援センター　出版年不明

70　芸術. 美術

706 **『大倉山秋の芸術祭　総合プログラム［第1回］』** 大倉山秋の芸術祭実行委員　佐藤俊英　大倉山秋の芸術祭実行委員会　1985年11月19日
706 **『大倉山秋の芸術祭　総合プログラム［第2回］』** 大倉山秋の芸術祭実行委員　大野洋・佐藤俊英　大倉山秋の芸術祭実行委員会　1986年11月8日
706 **『第3回大倉山秋の芸術祭　《総合プログラム》』** 大倉山秋の芸術祭実行委員　大野洋・渋谷聡　第3回大倉山秋の芸術祭実行委員会　1987年11月3日
706 **『第4回大倉山秋の芸術祭　《総合プログラム》』** 大倉山秋の芸術祭実行委員　大野洋　第4回大倉山秋の芸術祭実行委員会　1988年11月3日
706 **『第5回大倉山秋の芸術祭　《総合プログラム》』** 大倉山秋の芸術祭実行委員　福井久美子・木村智彦　第5回大倉山秋の芸術祭実行委員会　1989年11月3日
706 **『第6回大倉山秋の芸術祭　『アート'90大倉山』《総合プログラム》』** 大倉山秋の芸術祭実行委員　丹野一雄　第6回大倉山秋の芸術祭実行委員会　1990年11月1日
706 **『第7回大倉山秋の芸術祭　〈総合プログラム〉』** 横浜市大倉山記念館事務局　秋芸担当　藤澤伸之　第7回大倉山秋の芸術祭実行委員会　1991年10月
706 **『第8回大倉山秋の芸術祭　〈総合プログラム〉』** 横浜市大倉山記念館事務局　山口・玉井・松代　第8回大倉山秋の芸術祭実行委員会　1992年10月20日
706 **『第9回大倉山秋の芸術祭　〈総合プログラム〉』** 横浜市大倉山記念館事務局　山口・松代　第9回大倉山秋の芸術祭実行委員会　1993年10月13日
706 **『第10回　大倉山秋の芸術祭　〈総合プログラム〉』** 横浜市大倉山記念館秋芸担当　松代肇　第10回大倉山秋の芸術祭実行委員会　1994年10月13日
706 **『第11回　大倉山秋の芸術祭　〈総合プログラム〉』** 横浜市大倉山記念館秋芸担当　朝倉篤典　第11回大倉山秋の芸術祭実行委員会　1995年10月13日

706 **『第12回　大倉山秋の芸術祭〈総合プログラム〉』** 横浜市大倉山記念館秋芸担当　朝倉篤典　第12回大倉山秋の芸術祭実行委員会　1996年10月13日

706 **『第13回　大倉山秋の芸術祭〈総合プログラム〉』** 横浜市大倉山記念館秋芸担当　朝倉篤典・鈴木恵子　大倉山記念館　1997年10月29日

706 **『第15回　大倉山秋の芸術祭〈総合プログラム〉』** 横浜市大倉山記念館秋芸担当　迎町重夫　大倉山記念館　1999年11月2日

706 **『第16回　大倉山秋の芸術祭〈総合プログラム〉』** 横浜市大倉山記念館秋芸担当　迎町重夫　大倉山記念館　2000年10月31日

706 **『第17回　大倉山秋の芸術祭〈総合プログラム〉』** 横浜市大倉山記念館秋芸担当　田中貞昭　大倉山記念館　2001年10月30日

706 **『第18回　大倉山秋の芸術祭〈総合プログラム〉』** 横浜市大倉山記念館秋芸担当　田中貞昭　大倉山記念館　2002年10月30日

706 **『第19回　大倉山秋の芸術祭〈総合プログラム〉』** 横浜市大倉山記念館秋芸担当　田中貞昭　大倉山記念館　2003年10月29日

706 **『第20回　大倉山秋の芸術祭〈総合プログラム〉』** 横浜市大倉山記念館秋芸担当　富田一　大倉山記念館　2004年11月2日

709.1 **『港北ニュータウン地域内文化財調査報告 昭和46年度　民家』** 横浜市教育委員会　横浜市教育委員会　1972年3月31日

709.1 **『開発に伴う文化財の保護とその措置 1972』** 横浜市教育委員会　横浜市埋蔵文化財調査委員会　1973年3月31日

709.1 **『開発に伴う文化財の保護とその措置』** 横浜市教育委員会　横浜市教育委員会　1978年3月31日

709.1 **『神奈川縣文化財圖鑑 絵画編』** 神奈川県教育庁社会教育部文化財保護課　神奈川県教育委員会　1981年9月10日

709.1 **『横浜市文化財保護条例のあらまし』** 横浜市教育委員会事務局文化財課　横浜市教育委員会事務局文化財課　1988年3月

709.1 **『横浜市文化財調査報告書　第17輯　港北区石像物調査報告書』** 横浜市文化財総合調査会　横浜市教育委員会　1988年3月31日

709.1 **『国・神奈川県および横浜市指定・登録文化財目録　平成2年3月』** 横浜市教育委員会社会教育部文化財課　横浜市教育委員会社会教育部文化財課　1990年3月1日

709.1 **『横浜の文化財　横浜市指定・登録文化財編　第1集～第4集』** 横浜市教育委員会社会教育部文化財課　横浜市教育委員会社会教育部文化財課　1990年3月31日～1995年度

709.1 **『国・神奈川県および横浜市指定・登録文化財目録　平成5年3月』** 横浜市教育委員会社会教育部文化財課　横浜市教育委員会社会教育部文化財課　1993年3月

709.1 **『国・神奈川県および横浜市指定・登録文化財目録　平成8年3月』** 横浜市教育委員会社会教育部文化財課　横浜市教育委員会社会教育部文化財課　1996年3月

709.1 **『横浜の文化財［14］港北区の社寺予備調査　横浜市文化財綜合調査概報』** 横浜市教育委員会生涯学習部文化財課　横浜市教育委員会

生涯学習部文化財課　2001年3月
709.1 **『戦前期における文化財認識と保護主体に関する研究』** 寺嵜弘康　寺嵜弘康　2006年3月31日

71　彫刻

712.1 **『横浜彫刻展　Yokomama Biennale'89』** 横浜彫刻展実行委員会　横浜彫刻展実行委員会　1989年11月2日
712.1 **『横浜彫刻展報告書　Yokomama Biennale'89』** 横浜彫刻展実行委員会事務局　1990年6月15日
712.1 **『田辺光彰』** 田辺光彰〔作〕／野村太郎編著　八坂書房　2011年7月1日
713 **『極彩色木彫画　八木千代光作品集』** 八木千代光　光村印刷株式会社　1991年12月8月

72　絵画．書道

721.8 **『日本の風景　テーマ展　北斎と広重』** 神奈川県立博物館　神奈川県立博物館　1974年3月31日
726.1 **『夏のあらし！ 1 Gangan wing comics』** 小林尽　スクウェア・エニックス　2007年3月27日
726.1 **『夏のあらし！ 2 Gangan wing comics』** 小林尽　スクウェア・エニックス　2007年10月14日
726.1 **『夏のあらし！ 3 Gangan wing comics』** 小林尽　スクウェア・エニックス　2008年4月17日
726.1 **『夏のあらし！ 4 Gangan wing comics』** 小林尽　スクウェア・エニックス　2008年12月27日
726.1 **『夏のあらし！ 5 Gangan wing comics』** 小林尽　スクウェア・エニックス　2009年4月27日
726.1 **『夏のあらし！ 6 Gangan wing comics』** 小林尽　スクウェア・エニックス　2009年9月18日
726.1 **『夏のあらし！　コミックガイド6.5』** 小林尽／原作　スクウェア・エニックス　スクウェア・エニックス　2009年9月18日
726.1 **『夏のあらし！ 7 Gangan wing comics』** 小林尽　スクウェア・エニックス　2010年3月20日
726.1 **『夏のあらし！ 8 Gangan wing comics』** 小林尽　スクウェア・エニックス　2010年11月22日

74　写真．印刷

748 **『安藤不二夫作品集』** 安藤博保　安藤博保　1986年1月19日
748 **『港北ニュータウン　写真集　むかし・いま、そして未来へ…』** 田園都市出版　［港北ニュータウン生活対策］協会設立20周年記念写真集刊行委員会　2002年3月31日

75　工芸

751.1 **『加藤土師萌秀作展図録　日吉窯創開25周年記念』** 朝日新聞社　朝日

新聞社　1965年11月20日
751.5 **『甦る光　横浜市開港記念会館ステンドグラス修復記念誌』** 横浜市市民活力推進局地域施設課・横浜市中区役所　横浜市市民活力推進地域施設課　2010年4月
756 **『ヤマトとアヅマ　武具からみるヤマト王権と東国』** 横浜市歴史博物館　横浜市歴史博物館　2004年10月9日

76　音楽．舞踊
760.6 **『町に音楽を　大倉山水曜コンサートが語る』** 岡敬三　東京図書出版　2011年9月25日
767 **『横浜ふるさと歌物語　マイウェイ No.69』** はまぎん産業文化振興財団　はまぎん産業文化振興財団　2008年10月
768.8 **『岸根の囃子　新稽古二十周年によせて』** 岸根囃子連中　岸根囃子連中　1992年11月15日
768.8 **『横浜の祭囃子』** 横浜の祭囃子調査団　横浜の祭囃子調査団　1998年
768.8 **『横浜の祭囃子　岸根の囃子』** 横浜市教育委員会（制作）　1999年

77　演劇．映画
775.5 **『夢を演じる！　横浜で演劇教育と地域演劇をつくる』** 村上芳信　晩成書房　2010年2月20日

78　スポーツ．体育
788.1 **『武蔵山　創刊号』** 武蔵山編輯部　武蔵山会　1931年5月
788.1 **『横浜と相撲』** 伊藤八郎　伊藤八郎　1989年9月10日

90　文学
904 **「雲松院蔵『天童小参抄』について」（『鶴見大学文学部論集　創立三十周年記念』）** 納冨常天　鶴見大学文学部　鶴見大学　1993年3月25日
910.2 **『碑はつぶやく　横浜の文学碑』** 石井光太郎　横浜市教育委員会文化財課　1990年3月

91　日本文学
911.1 **『茂吉晩年』** 上田三四二　弥生書房　1988年12月20日
911.1 **『斎藤茂吉の研究　その生と表現』** 本林勝夫　桜楓社　1990年5月10日
911.1 **『年譜斎藤茂吉伝』** 藤岡武雄　沖積舎　1991年6月30日
911.1 **『歌集　声遠く「沙羅」叢書第十編』** 伊藤宏見　株式会社文化書房博文社　1999年1月20日
911.1 **『茂吉を読む　五十代五歌集（五柳叢書78）』** 小池光　五柳書院　2003年6月27日
911.1 **『わだち　小山田洋子歌集』** 篠崎洋子〔篠崎洋子〕2011年4月11日
911.168 **『花嫁人形　坂本愛子五行歌集』** 坂本愛子　市井社　2010年3月22日
911.3 **『武相俳句大観』** 岩田田炉（岩田太郎）　武相俳句大観頒布会　1935

年12月15日
911.3 **『武蔵野探勝』** 高浜虚子　有峰書店　1969年11月20日
911.3 **『可山句抄』** 加山道之助　加山達夫　加山達夫　1990年6月2日
911.3 **『新武蔵野探勝』** 野村久雄　籐椅子会　1993年7月7日
911.3 **『古思ほゆ　歴史散歩の歌』** 出原孝夫　出原孝夫　2003年10月1日
911.3 **『私の武蔵野探勝　吟行入門』** 深見けん二・小島ゆかり　日本放送出版協会　2003年10月20日
911.5 **『横浜の句碑　古往今来』** 中島邦秋　〔中島邦秋〕　2007年12月
912.6 **『鉄砲伝来秘話　若狭姫・春菜姫物語』** 伊藤宏見　文化書房　博文社　2009年9月10日
913.6 **『港北のつくり話　上　私家版』** 松浦元子　港北シティガイド協会　2002年6月20日
913.6 **『港北のつくり話　中　私家版』** 松浦元子　港北シティガイド協会　2007年7月31日
914.6 **『山野草に魅せられて』** 押尾寅松　押尾寅松　1993年12月20日
914.6 **『ラーメンの街に日が暮れて』** 百田建夫　みくに出版　1994年8月1日
914.6 **『山野草と避雷針のくりごと』** 押尾寅松　押尾寅松　1999年1月1日
915.4 **『廻国雑記の研究』** 高橋良雄　武蔵野書院　1987年3月31日
915.4 **『道興准后の足跡を追う　『廻国雑記』三千キロ、地図の上の旅』** 藤縄勝祐　藤縄勝祐　1996年12月10日
915.4 **『中世日記・紀行文学全評釈集成　第7巻　『廻国雑記』』** 勉誠出版　2004年12月30日
916 **『その日を生きつづけて　空襲による障害者の記録』** 小野静枝　大月書店　1985年7月25日
916 **『いなご豆　ミンダナオ島に連れていかれた弱兵たち』** 滝嶋芳夫　滝嶋芳夫　1989年4月14日
916 **『おやじとおれたちの都筑・新田・村小学校』** 滝嶋芳夫　滝嶋芳夫　1992年9月1日
916 **『自分をみつける記録集　第1号』** 日吉自分史の会編集委員会　日吉自分史の会編集委員会　1997年4月
916 **『友情の二つの花　日米友好のハナミズキをさがしもとめて』** 手島悠介　岩崎書店　1997年12月20日
916 **『雀のお宿』** 山室まさ　とうよこ沿線編集室　1999年3月21日
916 **『自分をみつける記録集　第6号』** 日吉自分史の会編集委員会　日吉自分史の会編集委員会　2002年5月
916 **『自分をみつける記録集　第7号』** 日吉自分史の会編集委員会　日吉自分史の会編集委員会　2003年5月
916 **『自分をみつける記録集　第8号　十年記念号』** 日吉自分史の会編集委員会　日吉自分史の会編集委員会　2005年5月
916 **『自分をみつける記録集　第9号』** 日吉自分史の会編集委員会　日吉自分史の会編集委員会　2006年5月
916 **『自分をみつける記録集　第10号』** 日吉自分史の会編集委員会　日吉自分史の会編集委員会　2007年4月

918 **『大田南畝全集　第9巻（調布日記・玉川砂利・玉川披砂・向岡閑話）』** 浜田義一郎／［ほか］ 岩波書店　1987年6月29日
918.6 **『斎藤茂吉全集 第2巻 歌集』** 岩波書店　1973年6月13日

NDC不詳

椎洋280-42 **『余生の概説と事件の悲録』** 栗原勇　栗原勇　1936年

『相模戦記』 栗原勇　赤誠会本部　1935年2月20日

『名かゝみ（名かがみ）』 1936年

『尚趣集』 西村淮園（野毛山柄） 1952年

『普陀洛 （さつき叢書）』 戸倉英太郎　さつき　1954年

『会員名簿　昭和44年1月　横浜市植木生産団体協議会』 横浜市植木生産団体協議会　1969年1月

『若雷神社由緒経歴並に本殿・社務所再建の概要』 若雷神社　1972年9月28日

『「古老を囲んで港北を語る」編集委員会（№2）〔座談会を含む〕』 港北区役所市民課社会福祉係長　加藤俊平　1973年～1975年

『弘法大師御誕生一二〇〇年記念　高野山真言宗　瑞雲山三会寺　本堂改築庫裡並客殿新築記録』 飯田伝次郎　安藤仁雲・安藤寿香・飯田伝次郎　三会寺建築委員会　1974年3月

『俳画家　飯田九一』（飯田菊晴） 1989年10月1日

『仏暦使用のすすめ』 仏暦友の会　印度学研究所　1993年10月15日

『創立120周年　記念式典・祝賀会』 横浜市立日吉台小学校・創立120周年記念事業実行委員会　1993年11月6日

『つるみ川フィールドノート』 “水辺のさわやか運動…鶴見川”港北区実行委員会　“水辺のさわやか運動…鶴見川”港北区実行委員会　1994年8月

『つるみ川フィールドノートⅡ』 “水辺のさわやか運動…鶴見川”港北区実行委員会　“水辺のさわやか運動…鶴見川”港北区実行委員会　1997年3月

『東急東横線大倉山～菊名駅間　踏切除却立体交差化工事　直上高架切替工法（STRUM）工事報告書』（東京急行電鉄・東急建設・東京鐵骨橋梁製作所） 1994年11月

『つなしま　平成6年度　第一回委員会（総会資料）』 横浜市綱島地区センター委員会　横浜市綱島地区センター　1994年

『安藤為次記念賞　第21回贈呈式』 財団法人安藤為次教育記念財団　2002年12月14日

『防災マニュアル』 ヴェルナード大倉山　ヴェルナード大倉山　2003年1月19日

『新羽を歩く』 鶴見「武蔵風土記稿」を読む会　2003年4月3日

『安藤為次記念賞　第21回受賞団体活動報告（平成14年度）』 財団法人安藤為次教育記念財団　2003年7月31日

『太尾町の住居表示実施に伴う資料』 2006年～2007年

『つなしま桃ものがたり』 港北桃まつり実行委員会／企画　2008年3月

『xy【横浜界隈】 2008vol.10』 株式会社ランドブレイン　2008年6月20日

『追憶』 板垣大助　2008年11月

『わたしの港北区　2009―1』　藤井郁夫　2009年1月
『Qualiteクオリテ　by大人のウォーカー　Feb.2009（2009年2月号No.12）』　株式会社東急エージェンシー／企画　東急カード株式会社　2009年2月1日
『港北区太尾町第三次地区［大倉山六丁目・七丁目］　住居表示旧新対照表　平成21年（2009年）10月19日施行』　横浜市市民活力推進局サービス課住居表示係　横浜市市民活力推進局サービス課住居表示係　2009年〔7月〕
『港北区太尾町第三次地区［大倉山六丁目・七丁目］　住居表示新旧対照表　平成21年（2009年）10月19日施行』　横浜市市民活力推進局サービス課住居表示係　横浜市市民活力推進局サービス課住居表示係　2009年〔7月〕
『秋芸25　第25回大倉山秋の芸術祭・記念式』　第25回大倉山秋の芸術祭実行委員会（企画制作）　総務担当　迎町重夫（編集印刷）　2009年11月4日
『わたしの港北区　2010―2』　藤井郁夫　2010年2月
『港北区防災計画「震災対策編」』　港北区役所　2010年4月
『詩華集　伊藤宏見』　伊藤宏見　「沙羅」短歌会　2010年9月
『戦時（千字）報告集1　～「港北九条の会ニュース」連載23人のお話～』　港北九条の会事務局　港北九条の会事務局　2010年10月27日
『第26回秋芸開会式』　第26回大倉山秋の芸術祭実行委員会（企画制作）　総務担当　迎町重夫（編集印刷）　2010年11月2日
『合同歌集―沙羅の花Ⅷ』　伊藤宏見（著者代表者）他　沙羅短歌会「沙羅」発行所　2010年11月20日
『港北区防災計画「風水害対策編」』　港北区役所　2011年3月
『大倉山StyleBook ライフインフォメーションガイド』　三井不動産レジデンシャル　2011年8月
『びーのびーの　おでかけマップ』　特定非営利活動法人びーのびーの　企画室　特定非営利活動法人びーのびーの　2011年12月1日
『ふるさとの川に和船を～鶴見川舟運復活プロジェクト～』　伊藤幸晴（撮影）　港北ふるさとテレビ局　港北ふるさとテレビ局　2011年
『篠原歩好会の想い出』　無名指　2011年
『朝食会創立500回記念誌』　朝食会創立500回記念祝賀会事務局　朝食会創立500回記念祝賀会事務局　2012年3月
『常しなへに　心優しき硬骨漢　竹田四郎を偲ぶ』　竹田四郎追悼文集作成実行委員会　竹田四郎追悼文集作成実行委員会　2012年4月20日
『男の隠れ家　平成24年4月号（第16巻第5号）』　グローバルプラネット　2012年4月27日
『～伊藤宏見　詩華集～をうたう』　早坂和代［作曲・ソプラノ］／穴吹洋子［ピアノ］／伊藤宏見［表紙絵］　沙羅短歌会　出版年不明
『「古老を囲んで港北を語る」話合記録及び8ミリ撮影箇所一覧』　［港北区役所］市民課　加藤　［港北区役所］市民課　出版年不明
『都筑・橘樹両郡における中世の様子と伝説』　出版年不明